Karl-Heinz Menzen

Kunsttherapie in der Förder- und Heilpädagogik

Karl-Heinz Menzen

Kunsttherapie in der Förder- und Heilpädagogik

Neurobiologische Grundlagen

»Edition S«

Bibliografische Information der Deutschen Nationalbibliothek

Die Deutsche Nationalbibliothek verzeichnet diese Publikation in der Deutschen Nationalbibliografie; detaillierte bibliografische Daten sind im Internet über *http://dnb.d-nb.de* abrufbar.

ISBN 978-3-8253-8347-3

Imprimé en Allemagne · Printed in Germany
Umschlagdesign: Drißner-Design und DTP, Meßstetten
Druck: Memminger MedienCentrum AG, 87700 Memmingen

Gedruckt auf umweltfreundlichem, chlorfrei gebleichtem und alterungsbeständigem Papier.

Den Verlag erreichen Sie im Internet unter:
www.winter-verlag.de

Inhalt

Einführung: Von Integration und Rehabilitation von Menschen mit Behinderung

Soziale Integration – der Begriff entlehnt dem lateinischen Begriff ‚integer' einen Aspekt von Ganz- oder Heilsein und meint entsprechend, gegen das sozial oder psychisch Zerfallende derzeitiger Existenz und Bewusstseinsverfassung die soziologische Zugehörigkeit oder das psychisch Identische zu zitieren. Im Sinne eines solchen Bemühens hat Lothar Krappmann (1971) versucht, sozialpsychologisch die Möglichkeit der Identitätsgewinnung über typische Rollen zu skizzieren, hat Jürgen Habermas (1976) eine sozial-anthropologisch numerische (organismisch eine), ichhafte (integrativ neu zu formierende), personale (selbstige und soziale) und kollektive (moralisch und kulturell vergesellschaftete) Identität beschworen, und auch der Psychoanalytiker E. H. Erikson (1973) meinte, das Identische unserer Person müsse man als „ein einzigartiges und einigermaßen zusammenhängendes Ganzes" verstehen[1].

Die zitierten soziologischen oder psychologischen Bemühungen sind zunehmend ins Leere gegangen. Soziologen wie Ulrich und Elisabeth Beck-Gernsheim (1994) gehen davon aus, dass sich der Mensch unserer Tage in seinen Identitätsentwürfen in der misslichen Lage befinde, seine biographischen Selbstvorstellungen ‚zusammenschustern', ‚zusammenflicken' zu müssen; dass es entsprechend keine homogenen Vorbilder, Vorlagen für unser Leben mehr gebe. Globalisierung und Pluralisierung der Lebensentwürfe diktieren geradezu jene zur Schau darstellbare Vielfältigkeit der Ware Mensch, die sich vernetzen, andienen will (Renn 2000).

Diese Art verzweifelter Identitätssuche trifft besonders auf eine bestimmte soziale Gruppierung zu: Menschen mit einer Behinderung sind von diesem Umstand der offenbaren sozialen und scheinbaren psychischen und/oder mentalen Nichtintegrität besonders betroffen. Ihr soziales Zugehörigkeitsgefühl zerfällt sichtbar da, wo einzelne Merkmale ihrer Erscheinungsweise nicht mit der anderer deckungsgleich sind; wo alltagsästhetisch-kategorial eher Abweichungen und in der Folge Stigmatisierungen an der Tagesordnung sind.

Auch wenn die europäischen Verfassungen die Gleichheit aller Personen auf ihrem jeweiligen Terrain prinzipiell sicherstellen, wird für diese Gruppe von

1 Vgl. Menzen 1996.

Menschen mit einer Behinderung vielerorts nur appellativ, aber nicht immer wirksam die ‚Soziale Integration' beschworen, um ihrer sozialen Desintegration und Stigmatisierung entgegenzuwirken. Die Beschwörungsformeln kennzeichnen zuweilen die Lage der Behinderten als nicht dem Gleichheitsgrundsatz gemäß, wie ihn eine UNO-Konvention (2008) forderte. Wenn im Folgenden auch an dieser Stelle der Begriff der ‚Integration' verwendet wird, geht der Verfasser davon aus, dass das Grundrecht auf Gleichheit vor dem Gesetz nicht mehr der juristischen Einforderung bedarf, sondern exekutiv zu sichern ist. Wenn im Folgenden Gedanken zur sozialen Integration vorgestellt werden, gilt hier die Meinung, dass es keine undefinierte Ausnahme vor dem Gesetz geben dürfe, dass eher ein Grundrecht auf freie Persönlichkeits- und Identitätsentfaltung, auch ein Recht auf Teilhabe am Leben der Gesellschaft über den Anspruch auf Arbeit hinaus einzufordern ist.

Rehabilitation entnimmt der lateinischen Wortherkunft die Vorstellung, dass Vermögen, die ein Mensch aufgrund widriger Umstände nicht hat oder nicht mehr hat, wieder-, ersatzweise- oder neu zu vermitteln sind. Ob in der Verantwortung der gesetzlich definierten Kranken- oder der Rentenversicherungsträger, Rehabilitation will grundsätzlich Menschen in den Stand des ihnen sozialgesetzmässig Zustehenden rückversetzen. In der Rehabilitation geht es um „medizinische, berufsfördernde, soziale und ergänzende Leistungen, Behandlungs- und Beratungsverfahren, die dem Ziel dienen, körperlich, geistig oder seelisch behinderte, von Behinderung bedrohte oder chronisch kranke Menschen beruflich und sozial dauerhaft (wieder-) einzugliedern (Integration)"[2].

Die Träger der Rehabilitation haben sich auf der konzeptionellen Grundlage, die die Weltgesundheitsorganisation (WHO) im Anschluss an die *International Classification of Impairments* (biologische Schäden), *Disabilities* (funktionelle Einschränkungen), *and Handicaps* (soziale Beeinträchtigung) in ihrem IC-IDH-Katalog geschaffen hat, zusammengetan und ihre Rehabilitationsmassnahmen in dem ICF-Katalog (International Classification of Functioning, Disability and Health) auf den jeweiligen Zustand physischen, psychischen und sozialen Wohlbefindens (gleich ‚Gesundheit', so die WHO) ausgerichtet.

Das soziale Wohlbefinden wird hiernach durch Integration in die Gesellschaft erreicht. Sie ist eines der Hauptziele der Rehabilitation. *‚Soziale Integration'* – der lat. Ursprungsbedeutung nach meint sie mit dieser Bezeichnung ‚unter den Schutz eines Daches bringen' – entlehnt den Begriff dem lateinischen ‚integer' (dt.: rein, unversehrt, unverletzter Rechtszustand), einen Aspekt von Ganz- oder Heilsein, entsprechend, gegen das sozial oder psychisch Zerfallende von Exi-

2 Beims, in: Bauer 1992, P-Z, 1623. Das Sozialgesetzbuch SGB I § 10 regelt die Aufgaben aller Rehablitationsträger (Neuregelung 2001).

stenz und Bewusstseinsverfassung die soziologische Zugehörigkeit oder das psychisch Identische setzen zu müssen.[3]

Die Rehabilitationsversicherungsträger haben entsprechend mit den national unterschiedlichsten Rehabilitations-Angleichungsgesetzen den Leistungsumfang und die Leistungsverteilung/-zuordnung untereinander teilweise – wie in Deutschland – so geregelt, „dass die bis dahin nicht zuständigen Träger der Krankenversicherung (Krankenkassen) Rehabilitationsmassnahmen finanzieren müssen"[4]. Und zum ersten Mal ist es in vielen europäischen Ländern gelungen, „den Begriff ‚Krankheit' als Voraussetzung für die Leistungsgewährung durch die Krankenkassen um den Begriff der 'Behinderung' als Voraussetzung für die Leistungsgewährung durch die Rehabilitationsversicherungskassen zu erweitern"[5], einerseits die kassenärztliche Tätigkeit in das sog. ‚Social-Support-System' zu integrieren[6], andererseits eine Diskussion um den Unterschied des Krank- und Behindert-Seins und dessen jeweiliger gesellschaftlicher Unterstützung anzustoßen.

Mit den Angleichungs- und Integrationsmassnahmen, die heute vor allem Pflegebedürftigkeit und Pflegeabhängigkeit verhindern wollen, wurde der Akzent der Zielsetzung rehabilitativer Maßnahmen auf die Bewältigung von Krankheit und/oder Behinderung gelegt, wodurch die Psychotherapieverfahren/Therapieverfahren, inbegriffen die Kunsttherapie, die therapeutische Arbeit mit Bildern, heute ebenfalls eine neue Zielsetzung erhalten haben.

Trotz all dieser gesetzlichen Bemühungen hat aber die hier fokussierte soziale Gruppe, die der schwerer behinderten Menschen, von den Rehabilitations-Angleichungs-Gesetzen zuweilen wenig gespürt. Eine Art verzweifelter, vielerorts in die Apathie einer vergeblichen Identitätssuche abgesunkenen Bemühung trifft besonders diese Gruppierung (und diejenigen, die sie vertreten): Menschen mit einer Behinderung sind von dem Umstand der offenbaren sozialen und scheinbaren psychischen und/oder mentalen Nichtintegrität besonders betroffen. Ihr soziales Zugehörigkeitsgefühl zerfällt sichtbar da, wo einzelne Merkmale ihrer Erscheinungsweise nicht mit denen anderer deckungsgleich sind. Auch wenn in den europäischen Grundsätzen die Gleichheit aller Personen auf den nationalen Terrains prinzipiell sichergestellt ist, wird für diese Gruppe von Menschen mit einer Behinderung vielerorts appellativ aber vergeblich die ‚Soziale Integration' beschworen, um deren sozialen Desintegration und Stigmatisierung entgegenzu-

[3] Dietze, in: Bauer 1992, G-O, 1020.

[4] Bauer 1980, 343.

[5] Ebd.

[6] Vgl. Ahrens 1997, 43.

wirken. Dietze[7] macht in einem zusammenfassenden Beitrag klar: „Überall da, wo von Integration oder, was das gleiche bedeutet, (Wieder-)Eingliederung gesprochen wird, wird mit Fiktionen gearbeitet [...].“ Fiktionen, hypothetische Vorstellungsentwürfe des sozialen Integriert- und Wiederhergestelltseins stehen zuweilen am Anfang der therapeutischen Versorgung.

[7] Dietze 1992, 1021.

1 Handicaps – und die Arbeit mit Bildern bei Menschen mit Behinderung

1 Handicaps – und die Arbeit mit Bildern bei Menschen mit Behinderung

In den sonder-, heil- und förderpädagogischen Einrichtungen begegnen sie uns, jene Menschen, die nicht nur aus Gründen der political correctness darauf bestehen, dass sie nicht nur behindert sind, dass sie nicht in Gänze ‚behinderte Menschen' sind. Zwar haben sie in den Umständen, in denen sie sich als beeinträchtigt erfahren, nach der UN-Behindertenrechtskonvention[8] und den national unterschiedlichsten Ausführungsgesetzen die Zusicherung, „dass jeder Mensch ohne Unterschied Anspruch auf alle darin [in der Erklärung der Menschenrechte, Anm. d. V.] aufgeführten Rechte und Freiheiten hat [...] und dass Menschen mit Behinderungen der volle Genuss dieser Rechte und Freiheiten ohne Diskriminierung garantiert werden muss" (2008, Präambel), aber der hier garantierte allumfassende Anspruch betrifft in der Regel nur einen Ausschnitt ihres Zugangs zur Teilhabe an der Gesellschaft. Der seit den 1950er-Jahren formulierte Gedanke des Dänen Bank-Mikkelsen, dass die Entwicklung von Menschen mit Behinderung so normal wie möglich zu gestalten sei und hierfür die bildungs- und sozial- wie kulturpolitischen Voraussetzungen entsprechend zu gewährleisten seien, hat sich nur langsam durchgesetzt, – der Gedanke der ‚Normalisierung'. Die Schwierigkeit der Umsetzung dieses Gedankens, also seine allgemeine Akzeptanz machten im europäischen Maßstab nach dem „Übereinkommen über die Rechte von Menschen mit Behinderungen" (vom 13. Dezember 2006) weitere Gesetze nötig, die den Menschen mit Behinderung allen anderen in jeder Hinsicht gleichstellten, sog. Behindertengleichstellungsgesetze, die die „Teilhabe an der Gesellschaft" sozialgesetzlich verbürgten. Wie schwierig die Umsetzung der UNO-Konvention sich gestalten sollte, zeigte die national unterschiedlich betriebene Entwicklung im sonderpädagogischen Bereich, der – staatlicher Aufsicht unterstehend – am ehesten diese Entwicklung widerspiegelt:

Cor Meijer, Victoria Soriano und Amanda Watkins haben 2003 in Kooperation mit der ‚Europäischen Agentur für Entwicklungen in der Sonderpädagogischen Förderung' und mit Unterstützung des europäischen Programms ‚EURYDICE', dem ‚Informationsnetz zum Bildungswesen in Europa', eine Zusammenfassung dieser unterschiedlichsten Bemühungen unter dem Titel ‚Sonderpädagogische

[8] Convention on the Rights of Persons with Disabilities (CRPD) vom 13.12.2006. Resolution 61/106 der Generalversammlung der UNO. In Kraft getreten am 03.05.2008.

Förderung in Europa‘ herausgegeben. Darin unterscheiden sie drei nationale Umgangsformen mit Menschen mit Behinderung:

1. „Die erste Gruppe (one-track approach – Einheitssystem) schließt die Länder mit ein, deren bildungspolitische Strategien und Praxis eine Integration/Inklusion fast aller Schülerinnen und Schüler in regulären Schulen anstrebt.“

2. „Die Länder der zweiten Gruppe (*multi-track approach* – Kombinationssystem) verfolgen mehrere verschiedene Inklusionsansätze nebeneinander. Sie bieten neben den beiden Systemen Regelschule und Sonderschule vielfältige sonderpädagogische Unterstützung an.“

3. „In den Ländern der dritten Gruppe (*two-track approach* – zweigleisiges System) gibt es zwei getrennte Bildungssysteme. Schülerinnen und Schüler mit sonderpädagogischem Förderbedarf werden üblicherweise in Sonderschulen oder Sonderklassen unterrichtet. Generell wird eine große Mehrheit der Schülerinnen und Schüler, die offiziell als sonderpädagogisch förderungsbedürftig registriert sind, nicht nach dem regulären Lehrplan ihrer nicht-behinderten Mitschüler und Mitschülerinnen unterrichtet.“[9]

„Wie erwartet“, schreiben die Autoren, „unterscheiden sich die Definitionen und Kategorien von sonderpädagogischem Förderbedarf und Behinderung von Land zu Land. Manche Länder definieren nur eine Art bzw. zwei Arten von sonderpädagogischem Förderbedarf (zum Beispiel Dänemark). Andere teilen Schülerinnen und Schüler mit sonderpädagogischem Förderbedarf in mehr als 10 Kategorien ein (Polen).“[10]

Die Empfehlungen der deutschen Kultusministerkonferenz (KMK) zur sonderpädagogischen Förderung von Anfang der 1990er-Jahre fokussierten z.B. noch gegen alle Trends die Handicaps, die Teilleistungen, die die Teilhabe an der Gesellschaft beeinträchtigten. Sie sahen vor:

1. Schulen für Lernbehinderte bzw. Förderschulen mit dem Förderschwerpunkt Lernen,

2. Schulen für Blinde oder Sehbehinderte bzw. Förderschulen mit dem Förderschwerpunkt Sehen,

3. Schulen für Gehörlose und Schwerhörige bzw. Förderschulen im Förderschwerpunkt Hören,

[9] Meijer et al. 2003, 8 (http://sonderpaedagogik.bildung-rp.de/fileadmin/user_upload/sonderpaedagogik.bildung-rp.de/rechter_Rand/sne_europe_ge.pdf; abgerufen am 12.12.2015).

[10] Meijer et al. 2003, 9.

4. Schulen für Sprachbehinderte bzw. Förderschulen mit dem Förderschwerpunkt Sprache,

5. Schulen für Körperbehinderte bzw. Förderschulen mit dem Förderschwerpunkt körperliche und motorische Entwicklung,

6. Schulen für Geistigbehinderte bzw. praktisch Bildbare bzw. Förderschulen mit dem Förderschwerpunkt geistige Entwicklung,

7. Schulen für Verhaltensgestörte oder

8. Schulen für Erziehungshilfe bzw. Förderschulen mit dem Förderschwerpunkt emotionale und soziale Entwicklung, und letztlich

9. Schulen für Kranke bzw. Förderschulen mit dem Förderschwerpunkt Unterricht kranker Schülerinnen und Schüler.11 Die Empfehlungen der KMK hatten noch nicht erkannt, dass sie in guter Absicht soziale Enklaven für die beeinträchtigten Menschen schufen, dass sie in der Tradition der 1970er-Jahre allenfalls spezielle Förder- und Sonderschulen mit den partialisierten Förderschwerpunkten Sehen, Hören, körperliche und motorische Entwicklung, Sprache, emotionale und soziale Entwicklung, Unterricht kranker Schüler und Schülerinnen weiterentwickelt hatten.

Das Jahr 2015 stellt eine Wende in der Umsetzung des Inklusionsgedankens in Deutschland dar: Die Eltern der Kinder mit Lern- und Entwicklungsstörungen, die bisher in Sonderschulen mit speziellen Förderschwerpunkten unterrichtet wurden, können gemäss der Umsetzung der UN-Konvention und der KMK-Empfehlungen künftig darüber entscheiden, ob ihre Kinder an einer Förderschule, einer Regelschule oder in Integrationsklassen unterrichtet werden sollen.

Rückblick: Die sich von den funktionalen Konzepten absetzenden Normalisierungs-, Integrations- und Inklusions-Gedanken des letzten Jahrtausenddrittels suchten sich in verändernden Konzepten der Sonder-, Heil- und Förderpädagogik zu dokumentieren. Es war jedoch besonders die Heilpädagogik, die sich um die Jahrtausendwende schwer tat, ihr Fach als ehemalige Theorie der Heilerziehung mit Blick auf die „erziehungsgefährdenden Defekte" (so der Caritas-Mitarbeiter Linus Bopp noch in den 1930er-Jahren) aus dem seit Ende der 1970er-Jahre nahegelegten klinisch-psychologisch stigmatisierenden Focus zu lösen. Zwischen Defekt- und Kompetenz-Theorien hin und her schwankend, tat sie sich schwer, die klinisch durchaus beschreibbaren, aber immer noch pathologisch klassifizierenden Beeinträchtigungen der von ihr betreuten Betroffenen nicht ausschließlich klinisch, eher sozial und pädagogisch zu sehen.[12] Und tatsächlich

[11] Wernber 2007, 218.

[12] Vgl. Störmer 2007, Bd. 1, 287f.; Hülshoff 2005, 115 f.

war dies auch die Anfangsschwierigkeit des hier Schreibenden zu Beginn seiner praktischen Berufsjahre, war dies auch eine der Schwierigkeiten des hier vorgelegten Buches, das dem Appell des 13. Kinder- und Jugendberichts der deutschen Bundesregierung (2009) folgt, wenn dieser die Schwierigkeit der im sozialen Bereich arbeitenden Sozial-, Heil-, Sonder- und Förderpädagogen zusammenfasst, im Sinne einer neu zu formulierenden ‚Gesundheitspädagogik' einerseits die psychosozialen Einschränkungen der Betroffenen mit klinisch-fachkundigem Blick einzuschätzen, andererseits jedoch eher sozialpädagogische, nicht klinisch-stigmatisierende individuelle Verhaltens-Zuschreibungen und Fördermaßnahmen in diesem Vorgang zu verwenden; eher kreativ-pädagogische, speziell gruppenorientierte Massnahmen anzubieten, – was Aufgabe und Schwierigkeit dieses Buches wurde[13] angesichts einer sozial- und kulturtheoretisch nicht mehr deutlichen Unterscheidbarkeit von psychopathologischem, kreativem und künstlerischem Ausdruck.[14]

1.1 Menschen mit Behinderung – Von Identität mit Hilfe der Bilder

Das vorliegende Buch versucht eine vielleicht unübliche Herangehensweise an das, was wir nicht mehr einfach ‚Behinderung', sondern mit den Definitionen der Weltgesundheitsorganisation (WHO) ‚impairment' (physische-), ‚disability' (funktionale-) und ‚handicap' (soziale Einschränkung) nennen, ohne diese Zuschreibungen der jeweiligen Gesamtperson zuzuordnen. Wenn diese sich jeweils nach WHO und beispielsweise dem deutschen Sozialgesetzbuch SGB IX u.a. als geistig, seelisch und/oder körperlich beeinträchtigt definiert, ist ein partialisiertes Bild vom Menschen im Blick, ist ein vielfältig eingeschränktes Persönlichkeitssystem angesprochen, das der Psychoanalytiker Otto Kernberg[15] wesentlich auf den Subsystemen internalisierter und integrierter Objektbeziehungen aufbaut, die unter den Aspekten ihrer geistigen, seelischen (psychischen) oder körperlichen Identischwerdung zuweilen behindert worden sind; zwei Fachleute, Gehde und Emrich[16], ergänzen: die ggfs. in der Fusionierung der entsprechenden umfassenderen Strukturen „zur Bildung von Ich-Kernen" verhindert worden sind und infolgedessen die erforderliche „Differenzierung von Objekt- und Selbstanteilen" nicht leisten konnten[17]. Behinderung stellt sich im Sinne Otto Kernbergs und in der Tradition von Watkins (1980) als misslungene Identitätsbildung des Kindes dar, dessen sog. Ego-States, also Ich-Anteile, nur mehr als nicht ausge-

13 BMFSFJ 2009, 242 Anm.

14 Vgl. 2.2.2.2.2.4: Peter Gorsen hat in *Kunst und Krankheit* darauf aufmerksam gemacht.

15 Kernberg 1976, 84.

16 Gehde, Emrich 1998, 967.

17 Ebd.

bildete, teilweise verstörte Anteile identifiziert werden können[18], das bedeutet, dass sich die Bezugsperson-Kind-Matrix als das Beziehungsverhältnis affektiv teilweise oder total verstörend erweist.[19] Es bilden sich disharmonische innere Kind-Zustände heraus, sagt der Neuropsychiater Peichl, prototypische Repräsentanzen gestörter, d.h. ins Gesamt der Person nicht eingebundene „Erinnerungsbilder generalisierter Beziehungserfahrungen. [...] Abbilder der Beziehungserfahrung mit Mutter, Vater und Co., die sich im Laufe unseres Lebens ereignen, werden zu Clustern [...] immer komplexerer Systeme organisiert und [...] werden [...] Muster“[20]. Behinderung stellt sich bis hierhin also dar als eine Art der Verhinderung von Personwerdung, insofern sich diese im Kontext der frühen Beziehungsverhältnisse konstituiert. Was wir mit ‚identisch‘ und/oder ‚personhaft‘ meinen, soll im Folgenden deutlich werden. Angesichts der hinterfragbaren Versuche, eine valide und überdauernde Theorie von der Persönlichkeit zu erstellen, scheinen – hier mit Blick der Autoren Billig und Geist (2013) auf die Psychoanalyse – „die starren Modelle [...] überholt“[21].

Das Vorliegende sieht dennoch, und sei es nur hypothetisch, bis hierhin in dem Gesamt internalisierter Objektbeziehungen, das eine Person nach Maßgabe psychodynamischer Betrachtung wesentlich definiert, einen diskutablen Ansatz, die das Gesamt der Person beeinträchtigenden Behinderungen zu bewerten, wenn die „Vereinheitlichung des Seelenlebens“[22] in ihrem Ausdruck so gestört wird, dass sie als Störung des Ich auftritt. Der Psychoanalytiker würde ergänzen und sagen: Wo wesentliche Bausteine der psychischen Erfahrung, beispielsweise die einer gestörten Repräsentanz des Selbst oder der Objektwelt aus Sicht dieses Selbst, die Entwicklung und Ausbildung des Ich verhindern, können sich solche Beeinträchtigungen ergeben. Da diese Beeinträchtigungen nicht nur die affektiven, sondern auch die kognitiven Anteile des Selbst betreffen können, die kognitiven Anteile der Person sich aber nach Piaget sinneshaft und motorisch konstituieren, sieht sich das Vorliegende legitimiert, die erforderlichen Kenntnisse nicht nur aus der Psychoanalyse, sondern auch aus der Sinnes- und Motophysiologie wie aus der Neurologie/-biologie zu beziehen.

Die Ich-Identität wird daher im Vorgelegten zunächst als „Resultat synthetischer Funktionen während der Ichentwicklung“ angesehen.[23] Ihre Synthesefunktion scheint da eingeschränkt, wo chromosomale, neuro-genetische, psychosoziale

[18] Peichl 2013, 66 f., 119; Peichl 2015, 100.
[19] Ebd., 63.
[20] Peichl 2015, 79.
[21] Vgl. Billig, Geist 2013; Peichl 2015, 27 f.
[22] Freud 1921, 71 ff.
[23] Gehde, Emrich 1998, 968.

und in deren Kontext: epigenetische Einflüsse die Entwicklung einschränken oder behindern.

Das Vorliegende wird immer wieder in dem gestörten Wechselverhältnis von genetischen, sozialen, kognitiven und psycho-emotionalen Faktoren den eigentlichen Grund, ja die Ursache der unterschiedlichsten Behinderungen ausmachen. Und es wird sich nach jeweiliger Analyse fragen, ob die Arbeit am inneren Bild – was hier bedeutet: ob der Bild-Reflex bzw. die Reflektion mithilfe des Bildes – jene noch nicht zu sich gekommene Ich-Identität befördern kann.

Die Arbeit ist sich aber auch eingedenk dessen, dass im Falle einer Störung das Symptom selbst zuweilen als Bild und in der Form des Bildes erscheint, also seinen eigenen Reflex sucht, sozusagen sich selbst inszeniert, um die Wiederherstellung bzw. Synthese des Divergierenden zu veranlassen. Wir wissen dies aus und seit der Geschichte der hysterischen Symptome, – einer Geschichte, in der unseres Wissens nach zum ersten Mal Menschen, die von einer Gesellschaft als psychisch krank bezeichnet wurden, in Bildern, malerischen Ausdrücken ihre Leiden kollektiv wie individuell artikulierten. Die Salutogenese hat darauf aufmerksam gemacht, dass es so etwas wie eine Schlüssigkeit des Symptoms, eine sog. Kohärenz (lat. *coherere* = zusammenhängen) gibt, die uns bild-symbolhaft den Weg weist. Jean-Paul Sartre hat von „symbolischen Schemata“ gesprochen, die eine solche Suche anleiten: „Im symbolischen Schema“, sagt er, „wird ein abstrakter Gedankengehalt dadurch erfasst, dass die ihn konstituierenden, ideellen Beziehungen in anschaulicher Weise erlebt werden“.[24] Beeinträchtigte Menschen stellen – vielleicht zum ersten Mal – sich und ihre Welt im klinischen Zusammenhang bildhaft-anschaulich dar.[25] Karin-Sophie Richter-Reichenbach (2012) hat in ihrem Entwurf zur ‚ästhetisch-künstlerischen Identitätsarbeit‘[26] dargelegt, wie eine gestörte oder gar verhinderte Identitätsentwicklung bildnerisch-angeleitet so gefördert werden kann, dass es zu einem „ich-spezifischen Ausdruck kommt“.[27]

Das hier Vorgestellte erfährt aber, bevor es sich zu explizieren beginnt, einen Widerspruch: Wie weit muss ein Mensch entwickelt sein, um über die Bilder seiner selbst und seiner Objektwelt so zu verfügen, dass er auch mit den gestörten Bildausdrücken umgehen, sie verstehen kann, um sich von früh auf weiterentwickeln zu können? Der Entwicklungspsychologe Jean Piaget spricht von einer sich anzueignenden ‚Symbolisierungsfähigkeit‘ und verweist darauf, dass

[24] Sartre 1971, 171 f.

[25] Anm.: Wir können noch heute diese Bilder in der sog. Prinzhorn-Ausstellung besichtigen.

[26] Richter-Reichenbach 2012, 205 f.

[27] Ebd., 210.

die ‚Abbildungsfähigkeit', so der Psychoanalytiker Lichtenberg[28], die ein Mensch erwerben muss, an die Entwicklung komplexer symbolischer Operationen[29] gebunden ist. Dem widerspricht aber Saskia Schuppener[30] und argumentiert: „Jeder Mensch verfügt über ganz persönliche Definitionen von der Welt und Wirklichkeit. In Abhängigkeit von diesen intraindividuellen Realitätsentwürfen folgt auch eine Aneignung der Welt höchst subjektiven Gesetzmäßigkeiten und Inhalten und hat somit zentrale Auswirkungen auf interindividuelle Handlungskonzepte."[31] Der Widerspruch von hier allgemein entwicklungsgemäßer Norm und da konkret-individuell angeeigneten Standards kann nicht ohne weiteres aufgelöst werden, bleibt bestehen.

Wir wissen, um zunächst der klinisch-entwicklungsgemäßen Argumentation zu folgen, dass an der Entwicklung zur Symbolisierungsfähigkeit wesentlich neuronale Hirnareale beteiligt sind, die sich im Verlauf ihres Netzstrukturaufbaus festigen müssen, was heißt, dass ihre Zu- und Weiterleitungen myelinisieren, sich ummanteln müssen. Wo dieses nicht geschieht, wo dieses ggfs. aufgrund der biologisch und dem entsprechend informationell sich ergebenden Netzstörungen beeinträchtigt ist, wo generell die Informationsweiterleitung in den Netzleitungen oder an den synaptischen Schaltstellen gestört ist – wie beispielsweise beim geistig behinderten Kind mit Rett-Syndrom oder mit Fragilem-X-Syndrom, auch beim autistischen Kind –, da werden auch die neuronalen Orte impliziter (Wissensbestände) oder expliziter (biografische Erinnerungen) Speicherung beeinträchtigt, da ist Lernen wesentlich behindert. Lernbehinderung ist die Folge, die eine psychosoziale Beeinträchtigung selbstredend nach sich zieht: „Verstehst Du immer noch nicht, was ich Dir gesagt habe?", – fragt die Erziehungsperson.

Unversehens haben wir gelernt, wie die Bilder, die Vorstellungsmuster, die wir mithilfe unserer Bezugspersonen lernen sollten, nicht zur Verfügung stehen können, neuronal nicht integriert sein können, so dass sie auch nicht psychosozial gebraucht werden können. Unversehens haben wir erfahren, dass Bilder, Vorstellungen, Handlungsmuster nicht in den lebensnotwendigen Zusammenhang passen und eben jene Personen, auf die wir uns entwicklungsnotwendig beziehen, verunsichern.

Andererseits erleben wir aber auch, dass Menschen mit Behinderungen, die sich bildnerisch in sog. *Künstlerischen Ateliers* betätigen, oft sogar dort angestellt sind, also auf dem sog. zweiten bzw. dritten Arbeitsmarkt beschäftigt sind, „Möglichkeiten subjektiv sinnvollen Tuns" erfahren, die es ihnen erlauben, „sich

[28] Lichtenberg 1983/1991, Kap. 7

[29] So zusammenfassend der Neurologe M. Spitzer, 1996.

[30] Schuppener 2006, 63.

[31] Ebd.

auf eine eigens gewählte Art und Weise mit eigens gewählten Inhalten auseinander(zu)setzen".[32] Wir werden dem Einwand und Grundsatz Saskia Schuppeners folgen, nach dem „defizitäre Sichtweisen, die Menschen mit geistiger Behinderung aus dem Kreis kreativer Individuen ausschließen [...], als unzulässig und dehumanisierend zu werten (sind)."[33] Wir folgen diesem Argument, gerade dem beinahe klinisch vorgebrachten Hinweis folgend, den Schuppener vorträgt und im Übrigen belegt hat: „Kreative Ausdrücke und Eindrücke können einen Zugang zur Entwicklung von Kompetenzen im Selbst- und Fremdumgang ermöglichen."[34]

Zusammenfassung der bisherigen Argumentation: Was haben wir in unserer bisherigen Einleitung versucht anzudeuten?

Erstens, dass wir in der Syntheseleistung, die wir Ich-Entwicklung, Bildung von Ich-Kernen nennen, gestört werden können.

Zweitens, dass diese synthetischen, offensichtlich psychosozialen und bio-neurologischen Leistungen, die miteinander kooperieren müssen, die erfahrungs- und entwicklungsnotwendigen Bilder von uns selbst und der Welt prägen.

Drittens, dass an der sich ergebenden Störung nicht nur unterschiedlichste Faktoren beteiligt sind, sondern dass auch die unterschiedlichsten sinneshaften, motorischen, symbolisch-kulturellen und psychosozial komplexen Fähigkeiten davon betroffen sind. Bevor wir diese im Leben jedes Menschen zu synthetisierenden Fähigkeiten im Einzelnen ansprechen, haben wir ein grundrechtliches Argument angefügt:

Viertens haben wir darauf verwiesen, dass nach dem Beschluss der UN-Behinderten-Rechtskonvention (2008) jedem Menschen, sei er auch noch so eingeschränkt, ein diskriminierungsfreier „Zugang zur Entwicklung von Kompetenzen in Selbst- und Fremdumgang" (Schuppener)[35] zu gewährleisten ist. Wir haben entsprechend und der Argumentation Schuppeners folgende Frage gestellt:

Fünftens haben wir gefragt, ob der je eigene Zugang zu den Selbst- und Fremdrepräsentationen behinderter Menschen möglicherweise den bisherigen Störungsbegriff relativiert?

32 Schuppener 2006, 63.
33 Schuppener, ebd.
34 Schuppener 2006, 62 f.
35 Ebd.

1.2 Ansätze einer sinnesphysiologisch ausgerichteten Arbeit mit Bildern bei Menschen mit Behinderung

Es gibt einen in der Heil-, Sonder- und Förderpädagogik selten geäußerten, wiewohl wenig hinterfragten, eher praktizierten Konsens: dass man in den Bereichen der Rehabilitation, in denen auch die Kunsttherapie zunehmend zuhause ist, von geistig, psychisch und körperlich gehandicapten Menschen spricht, mit denen man diagnostisch- und förderorientiert präzise arbeiten könne. Diese Meinung fußt auf den Basiskompetenzen, die Heil-, Sonder- und Förderpädagogen klinischerseits mitbringen. Diese Meinung soll hier in ihrem umfassenden Anspruch da hinterfragt werden, wo zuweilen „bei den betreffenden Personen [die wir ‚behindert' nennen, Anm. d. V.] von einem erhöhten Maß an ‚Alltags-Kreativität und -Kompetenz' – im Sinne der Auseinandersetzung mit verschiedenen Formen von Benachteiligung – ausgegangen werden muss"; wo von ihnen erbrachte „Kreativleistungen […] Außenstehenden gar nicht transparent werden"[36]

Das kann an einem Beispiel, an das man zunächst nicht denkt, weil es so kompliziert erscheint, an den neuen Proteinforschungen zu den synaptischen Veszikelproteinen, den SVPs gezeigt werden: Die SVPs (z.B. ‚Neurexine' oder ‚Neuroligine') sorgen im synaptischen Spalt, also da, wo alle transmitterbeförderten Informationen landen, dafür, dass wir Gestalten sehen. Sie sind dazu da, gestaltbildend, d.h. auf die vielen hunderttausend Informationen selegierend und bündelnd zu wirken, sodass wir überhaupt zu Bildern kommen können. Wenn wir über diese Proteine, die von Proteinpromotoren aus den Ribosomen, quasi den Proteinfabriken unserer Zellen, durch die Nervenreizkanäle zu den Synapsen geschleppt werden, nicht oder nur bedingt verfügen (was beim Autisten beispielsweise der Fall zu sein scheint), müssen wir als Bildtherapeuten quasi kompensierend die Leistungen dieser SVPs, die Bündelung der Eindrücke per Setting selber leisten, beispielsweise indem wir zu der alten Anweisung einer ‚vorbereiteten Umgebung' greifen, also viele störende, überlastende Informationen aus dem Wahrnehmungsbereich des Betroffenen entfernen. Tatsächlich, das demonstrieren Erfahrungsberichte vieler Autisten, sind diese aber durchaus in der Lage, dem behindernden Umstand selbst gerecht zu werden und selbst für die Reiz-Stabilität ihrer wahrgenommenen Umwelt zu sorgen, indem sie beispielsweise wie die Studentin der Pharmazie, Nicole Schuster, ihren alltäglichen Nahrungsbedarf – und damit die Stabilität ihrer Informationszugänge – regelmässig und

[36] Schuppener 2005, 2.

durchgehend mit Wirsing befriedigen („Ein guter Tag ist ein Tag mit Wirsing", 2007).[37]

Maria Montessori hatte dies in den Auftrags- und Ermessensbereich der Erzieher und Heilpädagogen gelegt: Sie müssten ein Reizsetting bereitstellen (sog. ‚vorbereitete Umgebung'), das in allen Einzelheiten durchdacht und umzusetzen sei. In der Folge hatten in den 1970er und 1980er Jahren die Heilpädagoginnen Jean Ayres, Francoise Affolter, Miske Flemming oder Anneliese Augustin zu einer möglichst kontrolliert aufeinander aufbauenden, entwicklungsgemäß an die bekannten Muster anschliessenden Reizumgebung geraten, um eine Wahrnehmung, d.h. deren neurologisches Produkt: die sinnliche Gestalt-, beispielsweise die Bildwerdung zu ermöglichen. Sie hatten weniger daran gedacht, mit sinneseingeschränkten Heranwachsenden daran zu arbeiten, dass diese sich die Stabilität und Sicherheit ihrer Wahrnehmungswelt selbst erarbeiten könnten.

Die heilpädagogisch orientierte Kunsttherapie (Menzen, 1994) hat infolgedessen entsprechende Designs und entsprechende Settings entworfen, wenn es um Störungen der zentralen Reizverarbeitung ging. Hier schien die KT als Behandlungsform geradezu prädestiniert, weil sie gelernt hatte, die Intensität, das Zueinander und die Abfolge der Reize (*physisch* gesehen in der Raum- und Reizanordnung, *physikalisch* gesehen in deren beispielsweise per Intensität umzusetzenden Amplituden und Frequenzen der Reizweiterleitung, *psychisch* gesehen unter dem Aspekt eines detaillierten sog. Objektbeziehungsangebots) zu analysieren, weil sie gelernt hatte, in ihrer Arbeit z.B. die Farbe Blau, die fokussierte Form, das gefühlsgetönte Beziehungsangebot usw. ästhetisch-didaktisch wie psycho-physisch interventionsgemäss einzusetzen[38], weil sie gelernt hatte, in welcher Reihenfolge, nach welchem Stufenplan die Reizcluster sich untereinander verschalten.

Eine heilpädagogisch orientierte Kunsttherapie, zunächst verstanden als fördernde Anleitung in sog. *Künstlerischen Ateliers behinderter Menschen*, erwies sich darin weniger therapeutisch-behandelnd, eher pädagogisch-fördernd, „da sie das eigene Lern- und Wahrnehmungs- und (Selbst)-Reflexionsspektrum erweitert[e]", zur „Klärung des eigenen Selbst" beitrug, veranlassend, „stolz auf sich und ihre eigene Werke [zu] sein", und den Menschen mit Behinderung zu „eigener Wahrnehmung und Selbstbegegnung" suchte zu verhelfen."[39]

[37] Vgl. den Erfahrungsbericht von Nicole Schuster, der in einer Videofassung vorliegt: http://www.youtube.com/watch?v=AtmfFVwyUak, Folge 1-6, 2009 (abgerufen am 31.3.2015); erläuternd ihr Buch (2007).

[38] Vgl. zusammenfassend dazu: Menzen 1994; ders. 2009, Kapitel 2.

[39] Schuppener 2006, 70 f. (sich berufend auf Fischer 1987, Obstück u. Sasse 1993, Richter 2001).

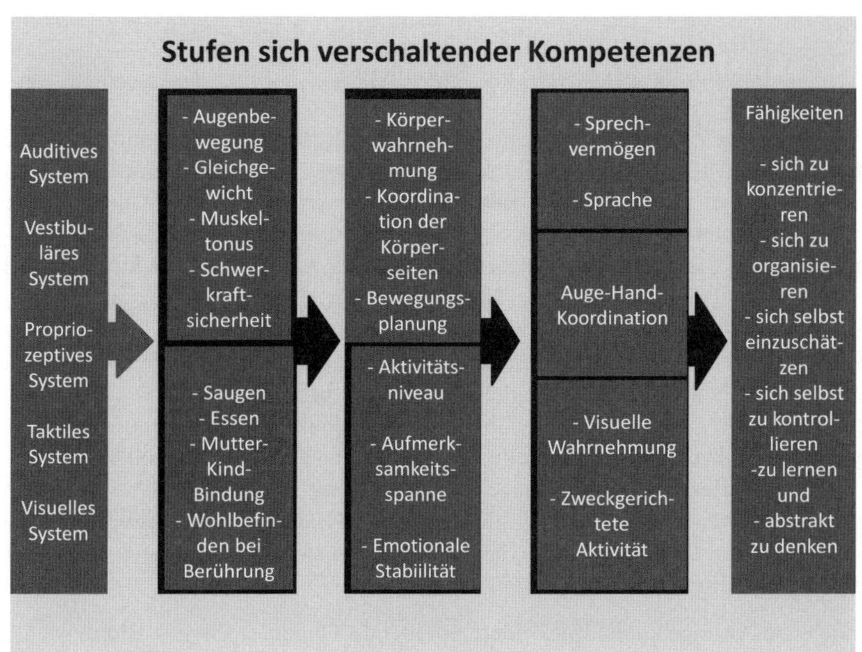

Abb. 1: Die Sinne, Integration ihrer Reizeinwirkungen und ihrer Endprodukte (Schema aus Jean Ayres 1984, 84, modifiziert von K.-H. Menzen).

In Ergänzung des Wissens um den schrittweisen Aufbau sich miteinander verschaltender und aufeinander aufbauender Kompetenzen, aber auch im Wissen um die Beschreibungen der sinnes- und muskelphysiologischen Störungen (z.B. bei Down-Syndrom, bei Spastik oder bei den frühen Sinnesstörungen), zeigte die eher klinisch-orientierte Praxis da Erfolge, wo sie sich rehabilitationsorientiert auf eine ganz genaue Beobachter- und Reizselektionsebene begab, wo sie die frühen Störungen der basalen Wahrnehmungsmodi im Prozess von Bildvorstellungs- und Verhaltensrepertoire-Entwurf auf eine Verarbeitungsstörung sensorisch- und verhaltensinformationeller Mustergewinnung zurückführte.[40] Aber die heilpädagogische Kunsttherapie musste wie viele Förderverfahren lernen, dass ihr – sich seit den 1990er-Jahren entwickelnder – klinischer Blick zu ergänzen war.

[40] Vgl. Hülshoff 2005, 110 f.

1.3 Ansätze einer körperphysiologisch ausgerichteten Arbeit mit Bildern bei Menschen mit Behinderung

Wir haben uns Zeit mit dieser körperorientierten Antwort gelassen und bisher die muskel-/verhaltensphysiologische Seite unerwähnt gelassen, müssen also mit Hinweis auf all die cerebralen Bewegungsstörungen, die früh entstanden oder später erworben die Bewegungsabläufe schlecht abbilden, geradezu der Korrektur bedürfen, die bildtherapeutischen Erkenntnisse nachliefern, die hier hilfreich sind. Unsere Erfahrung in einer Theaterwerkstatt Berlins, konkret im Umgang mit den unwillkürlichen Gesichtsverzerrungen einer spastischen Frau, die ihr selbst auf der Bühne äußerst störend waren, sollen an dieser Stelle erwähnt sein: Wie etwa die sorgsame Rückmeldung des Regisseurs, der mithilfe von Anleitung versuchte, über die willkürlichen die unwillkürlichen, hier die athetotischen, d.h. grimassierenden Bewegungsanteile der Mundwinkel und des Gesichts zu beeinflussen, geradezu *bildhaft einzuwirken*. Es gelang ihm, jene nicht bewussten physiologischen Anteile zu beeinflussen und zu modifizieren – nach dem Bild einer normalen Gesichtsreaktion, eines Bildes von sich, wie sie es sich da auf der Bühne vorstellte, immer gewünscht hatte.

Eine erste Anfrage an die mit Bildern arbeitende Therapie verweist allerdings auf die Erfolge, die sich die neueren medizin- und naturwissenschaftlichen Erkenntnisse zunutze machen. Kunsttherapie kommt nicht mehr umhin, die Voraussetzungen ihres Angebots zu recherchieren, genauer zu fragen, wessen der von ihr betreute, begleitete Mensch bedarf, und hierbei nicht vergessend, dass es immer um dessen Weltaneignung geht, dessen Selbst- und Weltbilder, um das, was wir nennen: Ermöglichung von ‚Kultur'.

Solches Herangehen beginnt mit Fragen, wessen er/sie bedarf. Christian Gaedt stellt folgende Ausgangssituation an den Anfang seiner Überlegungen: „Nehmen wir z.B. ein geistig behindertes Kind, das in der Aktualisierung einer frühen Entwicklungsphase seine Selbständigkeit betonen und gleichzeitig die sichernde Beziehung testen will und die Betreuer mit dem ständigen Hin und Her mit dem ‚Ich will/ich will nicht' zur Verzweiflung bringt. Die erfahrene Mutter kennt dieses Verhalten. Es ist auch für sie schwer auszuhalten. Sie wird sicherlich ein konsequentes Verhalten anstreben, sie wird dieses aber auch, geleitet von ihrer empathisch gewonnenen Einschätzung der Zumutbarkeit, Verweigerung und Nachgiebigkeit, flexibel handhaben; sie wird so eine entwicklungsfreundliche Beziehung zu ihrem Kind absichern. Denn es geht hier um Entwicklung und nicht um Lernen und Verlernen. In einem verhaltenstherapeutisch orientierten Wohngruppenmilieu – man bedenke, dass es sich hier nicht um kurze Zeiträume handelt, sondern um viele Monate oder Jahre – besteht die Gefahr, dass das Kind von den aufeinander eingeschworenen Betreuern nichts anderes lernt als seine

Hilflosigkeit und nichts anderes erfährt als seine Einsamkeit. Es bleiben ihm zwei Möglichkeiten. Einmal die resignative und oberflächliche Übernahme der geforderten Anpassung, der Weg also in die ‚stille Depression', oder ein nicht endender hasserfüllter Machtkampf."[41]

Gaedt ist sich bewusst, macht immer wieder deutlich: „In der Dynamik vieler Störungsbilder erkennt man, wenn auch in verzerrter und modifizierter Form, die verschiedenen Stadien der frühkindlichen Entwicklung wieder. Mangelhaft ausgebildete Ichfunktionen, Re-Aktualisierung früher Objektbeziehungen und pathologische Selbstwertregulationen spielen dabei eine große Rolle."[42] Und in Kenntnis dessen empfiehlt er allen beteiligten Professionen, somit auch den mit Bildern arbeitenden Professionen, bei pathologischen Inszenierungen eine gemeinsame Absprache aller Mitarbeiter, den gemeinsamen Blick.

1.4 Ansätze einer sozial-beziehungshaft ausgerichteten Arbeit mit Bildern bei Menschen mit Behinderung

Eine heilpädagogische Kunsttherapie hat seit den 1980er-Jahren systemisch orientierte Behandlungsformen erfahren: Wo sie nur neurologisch und neurobiologisch, auch nur zellbiologisch dachte, begründete sie sich selbst ungenügend. Sie musste sich gleichermaßen und notwendigerweise auf die psychosoziale, auf die symbolisch-kommunikative Ebene begeben, d.h. auf den Zustand, in dem ein Mensch, der behindert ist, so kommunikativ beeinträchtigt ist, dass er nicht an der Gesellschaft teilhaben kann. Sie musste lernen zu verstehen, wie sich ein undifferenziertes oder gar diffuses Wahrnehmen, oder wie Ehrenzweig (1974) sagt, wie sich ein entwicklungsgemäß noch nicht differenziertes Sehen, wie ein *gestaltfreies Wahrnehmen* sich psychosozial auswirkt und jede Kommunikation erschwert; umgekehrt: wie erschwerte Beziehungs- und Kommunikationsformen neurologisch und neurobiologisch gestörte Grundvoraussetzungen des Wahrnehmens, Fühlens und Verhaltens legen.

Die Psychoanalytikerin Melanie Klein hatte diesbezüglich genau beobachtet, wie ein noch nicht strukturiertes Wahrnehmen, wie ein vor-symbolisches Verhalten nur nach bestimmten *Positionierungen von Beziehung*, von Projektion auf die Bezugsperson strukturiert wird, wie nur nach einer Phase der ‚Aus-Einander-Setzung', nur nach der anfänglich paranoiden, dann depressiven, begleitend: projektiv-identifizierenden Positionierung sich eine solche Beziehung formulieren könne. Sie hatte gesagt, dass wir die Gestalten unserer Welt immer beziehungshaft erfahren, indem wir mit ihnen handelnd, nicht nur sinneshaft und

[41] Gaedt 1990, 4 f.
[42] Gaedt 1990, 6.

kognitiv, sondern emotional in Kontakt gehen und auf sie antworten. Ihre herausfordernden Gedanken zur Objekterkennung fanden sich wieder bei so unterschiedlichen Verhaltensforschern wie H.F. Harlow und J. Bowlby, auch in den Gedankengängen des Psychoanalytikers R. Spitz, eher kontrovers bei A. Freud, also bei jenen Forschern, die die beziehungs- und kontaktgestörten, hospitalistischen, psychotisch anmutenden, realitätsunversöhnten Weltentwürfe derer, die verwahrlosten, beobachteten.

Zur Erläuterung: Wenn wir die frühe Entwicklung des Kindes zum Bewusstsein des eigenen Selbst und zur Erkenntnis der Objekte seiner näheren Umgebung genauer betrachten, dann sehen wir schon bald auf Grund der vielen einschlägigen Studien, dass die affektiven Zustände des Kindes in seinen ersten Lebensmonaten und die seiner mit ihm interagierenden Mutter eine wesentliche vermittelnde Rolle spielen. Wir wissen es nicht erst seit den Befunden der empirischen Säuglingsforschung, dass die frühen kindlichen mit den mütterlichen Affektzuständen korrelieren.

Die Arbeiten zu den interaktionell-affektregulativen Entwicklungsfaktoren von Beebe und Stern (1977), Stern (1985), Lichtenberg (1991), Dornes (1993), Papousek (1998) und letztlich Reck (2013) haben gezeigt, dass, wie in früheren Jahren schon Daniel Stern beobachtete (Stern 1998), zwischen Mutter und Kind ein kontinuierlicher, wechselseitig verlaufender Regulationsprozess stattfindet. In diesem Prozess, so erbrachten die Recherchen, sind Aspekte von Bindung, Projektion und Spiegelung wesentlich, – Aspekte, die in den Bindungstheorien von Harlow, Spitz, A. Freud, Ainsworth und Bowlby in der Mitte und zweiten Hälfte des letzten Jahrhunderts erörtert worden sind und die ein halbes Jahrhundert später in der Spiegelneuronentheorie neurologisch diskutiert und bestätigt wurden[43].

Hiernach schien es erwiesen, dass die frühe Objektbeziehung des Kindes mehrere Stadien durchläuft und, wenn sie gestört wird, zu verschiedenen psychischen und psychosomatischen Störungen führt. Was in den ersten Untersuchungen nur beobachtet werden konnte (lang anhaltendes Weinen, Schreien, Wimmern, gravierende Kontaktstörung und apathischer Rückzug, also das ganze Spektrum eines psychosozialen bis hin zu einem totalen physischen Kollaps), konnte in späteren Untersuchungen präzisiert werden: Eine frühe Separation des Kindes von der Mutter führte hiernach auf Seiten des Kindes zu folgenden körperlichen Reaktionen: 1. erhöhter Noradrenalinspiegel, 2. leicht erhöhter Blutdruck, 3. Rückgang der Rezeptoren für Serotonin (Wohlgefühle) und Cortison (Streßbewältigung) im Hippocampus (dem Erinnerungs- und Gefühlsspeicher des Gehirns), 4. erhöhte Aktivierung des Vasopressin-Gens, das im Hypothalamus als

[43] Vgl. Rizzollatti u. Sinigaglia 2008, 110.

Stress-Regulator fungiert. Diese neurobiologischen Befunde der Universität Zürich aus dem Jahr 2009[44] wurden in dem breitangelegten 'Bucharest Early Intervention Project' (BEIP, 2012)[45] von neurobiologischer und neurogenetischer Seite bestätigt.

Mangelnde Zuwendung, so die Studie, zeigt sich in verminderter Hirnaktivität. Die Hirnaktivitäten der Kinder, die von früh auf in rumänischen Waisenhäusern groß geworden waren, waren deutlich vermindert. Jene unter zweijährigen Kinder, die von einer Pflegefamilie aufgenommen worden waren, zeigten dagegen eine deutliche Stimulation der Hirnaktivität; die von Pflegefamilien aufgenommenen Kinder zeigten Hirn-Aktivitätsmuster ähnlich solcher Kinder, die von Geburt an bei ihren Eltern aufgewachsen waren. Die BEIP-Studie zeigte, welche schwerwiegenden Folgen eine frühe Deprivation hat: Jene Kinder, die längere Zeit in den Waisenhäusern zugebracht hatten, wiesen Telomere auf (als Telomere werden die Enden der Chromosome in den Zellen bezeichnet, die unsere Entwicklung steuern, besonders auch unser Altern; sie gelten als Indikatoren für mentale Probleme), die in der Regel verkürzt waren und damit morphogenetisch, d.h. gestalt-entwicklungsgemäss zeigten, wie die frühe Separation von der Mutter die biologische Grundausstattung des Säuglings verändern kann.[46]

Die nicht unumstrittenen Arbeiten von Melanie Klein (1935)[47] verdeutlichten schon in der ersten Hälfte des letzten Jahrhunderts, dass das Kleinkind im Verlauf der unumgänglichen Separationserfahrung zwei Grundpositionen durchlaufen muss, eine paranoid-schizoide Position und eine depressive Position. Melanie Klein zeigte im Verlauf der Arbeit an ihrem Entwicklungsmodell (1946), dass das Kind die Ich-Zuschreibungen, also die Teil-Erfahrungen seines Selbst, die es erlebt (z.B. Scham- oder Wutgefühle), immer wieder versuchsweise als nicht-zu-sich-gehörig abspaltet und projektiv-identifikatorisch sozusagen seinem Gegenüber (der Mutter) zuschreibt. In der paranoid-schizoiden Position spaltet es dieses Gegenüber in einen guten und bösen Part, so wie es sich eigentlich selbst als entsprechend gespalten hätte erfahren können, wenn es beispielweise als ‚unartig' gescholten wurde und den Zorn des Gegenübers erfahren hätte. In der depressiven Position nimmt es seine destruktiv-verletzende Haltung dem Gegenüber wahr. Melanie Klein hat also schon früh annähernd erkannt, dass die werdende Persönlichkeit sich aus verschiedenen Ich-Anteilen zusammensetzt, wenn sie wütend-aggressiv oder depressiv ist. Ihre Theorie ist in der Folge von John und Helen Watkins (seit ca. 1980) als Ego-State-Theorie therapeutisch nutzbar

44 Vgl. Frankfurter Allgemeine Sonntagszeitung, 15.11.09, 62-63.

45 Erstmals beschrieben von: Nelson, Ch. A. et al. (2007); vgl. http://www.bucharest earlyinterventionproject.org/About-Us.html (abgerufen am 31.3.2015).

46 Vgl. zur BEIP-Studie: DIE ZEIT 51, 13.12.2012, S. 41.

47 Vgl. Fonagy, 2001.

gemacht worden. Die Sichtweise Melanie Kleins hat aber auch Kritik erfahren: Beispielsweise weist Friedrich-Wilhelm Deneke neuerdings darauf hin[48], dass ihm „kein Forschungsergebnis bekannt [ist], das auch nur im Entferntesten die Gültigkeit dieser Annahmen bestätigen könnte". Er hat wohl darauf hingewiesen, dass selbst Kernberg[49] den bei Melanie Klein entwickelten Gedanken der ‚Projektiven Identifikation' als einen Vorgang beschreibe, in dem auf ein Objekt unerträgliche intrapsychische Erlebnisse projiziert werden, um einfühlend und kontrollierend mit dem, was es projiziert, zu bleiben.[50] Der der bildnerischen Therapie nahestehende Analytiker Ogden hat diese Argumentation verlängert: Auf diese Weise habe der Behandler die Möglichkeit, mit dem auf ihn Projizierten adäquat, zumindest besser als der Patient selbst umgehen zu können[51].

Für uns, die wir hier über die frühen Affekt-Regulationsstörungen beeinträchtigter Menschen nachdenken, ist es interessant zu verfolgen, wie der Psychoanalytiker Otto Kernberg in der Tradition des Ehepaar Watkins die Introjekte, d.h. die Selbst-Zuschreibungen des Kindes auf dem Weg zu seiner Ich-Bildung als unbewusst internalisierte Aspekte von Merkmalen seiner Umgebung beschreibt und feststellt, wie diese nach schweren Traumatisierungen teilweise abgespalten werden können.[52] Diese Ich-Teile, wie sie hier als abgespaltene beschrieben werden, oben als sog. Ego-States bezeichnet, sind aber nicht erst seit Kernbergs Erläuterungen bekannt; sie wurden schon früh von dem Freud-Schüler Sandor Ferenczi dafür verantwortlich gemacht, dass sie sich in der Mutter-Kind-Matrix als das Beziehungsverhältnis affektiv total verstörend erweisen können[53].

Wir haben deutlich zu machen versucht, dass frühe affektive Regulationsstörungen des Kindes, hier zurückgeführt auf Interaktionsstörungen des Kindes mit seiner unmittelbaren Umgebung (die nicht individuell verschuldet sein müssen, auch biologisch bedingt sein können), sich neurogenetisch (vgl. Telomere), neurobiologisch (vgl. hippocamische Stressregulatoren) und persönlichkeitsspezifisch (vgl. Ego-State-Abspaltungen) auswirken können. Dies heisst in Bezug auf Menschen: Ihr Ausdrucksverhalten ist, wie Daniel Stern in einem seiner neueren Bücher ‚Ausdrucksformen der Vitalität' sagt, nicht ohne die neuronal geprägten frühen Erregungsreaktionen (Arousals) des Hirnstamms in sozialen Situationen zu denken[54].

[48] Deneke 2013, 6.
[49] Kernberg 1989, 268 f.
[50] Deneke 2013, 388.
[51] Ebd.
[52] Vgl. Peichl 2013, 66 f., 119.
[53] Ebd. 63.
[54] Stern 2011, 95.

Exkurs: Gestörte Interaktion und Affektregulation im frühen Kindesalter

Die Diplom-Psychologin Corinna Reck (2013) hat im Blick auf die postpartalen, also nachgeburtlich-depressiven Zustände junger Mütter recherchiert, wie Mutter-Kind-Interaktionen ggfs. dem Säugling helfen oder aber verhindern, seine selbstregulatorischen Fähigkeiten einzuüben, sich in wechselseitiger Anpassung an das Verhalten des jeweils Anderen danach streben, sich zu koordinieren. Zur Erreichung dieser – so lesen wir: nur in ca. 30 Prozent übereinstimmenden – harmonisierenden Affektlagen müssen innere Repräsentanzen ausgebildet werden, die quasi einen ‚affektiven Kern' bilden, sog. Kernrepräsentanzen, die fürderhin ein sicheres Bindungsverhalten gewährleisten.[55]

Dieser Prozess ist aber angesichts der postpartal-depressiven Zustände der zu 10-15 Prozent betroffenen Mütter gefährdet: „mangelnde Sensitivität, Responsivität, Passivität oder aber Intrusivität [In-sich-Zurückgezogenheit, Anm. d. V.], weniger positiven Affekt, mehr negativen Affekt und ein weniger expressives mimisches Ausdrucksverhalten", angesichts eines sich nur mehr schwer aufeinander abstimmenden affektiven Verhaltens, angesichts also des drohenden Mangels an „Empathie und emotionaler Verfügbarkeit" und der verringerten „Fähigkeit, kindliche Signale wahrzunehmen", so C. Reck, zieht sich das Kind zurück, vermeidet den Blickkontakt, drückt sich weniger affektiv aus.[56] Begleitet und negativ gefördert wird dieser Prozess von erhöhten Arousals, sprich: von hohen physiologischen Stresswerten.[57]

Im Anhang an die verhaltens- und tiefenpsychologischen Forschungen entstanden schon vor Jahren Fragen: Sind Menschen mit Behinderungen ggfs. mehr als andere von diesen postpartal-depressiven Folgen betroffen? Sind sie mehr als andere dazu prädestiniert, auf Bezugspersonen mit verunsicherten affektiven Verhaltenszuständen zu treffen? Sind sie, da beispielsweise wie im Autismus genetisch unangemessen ausgestattet, nicht in der Lage, die zitierten affektiven Kernrepräsentanzen (Selbst- und Objektbilder) auszubilden, entsprechend zu angemessenen Selbst- und Objektwahrnehmungen und in der Folge zu einem symbolisch ausgewogenem Welt- und Selbstverständnis zu kommen?

Eine Tagung zum Sozialverhalten behinderter Menschen in Neuerkerode bei Hannover (1990), speziell ein Beitrag von Christian Gaedt[58], hatte dies, natürlich noch nicht auf dem derzeitigen Erkenntnisstand[59], bedingt bejaht und ist bis dato

55 Reck 2013, 124.
56 Ebd., 125.
57 Ebd., 126.
58 Gaedt, Ch.: Psychisch kranke geistig Behinderte – Das Problem der „dual diagnosis".
59 Roth, G., Strüber, N., 2014, 150, sprechen von „genetisch-epigenetischen Vorbelastungen"

nicht widerlegt. Sie ging davon aus, dass speziell geistig behinderte Menschen nur einen bestimmten Level ihrer ansonsten möglichen Beziehungsentwicklung erreichen, falls sie schon früh beeinträchtigt sind: „Unter den Bedingungen einer eingeschränkten Funktionsfähigkeit des Zentralnervensystems kann der Säugling über die von ihm geforderten regulativen Einflüsse auf seine frühen Interaktionen nicht effektiv verfügen. Er wird also auch unter sonst optimalen Bedingungen die für seine Entwicklung entscheidende Eltern-Kind-Beziehung nicht ausreichend nutzen können.“[60]

Ganz in diesem Sinne hat eine neuere Studie[61] beispielsweise unterstrichen, dass Autisten nicht nur überdiskriminierend sehen, also aus ihrer Detailwahrnehmung schlecht herausfinden, sondern auch zu einer projektiven Identifikation kaum in der Lage sind, dass sie die von Melanie Klein und Ruprecht Bion beschriebenen kleinkindlichen Positionen der Beziehung oft nicht haben durchlaufen können. Noch einmal Christian Gaedt: „Die Entwicklung der Objektivbeziehungen bleiben ganz oder teilweise auf einer frühen Stufe stehen; entsprechend unreif bleiben die Ich-Funktionen und die aktivierbaren affektiven Reaktionsbereitschaften. Das Selbsterleben bleibt unentwickelt und labil. Hirnorganische Störungen wirken also als negative Katalysatoren. Sie verlangsamen und, weil nicht alle Prozesse in gleicher Weise betroffen sind, verzerren die Entwicklung. Sie werden zu einem Webfehler, der von Entwicklungsstufe zu Entwicklungsstufe weitergegeben wird.“[62]

In einer so beschriebenen Situation muss Kunsttherapie mehr als die herkömmliche soziale Integration leisten, nämlich eine Integration von innen und außen, eine Art der Anpassung von innerer und äußerer, sowohl physischer wie psychischer Realität und deren bildhaften Repräsentation; sie muss eine Art Nacharbeit von Beziehung sein.

1.5 Ansätze einer kulturell orientierten Arbeit mit Bildern bei Menschen mit Behinderung

Es liegt im Interesse dieses Buches zu fragen, wie bild-, abbildungs- und symbolmächtig die Betroffenen, die in diesem Buch zur Sprache kommen, sein müssen, um zu den ihnen entsprechenden Bildern ihrer Welt zu kommen, und auch zu fragen, was der Beitrag derer, die therapeutisch oder aber pädagogisch-begleitend mit den Bildschaffenden arbeiten, hierbei sein könnte? Am Anfang steht wohl die Frage, in welchen Formen der kulturelle Ausdruck der Betroffe-

60 Gaedt 1990, 2.

61 Strauss, 2009.

62 Gaedt 1990, 2 f.

nen, und von einem solchen gehen wir aus, sich artikuliere? Zuweilen ist es ‚nur' eine Gebärde:

> „Die Verzweiflung des Wunsches
> mit einer Gebärde durchstreifen.
> Die Verzweiflung des Wunsches
> mit dem Wunsch wiederholen. Die
> Verzweiflung des Wunsches dem
> Wunsch überlagern […]", –

sagt Klaus Findl in seinen Textperformances in der Vernissage von Karin Schlechter mit dem Titel: „Den Tag an den Rand der Nacht/ rücken und/ in dieser Grenze gehen"[63].

Am Anfang dieses Buches wollen wir feststellen, aus Gründen der *political correctness* auf eine UN-Konvention vom 3. Mai 2008 verweisen[64]: dass körperlich-psychisch-geistig-sozial beeinträchtigte Menschen dieselben Ansprüche wie alle nicht-beeinträchtigten haben. Dass sie vor allem einen sozial und kontextual gesicherten Raum beanspruchen dürfen, in dem sie sich so wie sie es sich vorstellen, je nachdem handwerklich-industriell-künstlerisch, aber immer: kulturspezifisch verwirklichen können. Erst wenn wir dem zustimmen, ist es angebracht, auch nach den Handicaps zu fragen, die den Zugang zu den kulturellen Selbstausdrücken ggfs. hemmen. Und jetzt sind wir sogar in der Pflicht, die Kompetenzen des Menschen mit Behinderung wie seine Grenzen zu recherchieren, – zu fragen, wo er hinsichtlich seiner kompetenten Verwirklichung der Hilfestellung bedarf. Die ICF, also die International Classification of Functioning, Disability and Health (ICF) als einschlägige Klassifikation der Weltgesundheitsorganisation (WHO; letzte Änderung 2014) vermag hierbei gute Dienste zu tun.

Wir haben einige Voraussetzungen gemacht und wollen diese kurz verdeutlichen:

1. Die Aneignung von Welt geschieht und definiert sich kulturell, speziell: künstlerisch, handwerklich und industriell. Zuweilen gehen diese Aneignungsformen ineinander über.
2. Von den handwerklich-industriellen bis zu den künstlerischen Tätigkeiten zeigt sich der unbeeinträchtigte wie der beeinträchtigte Mensch also je kulturspezifisch.

[63] Schlechter, 2012.

[64] UN-Menschenrechtsübereinkommen vom 3.5.2008: "Übereinkommen über die Rechte von Menschen mit Behinderungen" (Convention on the Rights of Persons with Disabilities – CRPD), vgl. http://www.behindertenrechtskonvention.info (abgerufen am 1.4. 2015).

3. Im künstlerischen wie im handwerklichen Ausdruck kommt das je Eigene des Aneignungsmodus zutage; im künstlerischen zeigt sich jedoch zuweilen schärfer noch als im handwerklichen ein spezifisch ideeller Zugang zur Welt, im handwerklichen zeigt sich dieser eher spezifisch verhaltens-, material- und prozessual-schematisch orientiert.

4. In beiden Formen menschlicher Aneignungs- und Ausdruckstätigkeiten können schematisch, d.h. sowohl sensomotorisch und mental verhaltensausdrücklich, wie symbolisch-symptomatisch die individuellen Eigenarten der Aneignung abgelesen, eruiert, auch diagnostiziert werden.

Heil-, Sonder-und Förderpädagogik befassen sich an ihren theoretischen und praktischen Schnittstellen mit Menschen, die entsprechend ihrer geistigen, seelischen und körperlichen Beeinträchtigungen einen je unterschiedlichen Bedarf an Betreuung, Begleitung oder Behandlung haben. Das jeweilige pädagogische Angebot richtet sich an Menschen, die je nach Spezifität und Schwere ihrer Beeinträchtigung so behindert sind, dass sie zwar unterschiedlich, aber nur beschränkt am Leben der Gesellschaft teilhaben können. Die künstlerisch-therapeutischen Angebote sind entsprechend je nach *impairment* (biologische Beeinträchtigung), *disability* (funktionale Beeinträchtigung) oder *handicaps* (soziale Beeinträchtigung) eher beratend (z.B. in heilpädagogischen Beratungsstellen), oder eher bildend (z.B. in Sonderschulklassen) oder eher fördernd (z.B. in Fördergruppen von Behinderten-Einrichtungen, in schulischen Förderklassen, aber auch in außerschulischen Einrichtungen wie heilpädagogischen Ambulanzen oder Sozialen Brennpunkten[65]) ausgerichtet, – entweder eher in funktionaler, oder eher in psycho-sozialer Absicht.

Wo die künstlerisch-therapeutischen Angebote bildnerisch ausgerichtet sind, haben sie eher kognitiv-emotionale, speziell auch psychosoziale Veränderungen im Sinn; wo sie eher multimodal, d.h. das gesamte Repertoire der Kunsttherapie (KT) einbeziehend ausgerichtet sind, haben sie eher körperausdrückliche Veränderungen im Sinn. Als wir den sinnes-, d.h. hier den informationell-neurophysiologischen, bewegungs- und verhaltensausdrücklich-muskelphysiologischen oder den psychodynamisch-sozialen Hinweisen nachgegangen sind, die im und nach dem Einsatz der KT zutage kommen, sahen wir, wie unterschiedlich die KT einsetzbar ist. Wir sahen vor allem, wie diese Methode in der Lage ist, die Selbstkompetenzen der Betroffenen zu aktivieren. Wir konnten erahnen, dass besonders die kulturell-ausgerichtete Orientierung der Kunsttherapie von Nutzen sein könnte, also die Aneignung der Bilder unserer selbst und der Welt, die sich nicht immer der Normierung, der Standardisierung beugen. Erinnern wir uns,

[65] Vgl. Menzen, Dufern, Beier, 2014.

was sich andeutete: Die Blicke, die Gesten, die Gebärden, die Handreichungen – sie sind Teil einer auf die Welt bezogenen Ausdrücklichkeit, die wir nennen ‚Kultur'.

Eine solche Kultur erscheint aber nicht in hohe und niedere, wert- und unwerthaltige Kultur teilbar. Der Kulturwissenschaftler Jan Assmann hat in seinem Buch ‚Religion und kulturelles Gedächtnis' (2000, S. 38) Kultur wie folgt umschrieben: „Das kulturelle Gedächtnis ist komplex, pluralistisch, labyrinthisch, es umgreift eine Menge von in Zeit und Raum verschiedenen Bindungsgedächtnissen und Wir-Identitäten [...]" (2000, S. 43).

2 Szenografisches – Handicaps, auf den Punkt gebracht: Schädigung sinnes-, körperhafter und mentaler Strukturen (impairment), in der Folge Einschränkung der funktionalen Fähigkeiten (disability) und soziale Beeinträchtigungen (handicaps)

2 Szenographisches – Handicaps auf den Punkt gebracht: Schädigung sinnes- und körperhafter wie mentaler Strukturen (impairments), in der Folge Einschränkung der funktionalen Fähigkeiten (disabilities) und soziale Beeinträchtigungen (handicaps)

Wir werden im Folgenden sinnes- und körperhafte wie mentale Beeinträchtigungen recherchieren und uns fragen, worin diese bestehen und welche Möglichkeiten der Hilfeleistungen sich anbieten.

Als behindert erscheinen Personen, die wegen körperlicher oder psychischer Einschränkungen nicht die Aktivitäten ausüben können, die für Menschen gleichen Alters und Geschlechts selbstverständlich sind. Ursache dafür können angeborene Störungen sein, Folgen von Krankheit und Alter oder Unfall- bzw. Verletzungsfolgen. Die dadurch bedingten Einschränkungen haben vor allem auch Auswirkungen auf Selbständigkeit, Bildungsfähigkeit und Berufsfähigkeit der Person. Die Kausalität der Behinderung geht also von der Schädigung (engl. impairment) über die Einschränkung der Fähigkeiten (engl. disability) zur Beeinträchtigung (engl. handicap).

Das Sozialgesetzbuch SGB IX[66]: Behinderte oder von Behinderung bedrohte Menschen erhalten Leistungen nach diesem Buch und den für die Rehabilitationsträger geltenden Leistungsgesetzen, um ihre Selbstbestimmung und gleichberechtigte Teilhabe am Leben in der Gesellschaft zu fördern, Benachteiligungen zu vermeiden oder ihnen entgegenzuwirken. Dabei wird den besonderen Bedürfnissen behinderter und von Behinderung bedrohter Frauen und Kinder Rechnung getragen.

Das SGB IX[67] definiert wie folgt:

Behinderung – eine Definition des Sozialgesetzbuches SGB:

1. Menschen sind behindert, wenn ihre körperliche Funktion, geistige Fähigkeit oder seelische Gesundheit mit hoher Wahrscheinlichkeit länger als sechs Monate von dem für das Lebensalter typischen Zustand abweichen

66 Anhang SGB IX § 1 SGB IX – Selbstbestimmung und Teilhabe am Leben in der Gesellschaft.

67 § 2 SGB IX.

und daher ihre Teilhabe am Leben in der Gesellschaft beeinträchtigt ist. Sie sind von Behinderung bedroht, wenn die Beeinträchtigung zu erwarten ist.

2. Menschen sind im Sinne des Teils 2 schwerbehindert, wenn bei ihnen ein Grad der Behinderung von wenigstens 50 vorliegt und sie ihren Wohnsitz, ihren gewöhnlichen Aufenthalt oder ihre Beschäftigung auf einem Arbeitsplatz im Sinne des § 73 rechtmäßig im Geltungsbereich dieses Gesetzbuches haben.[68]

Wenn wir derzeit von Behinderungen sprechen, unterscheiden wir diese nach folgenden Aspekten:

- Körperliche Behinderung
- Sinnesbehinderung (Blindheit, Gehörlosigkeit, Schwerhörigkeit, Taubblindheit)
- Sprachbehinderung
- Psychische (seelische) Behinderung
- Lernbehinderung
- Geistige Behinderung

Je nach Art der Beeinträchtigung werden entsprechend unterteilt

- diejenigen des Körpers – je nach spezifischen motorischen Störungen. Spastik, hyperkinetischem Syndrom, Down-Syndrom, Parkinson, Schlaganfall, Schädelhirntrauma SHT, Subarachnoidalblutung SAB
- diejenigen des Sinne – nach den spezifischen sensomotorischen Störungen, den sogenannten Teilleistungsstörungen, den Informationsverarbeitungsstörungen (z. B. Autismus)
- diejenigen der Sprache – je nach den Störungen des Spracherwerbs (Sprachentwicklungsstörungen), der Stimme, des Sprechens (Sprechstörung), des Redeflusses (Stottern, Poltern, Stammeln)
- diejenigen der Psyche – je nach psychovegetativen Störungen, psychoneurotischen Störungen, Störungen der Objektbeziehungen, Beziehungsstörungen (z. B. Hospitalismus), psychotraumatische Stö-rungen
- diejenigen des Lernens – je nach den Störungen in der synaptischen Verschaltung bzw. in den epigenetischen Veränderungen spezifischer Hirn-

[68] Vgl. Karl C. Mayer, www.neuro24.de/show_glossar (abgerufen am 20.12.2014).

areale, die sich multifaktoriell und biosozial-interaktionell auswirken und im schulischen Kontext von Leistung zeigen

- diejenigen der geistigen Verarbeitung – je nach genetisch bedingten, frühkindlichen Störungen der Protein-Strukturen der Hirnzellen bzw. genetisch- oder erkrankungsbedingten Störungen der Hirnzell-Strukturen in der Demenz

Bei den erworbenen Behinderungen werden folgende Ursachen unterschieden:

- durch perinatale (während der Geburt) entstandene Schäden
- durch Krankheiten erworbene Schäden
- durch körperliche Schädigungen, zum Beispiel Gewalteinwirkung, Unfall, Kriegsverletzung
- durch Alterungsprozesse angeborenen Behinderungen
- durch Vererbung bzw. chromosomal bedingt
- durch pränatale (vor der Geburt entstandene) Schädigungen.

Behinderungen können auch als Kombination aus mehreren Ursachen und Folgen auftreten (Mehrfachbehinderung, Schwerste Behinderung), oder weitere Behinderungen zur Folge haben, z. B. Kommunikationsbehinderung als Folge einer Hörbehinderung. Solche Unterteilungen werden erst in neuerer Zeit gemacht.

Zunehmend wird diskutiert, wie sich die oben beschriebenen Störungen von Beginn an entwickeln. Aus diesem Grund werden wir die neuesten Erkenntnisse zu den frühesten Entwicklungsstörungen „neuro-sequentieller Strukturen“, wie der Psychiater Perry diese nennt, zusammentragen, also den Abschnitten der neuronalen Entwicklung nachgehen und die die Entwicklungsphasen des Kindes irritierenden Faktoren aufsuchen.[69] Zuvor werden wir aber grundlegend die Beeinträchtigungen der Sinnes- und Wahrnehmungsstrukturen angehen und auch die Frage stellen, ob wir zwischen angeborenen und erworbenen sog. Teilleistungsschäden unterscheiden müssen, genauer: ob die Psychodynamik ihres Entstehenshintergrundes sich auf diese auswirkt. Zu diesem Zweck werden wir psychoanalytische und neurologische Denkansätze in Deckung zu bringen versuchen, – eine Herangehensweise, die zugegebenerweise unüblich, auch in der Forschung getrennt angegangen wird.

[69] Perry, Szalavitz 2006.

2.1 Zur Schädigung von Sinnes- und Wahrnehmungskompetenz-Strukturen

2.1.1 Historisch-notwendige Erinnerung: Anfänge der Sinnesphysiologie

Um 1800 sind es vor allem romantische Ideen von einer umfassenden Korrespondenz der Mikro- und Makrokosmen, von Innen- und Außenwelten. Eine Generation von Ärzten, Biologen, Philosophen und Künstlern setzt sich mit den Wechselwirkungen der Welten um uns herum und mit uns als Individuen auseinander. So schreibt 1778 der Arzt Franz Anton Messmer seine Dissertation über 'die Wechselwirkungen planetarischer und animalischer Körperausstrahlungen', so schreibt der Arzt und Künstler Carl Gustav Carus 1856 eine Arbeit über 'Lebensmagnetismus und die magischen Wirkungen überhaupt'. Immer geht es um die Ansicht, die Erde und auch die Menschen auf dieser Erde seien von einem magnetischen Feld umgeben, das man ‚Fluidum', 'Lebenselixier' oder 'Äther' nennt (Newton: 'ether'), das nach Newton den Gesetzen der Anziehung und Abstoßung unterliege. Einige Romantiker nennen diese alles umgebende und durchdringende magnetische Ausstrahlung 'Einbildungskraft' und deuten damit an, dass dieses unsichtbare, man sagt: fluidale Prinzip uns durchflute, unsere Nerven bis in die letzten Winkel des geistigen Lebens durchdringe und bestimme. Wenn dieses nicht mehr geschähe, so die Ärzte – die als sog. Magnetiseure auftreten und mit allen möglichen Mitteln des unsichtbar Verbindenden (Magnetismus, Vibration) die Zirkulation des Fluidums garantieren, die Stockungen des Fluidums bekämpfen –, dann seien die so erkrankten Menschen wieder mit der Welt zu verbinden, und, so Carl Gustav Carus (1856), auch die tief liegenden Bereiche des Unbewussten der Seele, die alle Erscheinungen zu einem großen Organismus verbänden, wieder mit dieser Welt in Kontakt zu bringen.

Wir stehen nicht nur am Beginn der Erfindung der Psychoanalyse, wir befinden uns auch an einem historisch zu nennenden Punkt, so Sloterdijk, an dem eine weitere Erfindung gemacht wird: die Entdeckung, dass wir Menschen von Beginn unseres Lebens an in einer Art sensorischen Präsenz des Flüssigen, einer akustischen Präsenz des in-Schwingung-Seins und schließlich einer respiratorischen Präsenz des in-der-Luft-Seins, d.h. des nicht mehr uteral Geborgen-Seins leben und mit all unseren Sinnen, wir sagen heute: sinnesphysiologisch auf die Welt um uns herum angewiesen sind.[70]

Auf etwas Besonderem insistiert diese Entdeckung: Dass die alles durchdringende sogenannte Einbildungskraft die „Verhältnisse der organischen Kräfte

[70] Vgl. dazu: Sloterdijk 1998, 299 f.

untereinander“[71] ausrichte. Dieses Vermögen habe zur Aufgabe das „Gleichgewicht der Seelenkräfte“, wie Johann Heinrich Campe das Ziel nannte.[72] Seine pietistische Sorge, dass die innerseelischen Tatsachen, wie er es nennt, geordnet seien, will pädagogisch sein. Sie nimmt die Natürlichkeit, die Ursprünglichkeit, die Wildheit, die seit dem Aufkommen eines sozialen Phänomens, den von vielen Eltern infolge der wirtschaftlichen Verelendung ausgesetzten Kindern, den sog. 'wilden Kindern' wie Itards Victor das aufklärerische Bewusstsein ängstigen, in ihren kontrollierenden Blick. Sie tut dies mit dem Interesse, die „wilden Gefühle“ [73], die sich an keine „Zeit, Ort und Regel binden“, so der Pädagoge v. Campe, zu regulieren.[74]Auf diese Weise wird der pietistische Einfluss auf die frühe Psychologie weit in die nächsten zwei Jahrhunderte hinein wirksam.

Das Buch Joachim Heinrich Campes 'Von der nötigen Sorge für die Erhaltung des Gleichgewichts unter den menschlichen Kräften' (1785) hat einen großen Einfluss bis heute. Vor allem ist es Christoph Wilhelm Hufeland, der es tradiert und 1796 die berühmte ‚Makrobiotik oder die Kunst das menschliche Leben zu verlängern' schreibt und dafür sorgt, dass die ursprünglich pädagogische Idee von einer ‚gleichgewichtigen Ausbildung der kindlichen Seelenkräfte' (so der Psychologe, Mediziner und Maler Carl Gustav Carus) in den ersten psychologischen Lehrbüchern fortgeschrieben wird. Die erste wissenschaftliche Forschergeneration von Sinnesphysiologen und -psychologen sucht entsprechend zu analysieren, wie und welche Sinnesreize welche Empfindungen hervorrufen (Johannes Müller, 1838), wie und welche Sinnesreize welche seelischen Vorgänge erzeugen (Gustav Theodor Fechner, 1860).

Da ist beispielweise „ein seltsamer Casus“, berichtet Adam Bernd[75] von den im eigenen Leben erfahrenen „Leibes- und Seelenzufällen (-Krankheiten)“[76], „der mich in Verwunderung gesetzt [...] Ich rauchte einst des Abends vor Tische [...] eine Pfeiffe Tabak. Ich hatte kaum etliche Züge getan, so fieng mich alles im Munde, Zahn, Fleisch, Gaumen, Zunge, in Summa, soweit sich der Rauch, den man in Mund ziehet, erstrecket, auf eine ungewöhnliche, ja ich möchte bald sagen, auf eine unbeschreibliche Weise zu titilliren [kitzeln, Anm.d. V.]. Je länger ich rauchte, um so mehr nahm diese angenehme und süsse beissende

71 So 1793 der berühmte Professor Karl Friedrich Kielmeyer an der Karlsschule in Stuttgart; Vgl. Leibbrand, 1956, S. 35.
72 J.H. Campe, 1785.
73 Ebd.
74 Campe, 1785/1965, S. 55.
75 Leipzig 1738/neu editiert: München 1973.
76 Bernd, Vorrede.

Empfindung zu, dass ich nicht wusste, wie mir geschahe, noch was ich bedenken sollte […]"[77]

Empfindungs-, Gefühlsregungen auf der Spur, – die Selbst- und Fremdbeobachtung führt auf sie zu und wird, als Wahrnehmungsprozess, immer mehr mit allen möglichen Erregungsprozessen verschränkt, ja in eins gesetzt. Es ist eine frühe Psychologie des Bewusstseins, die eine Empfindungs- und Gefühlspsychologie ist, die immer wieder zwischen sinneshaften, emotionalen und rationalen Tatbeständen hin- und hergerissen ist, und die schließlich geradezu danach verlangt, Anfang des 19. Jhs. verwissenschaftlicht zu werden.

Wir haben uns mit Bedacht in der Anfangszeit der Erforschung von Sinnes-, Empfindungs- und Gefühlszuständen etwas länger aufgehalten, um die Grundlage für das Verständnis zu legen, das wir für den Übergang von naturphilosophischer (beispielsweise: früher anthroposophischer Entwicklungspsychologie eines Rudolf Steiner) zu naturwissenschaftlicher (beispielsweise: genetisch-epistemologischer Entwicklungspsychologie eines Jean Piaget) benötigen; zumal dann benötigen, wenn Mitte des 20. Jahrhunderts Victor von Weizsäcker (1886-1957) in seinem Buch ‚Der Gestaltkreis' (1932) alle subjektiven Sinneserfahrungen, die dem menschlichen Ausdruck zugrundeliegen, situativ betrachtet, eingebettet in „ein System, das im Gleichgewicht ist und das ordentlich funktionieren muss […] als Bedürfnis […] Ungleichgewicht zu korrigieren." [78]

Spätestens dann, wenn Piagets Darstellung einer sich entwickelnden Sensomotorik als ein kontinuierlich in sich verschränkter Assimilations- und Akkommodationsvorgang beschrieben wird, also als ein Entwicklungsvorgang des kontinuierlichen sich-Einverleibens und dadurch sich-Veränderns, der des Wechsels von Gleichgewicht zu Ungleichgewicht bedarf, um überhaupt Sinneserfahrungen machen zu können, werden wir an die Tradition der Naturphilosophie erinnert.

2.1.2 Naturwissenschaftlich begründete Fortschritte der Sinnesphysiologie

In unseren Tagen wird Wahrnehmung als individuell-entwicklungsgeschichtlich angelegt betrachtet. Aber die zirkuläre Verschränkung von umwelthafter und individueller Sinneskonstellation wird schon mit Hilfe des Ultraschallblicks in den Leib der Mutter deutlich: Tasten, Fühlen, Schmecken, Riechen, Gleichgewichts- und körpereigene Erfahrungen, Hören und Sehen, – all diese sinnlichen Erfahrungen haben in den ersten neun uteralen Monaten ihre phasenmäßig festgelegte Entwicklungs- und Reifezeit. Jetzt speichern Nervennetze schon die Daten ihrer Verknüpfungen, in diesen ersten neun Monaten entwickeln sich die

[77] Bernd, 1738/1973, 234.
[78] Perls 1976, 25.

Sinne zu unterschiedlichen Zeitpunkten: der Tastsinn ab dem zweiten Schwangerschaftsmonat, der Geschmackssinn ab dem dritten, eng verknüpft mit ihm der Geruchssinn, der Bewegungs- und kinästhetische Sinn ab dem dritten, der Gleichgewichtssinn ab dem dritten bis vierten, der Hörsinn ab dem siebten, der Sehsinn ab dem 8. Monat. Und wenn auch das heranwachsende Kind zunächst unangefochten und ausnahmslos in der Gegenwart lebt, erst mit drei Jahren seine Vergänglichkeit begreift, erst mit fünf Jahren die ihm gesetzten Zeiten versteht, – die Monate seiner frühen Entwicklung, was die Entwicklung seiner Organe angeht, sind gefährdet, d.h. außerordentlich empfänglich für schädigende Einflüsse: so das zentrale Nervensystem (dritte bis fünfte Woche), das Herz (dritte bis sechste Woche), die Arme (vierte bis siebte Woche), die Augen (vierte bis achte Woche), die Beine (vierte bis siebte Woche), die Ohren (vierte bis zwölfte Woche).[79]

Besonders die zu früh geborenen Kinder, die mit ihrem Geburtsgewicht von 1000 bis 1500 Gramm zu 90 Prozent überleben, haben Organe, die in der 24. bis 25. Woche ihrer frühen Geburt noch nicht ausgereift sind. Sechzig Prozent dieser Kinder seien partiell retardiert in ihrer Entwicklung, hätten sog. Teilleistungsschwächen, wie z.B.: Lese- und Rechtschreib-Probleme auf Grund ihrer unausgereiften, nicht entwickelten Sinneskompetenzen, berichtet Silke Mader, Vorstandsvorsitzende des Bundesverbandes ‚Das frühgeborene Kind'.[80] „Mehr als die Hälfte aller Kinder kommen vor der 39. Schwangerschaftswoche zur Welt, also etwas vorzeitig", so ‚Bild der Wissenschaft'. Nach dieser Meldung sind Frühchen diejenigen, die vor der 37. Schwangerschaftswoche geboren werden und rund zehn Prozent der Geburten ausmachen.[81]

Aus einer Untersuchung der norwegischen Regierung von fast 45.000 ehemaligen frühgeborenen Kindern geht hervor, dass je weniger Wochen ein Kind im Mutterleib verbracht hat, desto größer sein Risiko war, im Erwachsenenalter unter einer medizinischen oder sozialen Beeinträchtigung zu leiden. Das betraf besonders die Gruppe der 23 bis 27 Wochen alten und damit zu frühgeborenen Kinder: „Von den 17,8 Prozent, die überlebten, erlitt fast jedes zehnte Kind Hirnschäden, die Bewegungsstörungen nach sich zogen. Fast jedes zwanzigste extrem kleine Frühgeborene war geistig zurückgeblieben, jedes zehnte Kind erhielt später eine Invalidenrente. Frühchen, die von solchen Beeinträchtigungen verschont blieben, erreichten trotzdem ein niedrigeres Ausbildungsniveau als

79 Vgl. Fein, 1978.

80 Vgl. Badische Zeitung 15.9.08

81 Bild der Wissensschaft, 27.5. 2013

Altersgenossen, hatten ein geringeres Einkommen und gründeten seltener eine Familie."[82]

Die neuesten Forschungsergebnisse, von Theodor Hellbrügge und Burkhard Schneeweiß (2011) zusammengetragen, zeigen,

1. dass zu früh geborene Kinder langsamer lernen und bei komplexen Aufgaben schnell überfordert sind; aber diese zunächst nachteilige Entwicklungsverzögerung im Lauf ihrer Kindheit wieder aufholen;
2. dass zu früh geborene Kinder ein reduziertes Hirnvolumen aufweisen, was Folgen für die geistige Entwicklung der Kinder hat und besonders bei kognitiven Belastungen sich auswirkt;
3. dass die mentalen Beeinträchtigungen bes. dann auffällig waren, wenn die Kinder vor der 34. Schwangerschaftswoche geboren waren.[83]

In den 1980er-Jahren haben sich einige Heilpädagoginnen besonders verdient gemacht um die Fragen, welche Sinnesmodalitäten in welchen Lebensphasen angeeignet werden, welchen Einflussfaktoren diese Aneignungsprozesse unterliegen, besonders wann und wodurch sie gestört werden können. Sie untersuchten die modalen (Art des Sinnesvermögens), die intermodalen (Aufeinanderbezug der Sinnesvermögen) und seriellen Funktionen (sinnvoller Aufeinanderbezug zu einem Ausdruck) des Gesichts- und Gehörs-, des Tast-, Körper-, Geschmacks- und Geruchssinns, wobei besonders die Ausdrucksformen und Störungen des Körpersinns analysiert wurden, insbesondere die Körperschema- und Körperbild-Störungen infolge mangelhafter Registratur betreff Position und Befindlichkeit des Körpers inklusiv aller seiner Teile.[84] Anna Jean Ayres (1920-1989) untersuchte im Hinblick auf die Entwicklung der Körperschemata zu Beginn der 1980er-Jahre den Aufbau der entsprechenden komplexen Hirnfunktionen, die die Entwicklung der körperhaft-sensorischen Erfahrung und deren Integration überhaupt erst ermöglichen.[85]

Ihre Betrachtung von Sinnesentwicklung und -integration legte Wert auf die Erkenntnis, dass sich Stufen sich verschaltender Kompetenzen analog der Mutter-Kind-Interaktion herausbildeten, dass auditives (Hör-), vestibuläres (Gleichgewichts-), propriozeptives (Körperfühl-), gustatorisches (Geschmack-), osmisches (Geruch-), taktiles (Tast-) und visuelles (Seh-) System komplexhaft je nach Erfahrungszusammenhang miteinander verschränkt seien und stufenweise aufeinander aufbauten. Jean Ayres' Erkenntnisse wurden wissenschaftlich durch die

82 Ebd.
83 Vgl. Hellbrügge, Schneeweiß 2011, bes. 117-124.
84 Vgl. Kobi, 1983.
85 Ayres 1984; Abb.: vgl. Abschnitt 1.2.

Arbeiten des Entwicklungspsychologen Jean Piaget (1896-1980) unterlegt, die sich den adaptiven, d.h. den umweltaneignenden Erfahrungen des Kindes widmeten, dessen wechselwirkend assimilativ-eindrückliche und akkommodativ-umstrukturierende Entwicklung in Augenschein nahmen und weitgehend die nicht immer wissenschaftlich begründeten, aber praktisch fundierten Erfahrungen der frühen Heilpädagoginnen bestätigten.

Diese stufenweise Herausbildung sich verschaltender Kompetenzen verläuft, so die neuen zitierten Forschungsergebnisse, beim zu früh geborenen Kind anders und erfordern ein anderes lerndidaktisches Vorgehen, als bisher in unseren Schulen praktiziert: „Eine mögliche Erklärung für die geringere Aufnahme-Kapazität der Frühchen […]: Es ist bekannt, dass sich die Netzwerke im Gehirn bei hoher Belastung nach und nach anpassen, indem sie wachsen und mehr Verbindungen anlegen. Studien zeigen, dass dieser Prozess bei Frühgeborenen stärker abläuft – das Gehirn holt so quasi das im Mutterleib versäumte Wachstum nach. ‚Das spricht für die Plastizität des Gehirns, führt währenddessen aber zu Einbußen in der momentanen Leistung', erklären Jäkel und ihre Kollegen. Für die Kinder bedeutet das konkret: Sie können ihre Defizite im Laufe der Kindheit durchaus aufholen, sind aber dafür im normalen Unterricht schneller überfordert, wenn es komplexer wird. ‚Da die Anzahl an Frühgeburten steigt, wird auch der Bedarf an spezieller Förderung im Unterricht größer werden – eine Herausforderung für das Schulsystem', sagt Jäkel. Ihrer Ansicht nach könnte man Frühchen gezielt helfen, indem man beispielsweise Lerninhalte für sie entzerrt und die darin enthaltenen Informationen nacheinander und langsamer präsentiert, statt simultan."[86]

Wie die sich herausbildende Struktur beim nicht-retardierten Kind zustande kommt, erkannte Piaget in sich zunehmend herausbildenden, aufeinander aufbauenden sensomotorischen (beispielsweise Sehen und Greifen), begrifflichen (beispielsweise eine Blume) und operatorischen (beispielsweise der Pflanzenwelt zuordnen) Schemata, die sich detailliert in den ersten 24 Monaten der kindlichen Erfahrung wiederfinden lassen. Seine Kollegin J.W. Rohen beschrieb 1978 in fünf sensomotorischen Funktionskreisen die Entwicklung dieser Erfahrung von den frühen Reflexen zu dem sich entwickelnden Bewusstsein von Sinnen und Motorik.

[86] Podbregar, N.: Frühchen lernen langsamer. In: Bild der Wissenschaft, 27.5. 2013, Online-Version (http://www.wissenschaft.de/leben-umwelt/medizin/-/journal_content/56/12054/913957/Fr%C3%BChchen-lernen-langsamer/); vgl. auch: Julia Jäkel (Ruhr-Universität Bochum) et al., PLOS ONE, doi: 10.1371/journal.pone.0065219; abgerufen am 27.3.2016.

Das Repertoire der von Piaget beschriebenen Entwicklungsschemata des sinneseindrücklichen und gestalthaften Wahrnehmens war im selben Jahr 1978 die Grundlage für die von Premack und Woodruff umschriebene 'Theory of mind', die die kindliche Fähigkeit, die Wünsche, Gefühle und Gedanken eines anderen Menschen zu erkennen, naturgemäß vom Entwicklungsstand des Kindes abhängig machte, beispielsweise von der Fähigkeit des etwa einjährigen Kindes, in unsicheren Situationen sich an der Mimik der Mutter orientieren und den Gesichtsausdruck als Anhaltspunkt für die Bewertung einer Situation nehmen zu können.[87] Erst in neueren Arbeiten zur ‚Theory of Mind' (Förstl 2012) werden diese spezifischen sinnesmodalen Entwicklungen um ihre neurologischen, neurobiologischen und sozialen Verhaltensaspekte ergänzt.[88] Sie sind in der Lage, die frühen Vorstellungen der Psychologie von der sog. Objektbeziehung und deren Störung, die aus der sich entwickelnden Sinneserfahrung resultiert, zu detaillieren.

Erst die Arbeiten von Peter Fonagy und Mary Target (2003; dt. 2007) sahen sich in der Lage, die Theorien der frühen Bindungsmuster (Spitz, Bowlby, Ainsworth) mit den Theorien der kindlich-mentalen Repräsentanz von Selbst und Objekt, den sog. Objektbeziehungstheorien (Klein, Winnicott, Kohut, Kernberg) und diese mit der Theorie der sich ausbildenden Selbst- und Objekt-Schemata (Horowitz) so zu verbinden, dass sie die Organisationsentwicklung des kindlichen Selbst und seiner affektiven Zustände in eine Theorie der Gewahrwerdung des eigenen Selbst und des Anderen fassen konnten. Sie beschrieben diese Fähigkeit in ihrer Theorie der ‚Mentalisierung' (Fonagy, Target).[89] Als Daniel Stern versuchte, diese kindlich-repräsentationale Welt integrativ in seinen sensorischen, motorischen, kognitiven, affektiven, narrativen Elementen als aufeinanderbezüglich und schematisch zu beschreiben, war schließlich eine Brücke zwischen der psychoanalytischen und neurowissenschaftlichen Sicht geschlagen und die Grundlagen für das sog. Modell der Mentalisierung, d.h. des empathischen Verstehens des Anderen gelegt.[90] Und es wurde zunehmend deutlicher, dass das Stern'sche Wort von den „Begegnungsmomenten" im Leben des Kindes (Stern 2004) wie das von der „Beziehungskomponente" im Falle von dessen Störung[91] die ursprünglich bloß sinnesphysiologischen Überlegungen zwar sinnesschematisch einbezog, aber jenes wahrnehmungsintegrative Erlebensmoment betonte, das den heil-, sonder- und förderpädagogischen Behandlungsansätzen zeitweise abhanden gekommen war.

87 Petermann, Kusch, Niebank 1998, 144.
88 Förstl 2012 (2., überarb. u. aktualisierte Aufl.).
89 Vgl. Fonagy, Target, 2007.
90 Vgl. Stern 1993; Fonagy und Target 2007, 350 f.
91 Fonagy, Target 2007, 356.

2.1.3 Was ist eine Störung der Objektbeziehung?

Es ist immer der Anfang eines menschlichen Lebens, in dem sich ein Subjekt für ein anderes zum Objekt macht und eine Situation herstellt, in der Beziehung konstituiert wird. Der Anfang dieser Beziehung besteht natürlicherweise darin, dass das Objekt immer wieder verloren geht und immer wiedergefunden werden muss. Wenn es wiedergefunden wird, so der Psychoanalytiker Lacan, ist es nicht mehr dasselbe.[92] Erfahrungen, Sehnsüchte, Erwartungen fließen ein in die Erinnerung an dieses Objekt, und die Enttäuschungen folgen scheinbar unvermittelt. Wir sprechen gemeinhin von der Mutter-Kind-Beziehung, die die erfahrene Beziehung in der Regel vergeblich sucht, diese zumindest nicht immer als solche wiederfindet.

Schon in diesem Moment der Entwicklung begegnen sich sehnsuchtsvolle Fantasie und enttäuschende Realität, die beide zur Deckung gebracht werden wollen, aber gerade aus der Nichtdeckungsgleichheit heraus einen Entwicklungsmoment kreieren, der dem Kind hilft, seine inneren Positionen, Wünsche und Sehnsüchte zu modifizieren, sich eben anzupassen. Melanie Klein hat seit den 1920er-Jahren die Spiegelbeziehung (Lacan), die die beiden sich aufeinander Beziehenden eingehen, in ihrem Werdegang beschrieben. Und sie hat dabei vermerkt, wie hoch emotional aufgeladen das Objekt des Kindes ist und notwendigerweise in seiner emotionalen, bis zur Deckung gebrachten Aufgeladenheit verschoben wird. Was sich hier andeutet, ist ein sinnesphysiologischer, neuronaler und innerpsychisch-emotionaler Vorgang, der weder sinnes- noch neuro-physiologisch alleine zu betrachten und ggfs. zu behandeln ist. Diese Annahme hat die psychoanalytische Objektbeziehungstheorie begründet.

Die Lehre Melanie Kleins nimmt bekanntlich zwei Grundpositionen an, die als *Prototypen der Objektbeziehung* gelten: In der *paranoid-schizoiden*, hoch narzisstisch aufgeladenen Position ist die Psyche des Kindes noch auf partielle, nicht ganze Objekte bezogen, in der *depressiven*, auch die Nachteile und Kränkungen in Kauf nehmenden Position kann sie diese schon integrieren. Die erste früheste Position (Modell: hungriger Säugling) bezieht noch alles auf sich selbst, die zweite enttäuschte Position (Modell: angepasster Säugling) macht schon erste Schritte auf das Objekt zu. In dieser zweiten Position erlebt möglicherweise das Kind seine Mutter schon als ein reflexiv-fühlendes Wesen, es „mentalisiert".[93] Wir sehen, wie sich aus anfänglicher Frustration das Bild vom Anderen, das/den wir *Objekt* nennen, ergibt. Und wo aus dieser Frustration nicht nur enttäuschte Anpassung, sondern auch Abspaltung, Nicht-Integration entsteht, reden wir von *gestörter Objektbeziehung*.

[92] Lacan, Buch 6, 2011, 14.
[93] Fonagy, Target 2006, 170.

2.1.4 Heilpädagogische Sicht auf die neuro-sequentielle Entwicklung

Die embryonale Genese des Cortex lässt Rückschlüsse auf mögliche frühe Störungen zu. Cortexzellen, angesiedelt in sechs unterschiedlichen neuronalen Schichten, differenzieren sich und finden langsam ihren Ort im Neocortex. Die jeweiligen neuronalen Kompetenzareale (Tasten, Fühlen, Schmecken, Riechen, Körperrückmeldungen/Propriozeption/Gleichgewicht, Hören, Sehen) reifen in den sogenannten sinnesplastischen Phasen der ersten neun Monate im Mutterleib heran, oder aber werden gestört und harren gegebenenfalls der späteren Förderung. Es ist ein faszinierender Vorgang, wenn sich ungefähr in der vierten Woche nach der Befruchtung ca. 250.000 neue Nervenzellen pro Minute bilden und mithilfe von speziellen Proteinen die weitere Gehirnentwicklung regulieren. Proteine mit Namen wie TRIM32 oder NOMA-GAP[94] steuern die Entwicklung des Neocortex und sorgen u.a. für die neuronalen Signalketten, die für unsere Sinneswahrnehmung zuständig sind. Schon in diesem frühen Stadium enthalten die DNA-Erbmoleküle die genetische Informationen, die wiederum die Bauanleitung für die Proteine, also die wichtigsten Funktionsträger der Zelle, vermitteln und das sich entwickelnde Verhalten steuern. Wie wir seit neuestem wissen, beeinflussen aber auch epigenetische Modifikationen die Verfügbarkeit des Gen-Kodes für die Faktoren, die ihn ablesen und in sein Produkt (Protein) übersetzen[95].

Das bedeutet für unser Thema möglicher frühester kindlicher Störungen, dass die heil-, sonder- und förderpädagogische Theorie lernen muss, die epi- und neuro-genetischen Einflussfaktoren auf die normal verlaufende Entwicklung in Erwägung zu ziehen. Sie muss lernen, die Transkription von DNS zu RNS, die Translation von RNS ins Protein und die Herstellung von Proteinen, die per synaptischer Übertragung (Neurotransmitter) unser Verhalten beginnen zu steuern, schon früh in ihren physischen (Nahrungsaufnahme), kontextualen, d.h. psychosozialen (Geborgenheit oder Stress) Bedingungsverhältnissen zu sehen.

Wir haben in den letzten Jahren gelernt, dass epigenetische Modifikationen ein Gen zugänglich machen, wenn es abgelesen wird, oder unzugänglich machen,

94 Studie vom Juli 2012 im Fachjournal 'Genes and Development'; vgl. Genes Dev. 2012 Aug 1; 26 (15):1743-57. doi: 10.1101/gad.191593.112. Epub 2012 Jul 18. Rosário M, Schuster S., Jüttner R., Parthasarathy S., Tarabykin V., Birchmeier W.: Neocortical dendritic complexity is controlled during development by NOMA-GAP-dependent inhibition of Cdc42 and activation of cofilin.

95 Vgl. Global and specific responses of the histone acetylome to systematic perturbation – Christian Feller, Ignasi Forné, Axel Imhof, Peter B. Becker, in: Molecular Cell, 2015; DOI: http://dx.doi.org/10.1016/j.molcel.2014.12.008.

indem es abgeschaltet wird. Die Beeinflussung dieser Gen-Programme geschieht durch Methyle, also Kohlenstoff-Wasserstoff-Moleküle, die sich als An- oder Ausschalter betätigen, indem sie sich am Erbgut festsetzen und die Gene beispielsweise blockieren. Ein gut illustrierendes Beispiel sind jene Mäuse, die mit oder ohne Kaiserschnitt zur Welt kamen, hier methyliert, da nicht methyliert entweder einen hohen Stresspegel oder aber Geborgenheitsgefühle signalisierten[96]. Über die epigenetische Forschung haben wir auch gelernt, dass sogar Eigenschaften der Eltern, die im Lauf des Lebens durch Umwelteinflüsse geprägt werden, weiter vererbt werden können und die Entwicklung des Sinnesverhaltens beeinflussen.[97] Im Folgenden wollen wir von störenden Einflussfaktoren der Sinnesentwicklung handeln und wie die Forschung diese einschätzen und welche Bedeutung diese Einschätzung für die Behandelnden hat.

Exkurs: Zur Schädigung der frühkindlichen neuro-sequentiellen Strukturen

Der Psychoanalytiker C.G. Jung hatte – für viele unerwartet – vermerkt, wie Bewusstseins-, Haltungs- und Bewegungskomplexe zusammenhängen, aufeinander verwiesen sind. C. G. Jung, der Anfang des 20. Jahrhunderts die berühmte Pariser Klinik Salpêtrière aufsuchte, hatte in der Zusammenarbeit mit dem Neurologen und Psychiater Pierre Janet und dessen Patienten erfahren, dass „in der Hysterie […] besonders physiologische […] Funktionen gestört (werden)“, dass es sich um „Projektionen der primitiven Psyche“ handele.[98] Es benötigte die lange Zeit bis in unsere Tage zu lernen, dass beispielsweise Koma-Patienten, die wegen psychischer Unfallsfolgen behandelt werden, auf Grund ihrer Körperhaltungen diagnostizierbar sind, die sich nach ihren traumatischen Erlebnissen im Körpergedächtnis des autonomen Körperselbst eingeschrieben haben (Stammhirn, Hypothalamus, Hypophyse, Basalganglien).[99] Virginia Johnson berichtet, wie Patienten, die wegen psychischer Unfallfolgen psychotherapeutisch in Hypnose behandelt wurden, sich dabei an ihr Trauma zurückerinnerten. Die Patienten berichteten nicht nur über typische Nahtod-Erlebnisse (Tunnel-Phänomene, helles Licht, Out-of-Body-Experience), sondern nahmen im Trauma verschiedene Körperhaltungen ein, die in einigen Fällen so charakteristisch waren, dass aus der wie folgt beschriebenen eingenommenen Körperhaltung auf die spezifische Art der Gewalteinwirkung rückgeschlossen werden konnte: die abwehrend-vorgestreckten Arme, die gekrallten Finger, die

96 Studie von Mikael Norman, 2009; vgl. Gehirn & Geist 11, 2009.

97 Vgl. Junko Arai et al., in: Journal of Neuroscience, 29, 2009, 1496.

98 Jung, Analytische Psychologie und Weltanschauung, 1979, S. 401; ders., Psychologische Determinanten, 1979, S. 143.

99 Johnson 1980, 364.

entsetzte Erstarrung, das ohnmächtige Ausgeliefertsein. Offensichtlich kam es in der Hypnose zur „Erinnerung“ an die im Körpergedächtnis des „autonomen Körper-Selbst“ eingeschriebenen Spuren des Traumas.[100]

In unseren Tagen berichtet der Neurologe Oliver Sacks, dass „eine Fülle von Belegen dafür (spricht), dass viele vegetative Aktivitäten und Symptome, die im allgemeinen als bewusst oder unbewusst nicht kontrollierbar gelten, [...] als Symbole benutzt und entsprechend modifiziert werden.“ Das wohl eindeutigste und berühmteste Beispiel dafür, seien „die hysterischen Stigmata [...] Vegetative Prozesse [...] können gelernt werden.“[101] Zur Erläuterung sei der Hinweis von Wikipedia (Stichwort „Stigmata“) beigefügt[102]: In der Psychoanalyse spreche man von Stigmata, wenn es sich um psychosomatische Symptome handelt, die z.B. auch während einer psychoanalytischen Behandlung auftreten können (z.B. Hautblutungen, Schwellungen usw.). In der Psychiatrie bezeichne man mit Stigmata Zeichen, deren Vorhandensein bestimmte Störungen oder Krankheiten anzeigen (z.B. hysterische Stigmata wie Lähmungen oder Krämpfe).

Was können wir aus den Hinweisen von Janet, Jung, Johnson und Sacks für unsere Frage nach den frühen Störungen im Kindesalter entnehmen? Die bemerkenswerte Antwort heißt: Früheste Störungen, wie sie in den Aufgabenbereich der Heilpädagogik und der Kinderanalyse gehören, haben, auch wenn sie psycho-traumatisierend bedingt sind, ggfs. ein motorisch-physio-logisches Korrelat, das sich an Körperhaltungen und Bewegungskomplexen buchstäblich ablesen lässt. Einen der mehrfachen Belege Bruce Perrys für diese These und seine therapeutische Antwort wollen wir uns kurz anschauen.

Perry und Szalavitz (2006) führen zunächst in die Geschichte des Jungen Connor ein, jenes 14-jährigen, der in den ersten 18 Monaten seines Lebens verwahrlost, sprich: total alleingelassen worden ist und so gut wie keine Berührungserfahrungen gemacht hat. Der Junge wird eingeliefert mit folgenden Symptomen: intermittierend auftretende Reizbarkeit, schwer defizitäre Störungen der Aufmerksamkeit, unbeholfene Kontaktaufnahmen, ungleichmäßig stolpernder Gang, schaukelnde Hin- und Herbewegungen, rhythmisches Händebeugen, unmelodisches vor-sich-hin-Summen, Tics, – dies alles bei aufkommender Angst.

[100] Johnson 1980, 357 f.

[101] Oliver Sacks, 1996, 334.

[102] Vgl. www.wikipedia.de, Stichwort „Stigmata”

Perrys et al. Ausgangsthese lautet: Die Hirnentwicklung ist nutzungsabhängig. Was nicht genutzt, d. h. gefordert bzw. beantwortet wird, entwickelt sich zögerlich oder gar nicht. Die Diagnostik muss also zu Diensten der Therapeutik herausfinden, welche Hirnareale unterentwickelt oder verkümmert sind. Die Therapeutik muss infolgedessen musterartige, sich wiederholende Erfahrungen anbieten, die den jeweiligen Entwicklungsbedürfnissen angemessen sind, d.h. möglichst das Alter widerspiegeln, in dem wichtige Reize entbehrt wurden. Perry spricht von neuro-sequentiellen Strukturen des Gehirns, die es besonders bei einer Vorgehensweise wie im Falle Connors zu beachten gilt[103]: „Im Falle von Connor war klar, dass seine Probleme in der frühen Kindheit begonnen hatten, der Zeit, in der sich die am tiefsten und zentral gelegenen Hirnregionen stark entwickeln. Diese Systeme reagieren auf Rhythmus und Berührung: Die Regulationszentren des Hirnstamms kontrollieren den Herzschlag, den Einstieg und das Abfallen neurochemischer Substanzen und Hormone im Tag-Nacht-Zyklus, den Rhythmus des Gehens und andere Muster, die eine rhythmische Ordnung aufrechterhalten müssen, um richtig zu funktionieren. Um die chemische Aktivität einiger dieser Regionen anzuspornen, ist körperliche Zuwendung erforderlich. Wenn diese fehlt, kann es zu einer Verzögerung des Körperwachstums (einschließlich des Wachstums von Kopf und Gehirn) kommen.“[104] Man beachte: Die Kinderpsychiater stellen fest, dass u.a. *emotionale Nicht-Beachtung und Körper-Bewegungsstörungen zusammenhängen.* Wir werden im Verlauf des Vorliegenden sehen, wie wichtig diese Erkenntnis ist, dass *die frühesten Auffälligkeiten zuerst körperlich sichtbar* werden.

Perry und Szalavitz stellen fest, dass Berührung entscheidend für die menschliche Entwicklung ist. Sie recherchieren, wie die sensorischen Nervenbahnen, die an der Berührungserfahrung beteiligt sind, im Vergleich mit denen der Seh-, Riech-, Schmeck- und Hör-Erfahrung am besten ausgebildet sind. Die Kinderpsychiater stellen fest, dass zu früh Geborene sich bei sanftem Hautkontakt besser entwickeln. Und sehen, „dass Eltern, die Massagetechniken für Säuglinge und Kinder erlernen, bessere Beziehungen zu ihren Kindern entwickeln und sich ihnen näher fühlen.“[105] In der Art des Sensorischen Integrationstrainings (SI) wird Conner Massagen erhalten, ungeachtet dessen, dass seine Defizite soweit zurückliegen. Die Autoren stellen fest, dass sie, wenn therapeutisch behandelnd, immer an den Beginn der auftretenden Störung gehen müssen.

[103] Perry, Szalavitz 2006, 179.
[104] Ebd.
[105] Diess., 2006, 180.

Im nächsten Schritt erarbeiten die Autoren, dass der Junge viele Defizite nicht nur der Berührungs-, sondern auch der Rhythmuserfahrung in frühester Zeit aufweist. Ihr Referenzwissen bezieht sich auf die prä- und postnatal beginnende neuronale Entwicklung. Hiernach reifen im 8. pränatalen Monat Hirnstamm und Kleinhirn. Diese zeichnen sich durch Habituation und assoziative Reizverknüpfung aus. Im zweiten postnatalen Monat reifen Kleinhirn und Basalganglien.[106] Rhythmus-, Takt- und Bewegungserfahrung: Das Zusammenspiel will gelernt sein und benötigt ein entwickeltes Stamm- und Kleinhirn bzw. mit letzteren verbunden: die vestibulären Kerne des Stammhirns. Der Herzschlag beispielsweise, der vom Stammhirn her reguliert wird und zu diesem Zweck jene Neurotransmitter benötigt, die für Anspannung (Noradrenalin) oder Entspannung (Serotonin) sorgen, gleicht sich an die Veränderungen des Lebens an, gibt bei variierenden Anforderungen rhythmische Zeichen, fordert zu höchster Wachsamkeit oder tiefsten Entspannung auf. Die Autoren erklären: „Den meisten Menschen ist […] nicht bewusst, wie bestimmend diese Rhythmen für die Interaktion zwischen Eltern und Kind sind. Wenn das primäre Metronom eines Babys – sein Hirnstamm – nicht gut funktioniert, werden nicht nur seine hormonellen und emotionalen Reaktionen auf Stress schwer anzupassen sein, sondern auch sein Appetit- und Schlafzyklus. Das kann das Elternsein deutlich erschweren."[107] Und die Autoren zeigen, wie das kleine Kind diese Bedürfnisse und die Antworten darauf erlernt, wenn es hungrig ist und zu essen erhält, wenn es müde ist und zum Schlafen gelegt wird – wenn es sozusagen rhythmische Spuren lernt. Im Takt der mütterlichen Herzschlagfrequenz lernt das Baby wie schon im Mutterleib jene musterartig sich wiederholenden „Signale […] – auditorische, […] vibratorische und taktile, die entscheidend für die Organisation des Hirnstamms und seine wichtigen Stress regulierenden Neurotransmitter-Systeme sind."[108]

Markowitsch und Welzer (2005) haben die neuro-sequentiellen Stadien der Hirnentwicklung beschrieben. Auf ähnliche Zusammenfassungen greifen Perry und Szalavitz zurück. Sie schildern, wie Hirnstamm und Kleinhirn schon pränatal im 8. bis 9. Monat bis zum 2. postnatalen Monat (Kleinhirn) heranreifen.[109]

[106] Vgl. Markowitsch, Welzer 2005, 235 f.
[107] Perry und Szalavitz, 2006, 183.
[108] Ebd., 184.
[109] Markowitsch, Welzer 2005, 235 f.

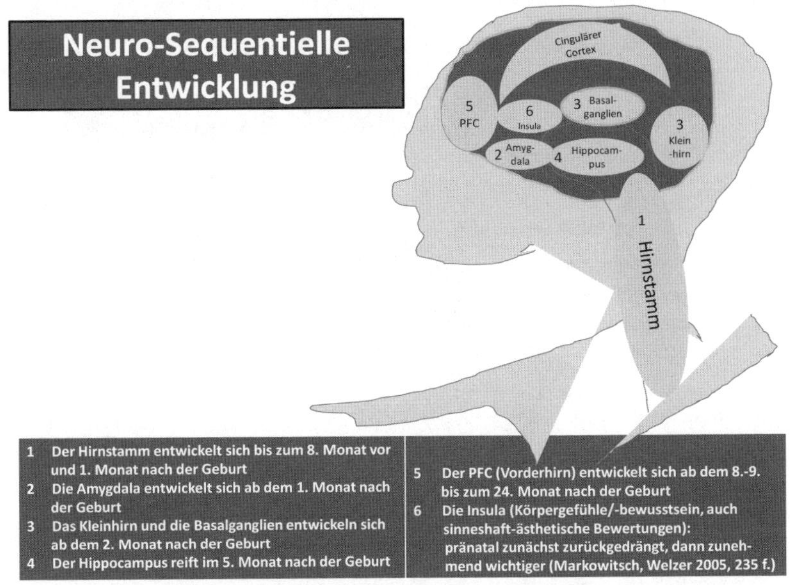

Abb. 2: Neuro-Sequentielle Entwicklung (nach Markowitsch/Welzer 2005 und Perry/Szalavitz 2006, Schema erweitert von K.-H. Menzen).

In genauer Beobachtung ermitteln Perry und Szalavitz, wie die erwachsenen Bezugspersonen reagieren, wenn der Säugling Hunger hat, sein Stresshormonpegel ansteigt und er anfängt zu weinen: „Wenn das der Fall ist, halten und schaukeln die Eltern ihre Kinder und setzen fast automatisch rhythmische Bewegungen und liebevolle Berührung ein, um das Kind zu beruhigen. Interessanterweise liegt die Frequenz, mit der Menschen ihre Babys schaukeln, bei 80 Schlägen pro Minute, was dem normalen Ruhepuls eines Erwachsenen entspricht. Ist sie höher, wird das Baby die Bewegung als stimulierend empfinden; ist sie langsamer, wird das Kind tendenziell weiterweinen. Um unsere Kinder zu besänftigen, stellen wir sie körperlich auf den Schlag des Hauptzeitmessers des Lebens ein.“[110] Die Therapeuten entschließen sich, Connor an einer Musik- und Bewegungsgruppe teilnehmen zu lassen, um die sensorischen Hirnstamm-Verbindungen zu stärken. Sie haben erkannt, dass zunächst die frühen Hirnschäden angegangen werden müssen, um soziale Beziehung wieder zu ermöglichen. Dies bestätigt auch das folgende Schema von Roley et al.[111]:

110 Perry und Szalavitz 2006, a.a.O.
111 Roley et al. 2004, 54.

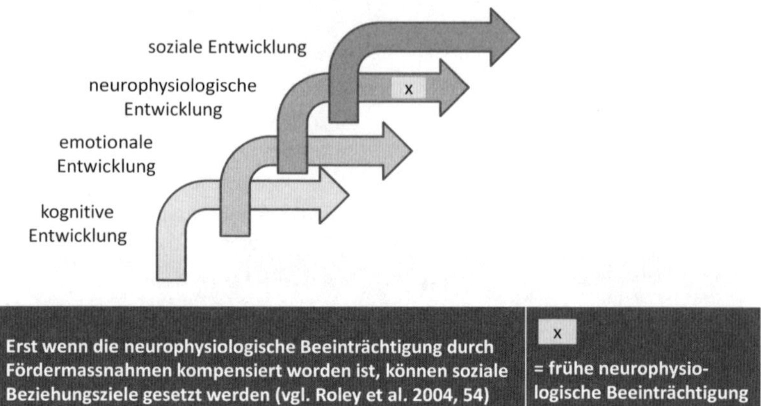

Abb. 3: Abgestufte Fördermaßnahmen
(Schema nach Roley et al. 2004, 5, modifiziert von K.-H. Menzen).

Erst wenn die Behandlung der frühen Hirnschädigung fortgeschritten ist, so die Experten für die frühe sensorische Integration, können die sozialen Beziehungen des Kindes beispielsweise in einer Spieltherapie verbessert werden.

2.1.5 Der Stand der heilpädagogischen Forschung – Konsequenzen für eine heilpädagogische Kunsttherapie mit ADHS-Kindern

„Die Störung der sensorischen Integration ist die Primärstörung. Die Sekundärstörung ist das störende Verhalten durch die Überforderung der sensorischen Funktionssysteme, sie zeigt sich besonders durch Probleme im sozialen Bereich. Typische Symptome sind:

- Motorische Unruhe
- Distanzlosigkeit
- Aggressivität
- Stimmungsschwankungen
- Impulsivität

- Ablenkbarkeit
- Konzentrationsstörung
- Abwesenheit.“[112]

Und die Motopädin fragt: „Was aber geschieht mit den Kindern, deren sensorisch-integratives zentrales Verarbeitungsvermögen besonders schwer beeinträchtigt ist, wenn infolge basale Umwelterfahrungen und basale Eltern-Kind-Interaktionen in prägender Weise entsprechend den Aufnahme-, Verarbeitungs- und Antwortmöglichkeiten des beeinträchtigten, geschädigten oder deprivierten Kindes intensiv erarbeitet und gestärkt werden müssen?“[113] Wir werden der Frage Gudrun Kespers am Beispiel der Kinder mit ADHS nachgehen.

2.1.5.1 Was ist ADHS?

Nicht nur die heilpädagogische Forschung, auch deren praktische Anwendungen haben gelernt, eine beeinträchtigte Aufmerksamkeit im Falle des geistigbehinderten Kindes mit einem Fragilen X-Syndrom, im Falle des Kindes mit autistischen Störungen und im Falle des Kindes, das sein Aufmerksamkeitsdefizit mit einer Hyperaktivitätsstörung verbindet (AD/HS), zu unterscheiden.[114] Die ersten beiden erwähnten Formen der Beeinträchtigung werden wir im Folgenden behandeln. Wir werden uns an dieser Stelle zunächst fragen, ob die Störungen der sensorischen Reizaufnahme, -verarbeitung und -reaktion gegebenenfalls ein eigenes Syndrom darstellen, wie es Jean Ayres seit 1972 postuliert hat.

Die sogenannte sensorische Modulationsstörung (‚sensory modulation dysfunction‘, SMD) bezeichnet die Unfähigkeit einer Person, ihre Reaktionen auf Sinnesempfindungen dosiert und angemessen der jeweiligen Situation so zu regulieren, dass sie sich den Anforderungen des täglichen Lebens anpasst. Seitdem diese Störung so beschrieben wird, werden ihre Begleiterscheinungen wie Ablenkbarkeit, Desorganisiertheit, Impulsivität und Hypo- wie Hyperaktivität immer wieder mit der ADHS-Störung in Verbindung gebracht. Die Symptome der sensorischen Modulationsstörung überschneiden sich offenbar mit denen der Hypo-/Hyperaktivitäts- und Aufmerksamkeitsstörung.

Während die SMD- und ADHS-Kinder im Vergleich beide überstark auf sensorische Reize reagierten, beide stark über- und unterempfindlich reagierten und ein Defizit in der Aufnahme, Integration und Regulation von Sinnesempfindungen zeigten, taten sich die Kinder mit ADHS besonders schwer, auditive Reize

[112] Kesper 2002, 67 f.
[113] Kesper 2002, 103.
[114] Vgl. Smith Roley et al. 2004, 70 f.

zu diskriminieren (Aufmerksamkeitsstörung) und sich an eine soziale Stimmungslage anzupassen (emotionale Störung), zeigten jedoch eine außerordentlich starke Orientierungsreaktion auf den ersten eines jeden ihnen dargebotenen, besonders taktilen und visuellen Sinnesreizes mit einer Tendenz zur Habituierung, d.h. zu einer sich an den Reiz gewöhnenden Reaktionsabnahme.[115]

Bevor wir uns hier zu stark in die Forschungsergebnisse verlieren, wollen wir uns einem Kind mit einer ADHS-Störung genauer zuwenden. Ein 14jähriger Junge mit der Diagnose ADHS schreibt (die Schreibfehler sind übernommen):

„Weil ich die Droherei langsam satt habe, und weil ich von mir selber weg gehe hat den Grund das bevor ihr mich weg tut. Denn ich habe Angst ins Erziehungsheim zu kommen, aber ich mache trotzdem unüberlegte Scheiße. Ich finde es auf gut Deutsch beschießen, das ich mich nicht selbst im griff kriegen kann und keine Grenzen kenne und das andere mich erst bedrohen müssen, das ich mich bremsen kann. Ich benehme mich manchmal wie ein gestörter Idiot, und ich falle überall unangenehm auf. Und das ist das was euch so sauer macht, und ich verstehe auch, das ihr aus mir einen anständigem, guten, und lieben Bub machen wollt, der einen Superberuf lernen kann. Das würde ich mir auch mal wünschen. Das ist doch die beste Idee. Oder?“[116]

Michael, so wollen wir den Jungen, der im süddeutschen Raum lebt, nennen, ist so verzweifelt, dass er an Selbstmord denkt. Und verzweifelt sind auch seine Eltern. Nicht nur ambivalente Gefühle, die seine Eltern infolge ihres verunsicherten Erziehungsstils befallen – wie oft waren sie verzweifelt, ratlos, verbittert und entmutigt, weil alle ihre Erziehungsmethoden offenbar scheiterten und ob der falschen Reaktionen nur Schuldgefühle erzeugten, sie sind auch völlig überfordert von denen, die ihnen einreden, sie brauchten mehr Ruhe, Toleranz, Gelassenheit und Rücksicht. Besonders an ihr, der Mutter, scheint alles zu hängen. Der Junge verlangt ihr eine permanente Aufmerksamkeit ab. An Hobbys, an Abende mit ihren Freundinnen braucht sie gar nicht zu denken. Sie ist isoliert und isoliert sich immer mehr selbst, weil sie sich davor fürchtet, als die Verantwortliche, als eine Art Aussätzige da zu stehen. Hilfe von ihrem Mann, der so wenig mitkriegt, kann sie kaum erwarten. Ihm fällt es schwer, sich in den Jungen einzufühlen. Wie sollte er auch mit der Wucht der aufgezählten Symptome umgehen, mit den Störungen von Aufmerksamkeit, Impulsivität, sofortigem Gratifikationsstreben, Vergesslichkeit, von Schulschwierigkeiten, Koordinations-

[115] Vgl. a.a.O.

[116] Aus einem Bericht von C.R., 1992 (hier aus Datenschutzgründen verschlüsselt). Anm.: Die grammatikalischen und syntaktischen Fehler sind original übernommen.

schwierigkeiten und vor allem: mit der motorischen Unruhe und Hyperaktivität, von der die Expertin C. Neuhaus sagt: Diese Kinder verhalten sich nicht, sie ereignen sich?[117] Die Verzweiflung der Kinder ob ihrer „zu viele[n] und unerwünschte[n] Reizüberflutung“[118] und die Verzweiflung der Eltern schaukeln sich hoch: Kinder, die die Informationen ihrer Umwelt nur unvollkommen entschlüsseln und sich entsprechend wenig realitätsbezogen verhalten können, und Eltern, die die aus allen Kontexten herausgefallenen Informationen ihrer Kinder nicht richtig einschätzen und nicht verstehen können. Es ist ein Teufelskreis.

Was in den 1950er-Jahren als verhaltensgestört, in den 1960er-Jahren als minimal-cerebral-dysfunktional, in den 1970er-Jahren als hyperkinetisch, in den folgenden Jahrzehnten dann zunehmend als aufmerksamkeits-hyper-aktivitätsgestört galt, wurde in den letzten Jahren in den beiden letztgenannten Aspekten fokussiert, suchte eine innere (ADS) und äußere (ADHS) Störung zu unterscheiden: Immer angespannt, hier eher aufmerksamkeits-, da eher impulsgestört. Beides wurde auf eine permanente Reiz-Desorganisation zurückgeführt, die den Aufbau von inneren Bildern und entsprechend kontrollierten Handlungsmustern behinderte. Das innerlich und äußerlich irritierte Agieren schien in fehlregulierten Neurotransmittern nachweisbar, auch in einem gestörten Glukosestoffwechsel.

Die sogenannte „Modekrankheit“[119] fand schließlich im ICD-10[120] ihren begründeten Niederschlag. Sie erwies sich als ein Mix aus biologischer Vulnerabilität (einer mangelnden Aktivierungssteuerung, Reizübertragung und Hemmungskontrolle, als unzureichende Informationsverarbeitung und als Problem der Neurotransmitterausschüttung) und sozial unangemessen reagierender Umwelt (fortgesetzte ungünstige Zuschreibungen, mangelnde positive Anleitungen, negative soziale Rückmeldungen), wobei eine soziale Ungleichverteilung, sprich: sozioökonomische Faktoren in sozial benachteiligten Bevölkerungsschichten laut einer schwedischen Studie, zitiert in einem Bericht des Deutschen Ärzteblattes, besonders auffällig waren.[121]

117 Vgl. Neuhaus 2009b, 133 („Es ereignet sich mehr als dass es sich verhalten kann“).

118 Vgl. Neuhaus 2003, 2005, bes. 2009a, 38.

119 Bild der Wissenschaft, 1, 2008, 73.

120 F90.0, F.90.1, F98.8 und DSM-IV 314.01, 312.8, 313.81, 314.00, 314.01

121 Vgl. Ärzteblatt 02.06.2010. Beitrag “ADHS – Oft Ritalin statt Erziehung“. Zitierend Schwedische Public Health-Forscher in Acta Paediatrica (2010; 99: 920-924) sowie Anders Hjern vom Centre for Health Equity Studies (CHESS) in Stockholm. In: Online-Ausgabe 02.06.2010: http://www.aerzteblatt.de/nachrichten/41445; abgerufen am 15.3.2016)

Was ist nach dem Hin und Her der Erklärungsversuche geblieben? Die immer wieder genannten Defizite wie Mängel in der Aktivierungssteuerung, bei der zentralnervösen Reizübertragung und bei der zentralnervösen Inhibitionskontrolle (Hemmung von Reizen/Informationen) deuten mit Recht auf Defizite im dopaminergen Transmittersystem hin, dass also in den vorderen Hirnarealen präsynaptisch entweder zu wenig Dopamin bereitgestellt und ausgeschüttet wird oder dass Dopamin zu rasch wieder resorbiert wird und dadurch zu kurz im postsynaptischen Spalt verbleibt.[122] Die Befunde erklären, warum die Betroffenen ihre Bedürfnisse unmittelbar befriedigen wollen und weniger bereit sind, auf langfristige Belohnungen zu warten. Sie erklären, warum die für Handlungsplanung und -ausführung zuständigen Frontalhirnregionen ihre Handlungsimpulse schlecht zurückstellen, d.h. hemmen können, so dass tatsächlich die von ADHS-Betroffenen an ihren mangelnden Inhibitionskontrollen und an ihrer leichten Ablenkbarkeit durch Reize zu erkennen sind. Die Strukturen des neuronalen Schaltsystems (frontale Hirnregion, thalamische Strukturen, Basalganglien) sind schlecht vernetzt. In der Folge ist angesichts der Störungen des neuronalen Netzwerksystems, auch, wie eine Freiburger Forschergruppe herausfand: angesichts eines unkontrollierbaren „Hintergrundrauschens in der Netzhaut“[123], einhergehend mit Dopaminmangel des Gehirns, die Möglichkeit der Selbstregulation eingeschränkt.

Wir haben mit Hinweis auf die Störung des dopaminergen Transmittersystems die gestörten Handlungsabläufe zu erklären versucht. Wir werden im Zusammenhang der neurologischen Recherchen auch darauf verwiesen, dass infolge des allzu rasch resorbierten, d.h. schließlich fehlenden Dopamins die aus den Aufmerksamkeitsarealen des Gehirns, speziell aus dem posterioren cingulären Cortex eintreffenden Signale (Noradrenalin) nicht richtig gefiltert werden können, also missverstanden werden. Fehlende Handlungsimpulse hier, falsch verstandene Aufmerksamkeitsimpulse da, – die Betroffenen sind den ungenügenden Erregungs- und Filtervorgängen bei ihren Wahrnehmungs- und Handlungsabläufen ausgeliefert. Die fehlerhafte Übermittlung zwischen Hirnabschnitten und die fehlerhafte Verarbeitung von Informationen weisen darauf hin, dass das neurobiologische Ungleichgewicht von dopaminergen und noradrenergen Transmitterstrukturen für das Symptom verantwortlich, die soziale Ungleichgewichtung hierbei verstärkend ist.

[122] Lauth, G.W., und Raven, H., in: Psychotherapeutenjournal 1, 2009, 17 f.

[123] Ludger Tebartz van Elst: Elevated background noise in adult attention deficit hyperactivity disorder is associated with inattention. Ludger Tebartz van Elst et al.; PLoS ONE, doi: 10.1371/journal.pone.0118271; 2015.

Zum Zeitpunkt dieses Forschungsstandes erreicht uns die Meldung, dass eine genetisch bedingte synaptische Protein- und Rezeptorstörung, ausgelöst durch das Latrophilin-3-Gen, mit grosser Wahrscheinlichkeit die dopaminerge Störung, genauer: eine Störung der dopaminergen Netzwerke verantwortet.[124] In der Meldung heißt es: Wo das „Latrophilin3-Gen blockiert worden war, entwickelten sich in der Folge deutlich weniger Nervenzellen, die Dopamin produzieren." In der Meldung heisst es weiter: „Der genetische Anteil bei der Entstehung von ADHS wird auf 70 bis 80 Prozent geschätzt. Doch auch Umwelteinflüsse können die Symptomatik vermindern oder verstärken. Zigaretten und Alkohol während der Schwangerschaft erhöhen das Risiko ebenso wie eine Frühgeburt oder ein niedriges Geburtsgewicht."

Schon im Laufe des Jahres 2014 sind die Forschungen an den für ADHS verantwortlichen Proteinstörungen fortgeschritten und haben das Verständnis für den Zusammenhang von synaptischen Nervenreizsignalen und Proteinen massgebend erweitert. Seh- oder Hör-Nervenzellen müssen hiernach oft ihre Leistung auf bis zu 800 Impulse pro Sekunde hochfahren: Die mit Neurotransmittern bepack-ten und für diese Leistung vorbereiteten präsynaptischen Veszikel bedürfen nach ihrer Transmitter-Entladung der Proteine, hier besonders des Proteins GIT1, um wieder beladen und in den Wartestand für neue, hier: visuelle oder akustische Folgesignale versetzt zu werden. Wenn dieses GIT1-Protein mutiert ist – und das scheint beim ADHS der Fall -, wird die Signalkette (Reizaufbau, -weitergabe, -verarbeitung) unterbrochen. Die Vesikelrecyklierung, die Resttransmitter aus dem synaptischen Spalt verwendet, geschieht nicht oder nur verzögert, und das Gehirn wird in einen unregulierten Erregungszustand versetzt – da die Seh- und Hörsignalkette beeinträchtigt wenn nicht gar unterbrochen worden ist.[125]

124 Von Klaus-Peter Lesch, Univ. Würzburg; Link: http://idw-online.de/de/news497163 (abgerufen am 3.2.2013). Die Ergebnisse fussen auf: T.J. Renner, M. Gerlach, M. Romanos, M. Herrmann, A. Reif, A.J. Fallgatter, K.-P. Lesch (2008): Neurobiologie des Aufmerksamkeitsdefizit-/Hyperaktivitätssyndroms. In: Nervenarzt 2008, DOI 10.1007/s00115-008-2513-3.

125 Vgl. Natalia L. Kononenko, Dmytro Puchkov, Gala A. Classen, Alexander M. Walter, Arndt Pechstein, Linda Sawade, Natalie Kaempf, Thorsten Trimbuch, Dorothea Lorenz, Christian Rosenmund, Tanja Maritzen, Volker Haucke. (2014) Clathrin/AP-2 mediate synaptic vesicle reformation from endosome-like vacuoles but are not essential for membrane retrieval at central synapses. Neuron, Vol. 82, Issue 5, p981-988.

2.1.5.2 Wie die Kunsttherapeutin mit ADHS-Kindern umgeht – Eine erste Annäherung

Der Psychoneuroimmunologe Joachim Bauer betont gegen jede ausschließlich neurobiologisch sich orientierende Therapie, dass „keine bio-chemische Methode den emotionalen Zustand eines anderen Menschen jemals so erfassen und beeinflussen kann, wie es durch den Menschen selbst möglich ist.“[126] Seine Einlassung lenkt in die Richtung zu fragen, wie die Betroffenen erstens ihre alltäglich erforderlichen Wahrnehmungsmuster richtig abrufen, zweitens wie sie die damit verbundenen emotionalen Ausdrücke richtig verbinden können, drittens wie sie in ihren psychosozialen Kontext eingebunden sind. Wir wollen an dieser Stelle lediglich die Aufgabe formulieren, um auf die kunsttherapeutische Arbeit im Kapitel 3.1 zu verweisen. Wir werden sehen, wie sich die Kunsttherapeutin bemühen wird, die geringe Konzentrationsfähigkeit der Betroffenen zu berücksichtigen und ein Setting von geringstmöglicher Ablenkbarkeit und klaren Regeln mit einem angemessenen Belohnungssystem herzustellen.

2.2 Zur Schädigung von körperhaften und mentalen Strukturen

Es ist an der Zeit, bei dem Wort *Behinderung* nicht sofort an *Geistige Behinderung* zu denken. Die größte Anzahl der Menschen ist *körperlich* behindert. Maria Pfluger-Jakob[127] hat einen praktischen Leitfaden für Eltern entwickelt, der hilft, die gelungenen oder aber noch nicht stattgefunden habenden und sich verzögernden Entwicklungsschritte des Kindes zu erkennen. Sie verweist besonders auf die Körperschema-Störungen, die sich in einem entsprechenden Körperbild zeigen und eine frühe Entwicklungsverzögerung, ja sogar eine Behinderung einleiten können.

2.2.1 Zur Schädigung von körperhaften Strukturen: Körperliche Behinderung

Zu den häufigsten Ursachen für Behinderung zählen mit 85 Prozent allgemeine Erkrankungen, mit ca. 3 Prozent Unfälle oder Berufskrankheiten, mit 5 Prozent angeborene Krankheiten. Mit 69 Prozent sind körperliche Behinderungen am häufigsten vertreten. Hier sind besonders die Organsysteme als betroffen zu nennen. Die folgende Aufzählung zeigt schon rein optisch, wie stark hirnorganische Beeinträchtigungen an den Behinderungsformen beteiligt sind. Wir werden im Folgenden 16 Hinsichten auf körperliche Behinderungen

[126] Bauer 2005, 51.
[127] Maria Pfluger-Jakob 2007, 2012.

vornehmen und eine von ihnen besonders abhandeln. Einige der entsprechenden mentalen, psychischen und sozialen Beeinträchtigungen, die mit den körperlichen einhergehen, werden wir beispielshaft an den folgenden Beeinträchtigungen abhandeln:

- Zerebrale Bewegungsstörungen
- Spastik
- Muskeldystrophie
- Epilepsie
- Meningitis
- Down-Syndrom
- Schlaganfall
- Subarachnoidalblutung
- Schädelhirntrauma
- Locked-in-Syndrom
- Wachkoma
- Morbus Pick
- Korsakow Syndrom
- Parkinson
- Tourette-Syndrom
- Multiple Sklerose
- Hirntumor

Um die körperlichen Beeinträchtigungen (impairments) richtig einzuschätzen, und dem soll das Vorliegende vor allem dienen, müssen wir zunächst einen kleinen Ausflug in die wichtigsten neuronalen motorischen Systeme machen. Wir müssen uns klar machen, welche Hirnsysteme an den willkürlichen (pyramidalen) und unwillkürlichen (extrapyramidalen) Bewegungen beteiligt sind. Auch wenn diese Unterscheidung (pyramidal – extrapyramidal) nicht mehr so häufig gebraucht wird, da beide im Rückenmark beheimateten Systeme eng zusammenarbeiten, bleiben wir hier bei dieser Absicht, die Anteile der bewusst von denen der unbewusst aktivierten Areale des Gehirns zu unterscheiden, ggfs. das Zusammenspiel der beiden Funktionskreise für die Behandlung zunutze zu machen.

An einem motorischen Bewegungsentwurf und an dessen Ausführung sind beteiligt:

- der Assoziationscortex (ein Areal des Neocortex, von dem die Entscheidung ausgeht, eine Bewegung durchzuführen)
- die motorischen und somato-sensorischen Steuerareale (vor und hinter der beidseitigen großen Hirnfurche/Sulcus, zuständig für die willkürlichen Bewegungen und deren Empfindungen, aber auch, wie eine neue Studie zeigt[128], eine der Speicherzentralen des Gehirns, die bislang nur dem Hippocampus zugeschrieben waren)
- der präfrontale Cortex (der Arbeitsspeicher des Gehirns an dessen Stirnseite, zuständig für Planung, kurzfristige Speicherung, Gating-Funktion: Empfang und Integration von Gefühls-Handlungs-Signalen)
- die Basalganglien (unterhalb der Großhirnrinde beidseitig angelegte Kerngebiete, die für die antizipatorischen, planerischen und zu initiierenden Leistungen von Bewegungs- und Handlungsentwürfen zuständig sind)
- das Corpus Striatum (Eingangsstation der Basalganglien, zuständig für das neurobiologische und -psychologische Zusammenwirken von Motivation, Emotion, Kognition und Bewegungsverhalten)
- das Kleinhirn (das obere Stammhirn von hinten ummantelnd, zuständig für die sensomotorische Integration, die unbewusst-motorische Steuerung, die automatisierten und koordinierten Bewegungen)
- das obere Rückenmark bzw. der Hirnstamm (zuständig für die reflexhaften Bewegungen und das Gleichgewichtsverhalten)
- die Insula (zuständig für das Körpergefühl)

Um Bewegungsstörungen zu verstehen, müssen wir also die Entstehung, den Ablauf und die Durchführung des Bewegungsprozesses verstehen, – die Aufgabe des Grosshirns, das für die gezielten Einzelbewegungen zuständig ist, die Aufgabe des Stammhirns, das für die differenzierten Bewegungen zuständig ist, die Aufgabe des Vorderhirns, das für die Planung, Speicherung und Integration der Bewegungen zuständig ist, die Aufgabe der basalen Kerngebiete des Gehirns, die für deren Antizipation, Planung und Initiierung zuständig sind, und die Aufgabe des Kleinhirns, das für die Koordination der Bewegungen zuständig ist.

[128] Mazahir T. Hasan, 2013 (vgl. https://larkum.hu-berlin.de/people/hasan; abgerufen am 12.12.2014).

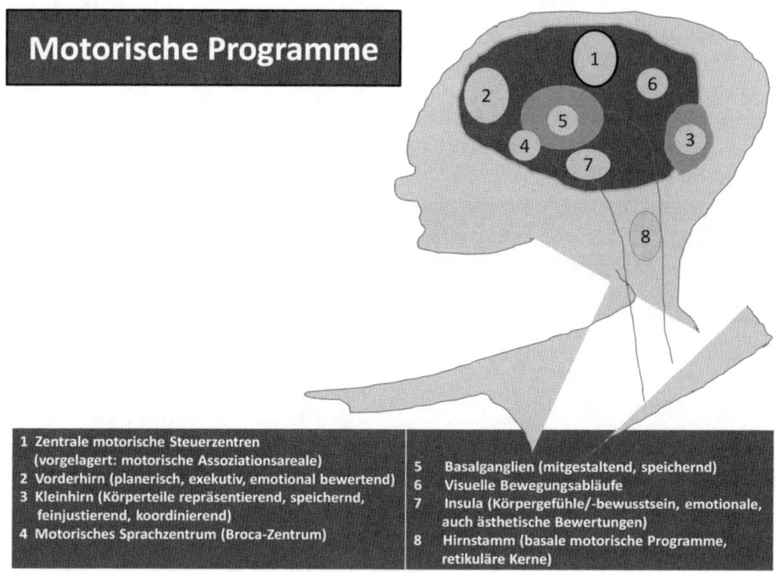

Abb. 4: Motorische Programme
(Schema: K.-H. Menzen).

Wir müssen wissen, wie von der Großhirnrinde aus Impulse ins Rückenmark geleitet werden und auf diesem Weg das Kleinhirn und die vestibulären Kerne des Stammhirns diese Impulse in Feinabstimmung justieren. Wir werden über die Schädigungen dieses Gesamt-Systems nachdenken, das reflexhaft und spannungsgeladen aufeinander bezogen ist.

Wir sollten unsere Übersicht über die wichtigsten, für das Handeln und die Bewegungen verantwortlichen Areale aber nicht abschließen, ohne die ‚Insula' zu erwähnen, ein Areal beidseitig im vorderen, seitlichen Hirn platziert, das für das Körpergefühl, die Körperbefindlichkeit zuständig ist, also zu jedem beabsichtigten oder ausgeführten Bewegungs- und Handlungsentwurf einen emotionalen Kommentar gibt.

Exkurs: Menschen mit Körper- und zerebralen Bewegungsstörungen (ZBS)

„Ich, Kathrin Lemler, geboren am 14.7.1985, muss seit Geburt mit einer erheblichen zerebralen Bewegungsstörung [Athetosen sind die Spastik begleitenden ruckartigen Bewegungen der Extremitäten; Anm. d. V.] leben. Ich kann Bewegungen nicht koordiniert ausführen und ich bin nicht in der Lage, per Lautsprache zu kommunizieren. Ich benutze einen Sprachcomputer (Talker), den ich mit zwei Tasten in der Kopflehne meines Rollstuhles bediene, zum anderen benutze ich eine Buchstabentafel."[129] Wir stellen uns vor, wie mühsam, Wort für Wort, diese Zeilen für uns, die Leser, zu Papier gebracht worden sind. Was genau ist eine zerebrale Bewegungsstörung? Wie viele motorischen Areale sind daran beteiligt?

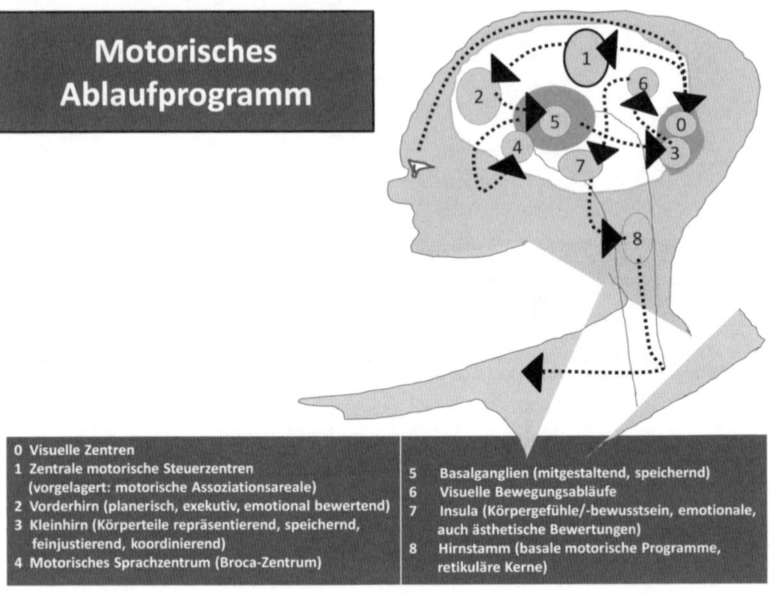

Abb. 5: Bewegungsentwurf und beteiligte Areale (Schema: K.-H. Menzen).

Eine Zentrale Bewegungsstörung (ZBS) ist in der Regel durch Krankheiten des Gehirns, des Rückenmarks, der peripheren Nerven oder der Muskulatur verursacht. Am häufigsten sind es Schädigungen des Gehirns, die während der Schwangerschaft (Nabelschnurgeburt), durch Entzündungen (virale Rötelembryopathie) oder durch Unfälle (SHT – Schädelhirntraumata) entstanden sind. In der Folge ist die motorische Entwicklung verzögert, die Art der Bewegungen auffällig (ungeschickt) und die Bewegungsabläufe unsicher, steif oder überschließend (z. B. Athetose). Wir nennen die ZBS ‚Zerebralparese', wenn die

[129] Vgl. Kathrin Lemler, Blog: „Wie alles begann…"; vgl.: http://www.startrampe.net/arge/home/druckansicht/~A136/?print_mode=1&print_url=%2Farge%2Fql%2Fschwerpunkte%2Fschule%2F~A136%2F; abgerufen am 15.3.2016.

Schädigung des Gehirns abgeschlossen ist. Solche ZBS kommen am häufigsten vor. In der Regel entstehen sie vor, während oder nach der Geburt bis zum 5. Lebensjahr. Wir werden sie als Spastik kennenlernen und anerkennen müssen, dass es keine Heilmethode gibt, aber die Kunsttherapie mit ihren bildhaft-ausdrücklichen Vorstellungen und Körperausdrucksmustern wohl hilfreich sein kann.

In einem ersten Versuch wollen wir zunächst darangehen, die körperlichen Behinderungen nach *impairments* (physischer Schädigung), *disabilities* (den funktionellen Einschränkungen) und *handicaps* (sozialen Beeinträchtigungen) zusammenzufassen. Anschließend werden wir die am häufigsten verbreitete Beeinträchtigung, die spastische Einschränkung, genauer beschreiben.

Körperliche Beeinträchtigungen	
Physische Schädigung/ *impairment*	Prä-, peri- oder postnatal entstandene Entwicklungsstörungen können Ursache sein: Genmutationen, Chromosomen-Aberrationen, Hirnblutungen oder Stoffwechselschäden, auch eine Frühgeburt (Gewicht unter 1500 g) kann ursächlich sein, aber hauptsächlich ist eine Gefährdung der Entwicklung durch Sauerstoffdurchblutungsmangel infolge sog. Nabelschnurgeburt zu nennen.
Individuelle funktionelle Einschränkung/ *disability*	Leitsymptome sind in vielen Fällen hyperkinetisch-lethargische Zustände. Die Störungen der Motorik infolge der infantilen Cerebralparese sind mit einer zentralen Tonus- und Koordinationsstörung verbunden. Massenhaft-totale Bewegungen ohne isolierte Bewegungen einzelner Gelenke herrschen vor, wenig flüssige, präzise, ökonomische Bewegungen sind die Folge. In der Spastik liegt eine Insuffizienz der zentralen Steuerungsmechanismen vor. In der Tetraplegie sind alle Gliedmaßen, in der Diplegie die beiden Beine, in der Hemiplegie ist eine Körperseite betroffen. Natürlich ist die sensomotorisch-perzeptive (haptisch-taktile, vestibuläre, kinästhetische, propriozeptive, akustische, visuelle) und statumotorische Entwicklung (Sitzen, Stehen, Laufen) stark eingeschränkt. Das Sozialverhalten ist in der Folge auch beeinträchtigt (ein verzögertes Reaktionsvermögen, eine mangelnde Körpersensibilität ist festzu-

	stellen, die Sprachentwicklung ist verlangsamt, die verbale Kommunikationsfähigkeit begrenzt, das Spielverhalten gehemmt). Zuweilen auftretende Athetosen (unwillkürliche langsame Drehbewegungen, ausfahrende und überschießende Bewegungen bei schlaffer Kopf- und Rumpfhaltung) erschweren die Kommunikation. Im Falle des Menschen mit Down-Syndrom sind die für die Motorik wichtigen Systeme des Gleichgewichts, der Propriozeption, der Bewegungskoordination, der Körperfühlsphäre zuweilen eingeschränkt.
Soziale Beeinträchtigung/ *handicap*	Die Verrichtungen des täglichen Lebens (ADL: *activities of daily living*) sind erschwert. Begleitung und Aufsicht werden in den Erziehungs- und Bildungsprozessen unabdingbar. Eine individuell starke Hilfsbedürftigkeit und eine soziale Stigmatisierung erschweren die soziale Integration. Kinder mit Zerebralparesen sind meistens mehrfach behindert.

2.2.1.1 Was ist Spastik?

In diesem Abschnitt werden wir die Spastik und ihre ausdrücklichen Formen, die Athetose sowie die Ataxie kennenlernen. Alle Formen von Behinderung sind unterschiedlich gestörten Hirnarealen und Signalumsetzungen geschuldet, können aber auch in Mischform auftreten.

Stellen wir uns vor, wie es geschieht: Wir wollen etwas greifen. Von der Großhirnrinde laufen über die pyramidale Bahn (willentliche) Impulse bis zu jenen Schaltzentralen, die die Muskeln innervieren sollen. Koordination, Gleichgewichtsverhalten und Feinabstimmungen dieser Bewegung werden von der extrapyramidalen Bahn (unwillentlich) gesteuert. Je nachdem, welche Gehirnsregionen gestört, d.h. beispielsweise mit Sauerstoff unterversorgt worden sind, lassen sich schon in diesem Stadium die möglichen Störungen abschätzen.

Nehmen wir als Beispiel das geschädigte pyramidale System: Ist der Muskeltonus erhöht (Hypertonus), ist die Muskulatur verhärtet und die gleichzeitige Anspannung der muskulären Agonisten und Antagonisten (die muskulären Gegenspieler beispielsweise einer Armbewegung) so hoch, dass es zu starren Bewegungshaltungen und zu stereotypen Bewegungsmustern kommt. Das Wechselspiel der beiden muskulären Gegenspieler ist gestört.

Nehmen wir als Beispiel das geschädigte extrapyramidale System: Hier ist die Grundspannung in der Regel zu niedrig und es kommt bei wechselnden muskulären Anspannungen zu willentlich nicht beeinflussbaren, ausfahrenden Fliehbewegungen der Arme (Athetosen) bzw. zu Hyperkinesen. Ist die Koordination gestört und die Muskeln arbeiten nicht mehr sinnvoll zusammen, können wir von einer Schädigung des Kleinhirns ausgehen und sprechen von Ataxie.

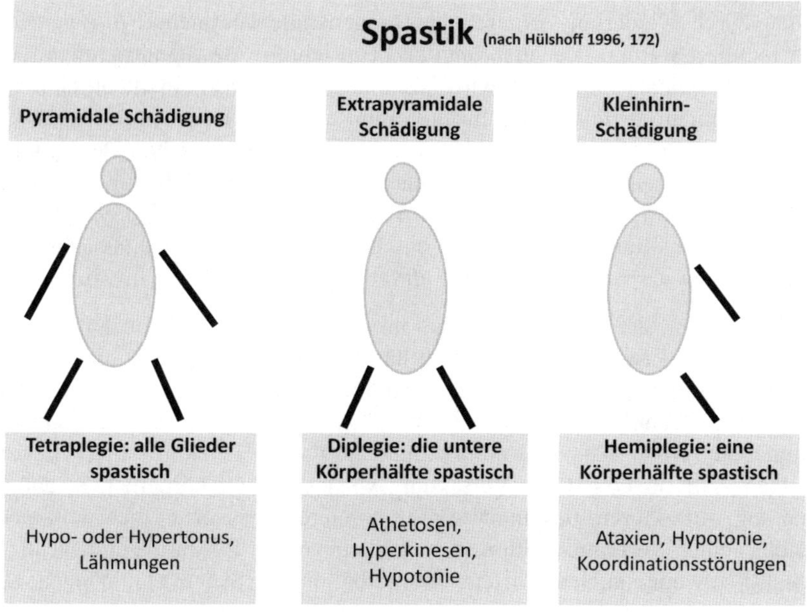

Abb. 6: Spastik
(Schema: K.-H. Menzen, nach Hülshoff 1996, 172).

Die motorischen Störungen der Spastik (Cerebralparese) können wir nach drei Hinsichten einteilen: *Im ersten Fall*, der Schädigung der pyramidalen Bahn, kommt es zu einer Tetraplegie, bei der alle Gliedmaßen betroffen sind; wir sprechen von einer spastischen Lähmung, der wohl häufigsten Erkrankung. *Im zweiten Fall*, der Schädigung der extrapyramidalen Bahn, kommt es zu einer Diplegie, bei der beide Beine betroffen sind. Hierbei beobachtet man Tremor (Zittern) und Athetosen. *Im dritten Fall*, der Schädigung des Kleinhirns, kommt es zur Hemiplegie, bei der die Extremitäten einer Seite betroffen sind. Wir finden hier besonders Ataxien, d. h. Gleichgewichts-, Haltungs- und Koordinationsstörungen.

Die Spastik, das müssen wir uns verdeutlichen, beeinträchtigt nicht nur die Extremitäten, sondern ist verantwortlich für sensible Ausfälle, auch für Gesichtsfeld-, für Riech- und Hörausfälle, für auftretenden Schwindel und für Antriebs- und Aktivitätsverlust, auch für eine tiefgehende Verstimmbarkeit, Enthemmung und Aggressivität. Infolge der spastischen Tonuserhöhung kommt es vermehrt zu Beeinträchtigungen der Bewegung, zu Stürzen. In der Regel ist sie enorm hinderlich beim An- und Auskleiden. Die den Muskeln vorgeschalteten *Motoneuronen* des Rückenmarks, die für den Überschuss an Impulsen verantwortlich sind, können durch wiederum vorgeschaltete sogenannte hemmende *Interneuronen* nicht reguliert werden. Der ursprünglich beabsichtigte Bewegungsentwurf, willentlich (pyramidal) eingeleitet, wird falsch ausgeführt, also unwillentlich (extrapyramidal) nicht korrigiert. Durchweg kommt es beim Menschen mit Spastik zu einer Dystonie, d. h. zu einer Fehlfunktion bei der Kontrolle von Bewegungen, die vom Gehirn ausgeht und unbeeinflussbar ist. Solche Fehlhaltungen und beeinträchtigten Bewegungen können sehr schmerzhaft sein und sind gekennzeichnet durch Fehlhaltungen des Kopfes, durch unregelmäßiges Blinzeln, durch ein gepresstes oder verhauchtes Sprechen, durch verkrampfte Hände u.v.m.

Ein Fragebogen, der die Kommunikationsbeeinträchtigungen von Kindern, Jugendlichen und Erwachsenen abgefragt hat, kam zu dem Ergebnis, dass 80 Prozent der Befragten die cerebralen Bewegungsstörungen als Ursache ihrer kommunikativen Beeinträchtigungen angaben.[130] Also müssen unsere Kommunikationsangebote, wenn sehr schwere Beeinträchtigungen bei körperlich Pflegeabhängigen z. B. in komatöser Verfassung vorliegen, von körpernahen, dialogischen sog. Attraktoren, bestimmt sein: von einem liebevollen Blick, von einem Lächeln, einer vertrauten Stimme, von liebevollen Berührungen (wenn erwünscht), zuweilen auch von frühen Körperhaltungen (Schaukeln, Wiegen, Umarmen).

2.2.1.2 Wie die Kunsttherapeutin mit Menschen mit Spastik umgeht – Eine erste Annäherung.

„Motorik ist die Basis der Kommunikation und bezeichnet die Gesamtheit von Bewegung, Gestik, Mimik, Haltung, Sprache und Schrift [...] Der innere Antrieb und die Neugier des Kindes, seine Erlebniswelt zu entwickeln, ist nur mit einer störungsfreien motorischen Entwicklung erfolgreich. Die positive, bestätigende Reaktion der Eltern und des Umfeldes führen beim Kind zu innerer Befriedigung

130 Vgl. Auswirkungen von Kommunikationshilfen auf die körpereigenen Kommunikationsfähigkeiten kaum- und nichtsprechender Menschen. In: Stefanie Sachse, Jens Boenisch http://www.sonderpaed-forum.de/thementext/korpereigene.htm (abgerufen am 13.12. 2014).

und zu einem Erfolgserlebnis. Dieser Erfolg hat beim Kind weitreichende Wirkung: Es wird mutig, Neues zu erkunden und seine Motivation wird verbessert, neue Entdeckungen zu wagen“, schreibt die Motopädin Gudrun Kesper.[131]

Was wir schon aus diesen Sätzen lernen, heißt: die Motorik im Gesamt des menschlichen Ausdrucks zu sehen und nicht, dem sozial stigmatisierenden Blick folgend, herausgelöst aus ihrem Zusammenhang. Wenn wir also im Folgenden die Aufgabe der Kunsttherapeutin recherchieren, wenn wir danach fragen, wo sie in ihrer Bildorientierung dem Menschen mit einer spastischen Behinderung dienlich sein könnte, dann kann die Antwort nur heißen: in der Förderung seines kommunikativen Ausdrucks. Wir werden im Kapitel 3.2 die Geschichte einer solchen Förderung vorstellen.

2.2.2 Zur Schädigung von mentalen Strukturen: Mentale Behinderung

2.2.2.1 Menschen mit einer geistigen Behinderung

Am Anfang ist eine Frage: Können wir geistige und körperliche Einschränkungen voneinander trennen? Die einfache Antwort heißt 'nein'. Der Entwicklungspsychologe Jean Piaget (1896–1980) hat in lebenslang ihn begleitenden Studien verdeutlicht, dass es keine geistige Tätigkeit ohne vorhergehendes operatives Handeln gibt. Aufeinander aufbauende Handlungsstrukturen generieren im Wechselspiel von intellektuell zu begreifenden sinneshaften Signalen der Umwelt (Assimilation) und diesen antwortenden Verhaltensschemata (Akkommodation) ein Repertoire geistiger, d.h. handlungsanleitender Vorstellungen, das allerdings entwicklungsgestört werden kann. In einem Prozess stetig ‚reflektierender Abstraktion‘ (Piaget) werden noch frühe sensomotorische in späte formaloperationale Verhaltensentwürfe fortgeschrieben. Die damit einhergehende mentale, d.h. begriffliche Repräsentation der Welt beginnt also schon mit den ersten motorischen Anpassungshandlungen an die Welt, kann infolge dann absichtsvoll, später zielorientiert, schließlich operational umgesetzt werden. Und wie schon das frühe System sensomotorischer Assimilationsschemata gestört werden kann (also der Komplex zunehmend koordinierter Sinnes- und Körperempfindungen), so können auch die diesen entsprechenden und sie transformierenden Strukturen der kognitiven Anpassung (sog. akkommodative Veränderungen dieser Schemata) in ihren intellektuellen Anpassungsfunktionen an die neuen Erfordernisse versagen und zu gestörten Handlungsstrukturen führen. In beiden Fällen tritt das ein, was wir eine ‚geistige Retardierung oder Behinderung‘ nennen.

[131] Kesper 2002, 21.

Unzweifelhaft haben uns Piagets Schemata der Entwicklung eine Phasenlehre des kindlichen Ausdrucks zu denken ermöglicht, außerdem, dass wir die kindlich-geistige Entwicklung auch unter ihren vorsprachlichen Symbolhandlungaspekten betrachten können, ein für das hier vorgelegte Konzept einer geistigen Behinderung und ihres möglichen bildnerischen Ausdrucks wichtiger Aspekt.

Exkurs: Neurobiologische und psychosoziale Risikofaktoren geistiger Behinderung – Hinweise zur Entwicklungspsychologie des Down-Syndroms

Wir haben es schon im Falle der frühen Störungen erwähnt: Zu früh geborene Kinder sind generell Risikokinder, wie wir in den von Hellbrügge und Burkhard (2011) vorgelegten Studien verdeutlicht sehen.[132] Wo ihre Objektbeziehungen gestört sein können, sind es auch diejenigen zu ihrer unmittelbaren Umgebung. Das betrifft besonders jene Kinder, deren Selbst- und Fremdrepräsentanzen, sprich: Bilder von sich und von der Welt infolge der sensomotorisch gestörten Wahrnehmung irritiert sind. Besonders das Kind mit Down-Syndrom ist diesbezüglich genügend analysiert und gehört in diese Gruppe. Seine frühen Einschränkungen in den Bereichen der Motorik (u.a. zu kleines Kleinhirn, Fehlbildungen des Mund- und Rachentraktes u.a.m.) korrelieren mit Verzögerungen der intellektuellen Auffassung und der entsprechenden Kompetenzen. In der Folge beobachten wir eine verzögerte oder gestörte Symbolisierungsfähigkeit, die – so wissen wir aus den Untersuchungen Diepolds[133] – Irritationen in der psychosozialen Beziehung erzeugen kann. Wie soll das betroffene Kind die Sorgenfalten oder das Lächeln seiner Eltern interpretieren, also Fragen, die nur symbolkompetent beantwortet werden können.

Es sind nicht nur traumatisierte Kinder, wie sie bei Diepold[134] und Koch-Kneidl/Wiese[135] hinreichend beschrieben sind, es sind auch jene kognitiv und psychosozial stressbelasteten Kinder, die infolge ihrer genetisch-bedingten und sich entwicklungsreaktiv auswirkenden Wahrnehmungseinschränkungen psychosozial beeinträchtigt und schon aus diesem Grund im Fortgang ihrer Objektbeziehungen gestört sind. Vor allem sind es Beeinträchtigungen der Selbst- und Fremdbilder, der Körperbilder und Körperschemata, die wir hier ob der mannigfachen Verunsicherungen und Verstörungen dieser Kinder hinterfragen. Wir wollen uns zunächst kurz jener Gruppe von so Beeinträchtigten, der Gruppe von ca. 50.000 Menschen in Deutschland mit Down-Syndrom zuwenden, die unter

[132] Vgl. bes. den Beitrag von Inga Wermuth et al. (2011, 93 f.).
[133] Vgl. Endres u. Biermann 2002, 137.
[134] Diepold 2002, 133.
[135] Koch-Kneidl u. Wiese 2003, 83.

den genannten Aspekten besonders betroffen ist, und uns fragen, wie deren Entwicklungsgeschichte verläuft.

Was ist ein Down-Syndrom? Hinweise zur Entwicklungspsychologie des Down-Syndroms:

Folgende Entwicklungsdaten sind uns von den Kindern mit Down-Syndrom bekannt, die - das wollen wir unterstreichen - nicht per se geistigbehindert sind, wohl aber in der Gefahr sind, dieses angesichts der schweren Retardierungen zu werden. Wir wollen einen kurzen Blick auf die Entwicklung des Kindes mit Down-Syndrom tun:

Es ist eines von 700 Neugeborenen, das mit drei statt der üblichen zwei Kopien des Chromosoms 21 in seinen Zellen geboren wird. Es wird sich aus diesem Grund in späteren Jahren mit sensomotorischen Einschränkungen, mit Seh- und Hörstörungen, mit Leukämie, mit Herzfehlen, mit Fehlbildungen im Magen-Darm-Trakt, auch mit kognitiven Defiziten auseinandersetzen müssen, ja es wird sogar vermehrt von der Alzheimer-Erkrankung bedroht sein. Seine Entwicklung wird im Vergleich zu gleichaltrigen Kindern im Strukturniveau erheblich unterschieden, wird beeinträchtigt sein. Es wird vielleicht all jene körperlichen Merkmale, die der Trisomie 21 zugeschrieben werden, an sich haben: eine sog. Vierfingerfurche, ein zu kurzes Mittelglied des 5. Fingers, eine sog. Sandalenfurche zwischen der ersten und der zweiten Fußzehe, eine allgemeine Muskelschwäche und Verengungen oder sogar Verschlüsse des Verdauungstraktes. Aber wem ist mit solchen etikettenhaften Zuschreibungen gedient? Wichtiger erscheinen jene Hinweise auf seine sensomotorische, sprachliche, psychosoziale und geistige Entwicklung:[136]

1. *Die feinmotorische Entwicklung* des Kindes mit Down-Syndrom ist von folgenden Merkmalen geprägt: In den ersten Lebenswochen hat es keine Kontrolle über seine Hände, aber es verfügt über einen Greifreflex. In den ersten Monaten gewinnt das Kind die Kontrolle über seine Hände, erkundet Gegenstände, hebt sie auf, schüttelt sie, nimmt sie in den Mund, sucht nach ihnen außerhalb seiner selbst. In den ersten zwei Lebensjahren geht auffälligerweise sein Interesse an dem feinmotorischen Hantieren zurück. Es hält aber die Gegenstände mit Daumen und Zeigefingern fest, lernt die Gegenstände auch loszulassen. Im zweiten bis dritten Lebensjahr kann es einfache Klötze stapeln, Formen zusammensetzen. Im dritten bis sechsten Lebensjahr kann es Linien ziehen, Kreise malen, einen Turm aus Klötzen bauen. Im sechsten bis zwölften Lebensjahr malt es immer mehr Formen, erkennt Buchstaben und Zahlen, gibt diese auch wieder, kann Menschen, Häuser und vertraute Gegenstände malen.

[136] Vgl. Zollinger, 2007.

Anmerkung: Seine feinmotorische Entwicklung scheint schon im Anfang des Lebens etwas verzögert, sein bildnerisches Ausdrucksverhalten ist auf jeden Fall verzögert. Gerade dieses wird aber mit zunehmendem Lebensalter oftmals bewundert und künstlerisch zuweilen hochgelobt werden, da es ungewöhnlich originär ist.

2. *Die sprachliche Entwicklung* des Kindes mit Down-Syndrom ist von folgenden Merkmalen geprägt: In den ersten vier Lebenswochen fällt auf, dass das Kind stark auf Geräusche mit Zuckungen der Arme und Beine reagiert, aber auch auf Ansprache reagiert. In den ersten Lebensmonaten nimmt sein Brabbeln zu, es teilt sich lautlich mit. In den ersten zwei Lebensjahren kann es den andern gezielt anschauen und scheint mehr zu verstehen, als es sagen kann, kann tatsächlich ein bis zwei Worte sprechen und hat ein wachsendes Verständnis für Sprache. Aber schon hier wird deutlich, dass sich eine Sprachverzögerung anbahnt. In den ersten drei Lebensjahren spricht es schließlich Zwei-Wortsätze, und seine Sprache entwickelt sich schnell weiter. In den ersten sechs Lebensjahren werden seine Sätze immer länger, es versteht immer mehr Dinge, hört auch gut zu und kann das Gehörte widergeben, macht aber Fehler in Betonung und Grammatik. Im sechsten bis zwölften Lebensjahr wird seine Aussprache immer klarer (obwohl es deutliche Schwierigkeiten auf Grund von Fehlentwicklungen des Rachens und des Gaumens hat), und es entwickelt Wo-Wer-Fragen. Schließlich verfügt es über ein umfangreiches Vokabular von mehreren 1000 Wörtern.

Anmerkung: Die sprachliche Entwicklung des Kindes mit Down-Syndrom ist deutlich verzögert, kann aber mit den Jahren sich verbessern.

3. *Die psychosoziale Entwicklung* des Kindes mit Down-Syndrom ist von folgenden Merkmalen geprägt: Es fällt auf, dass es in den ersten vier Lebenswochen oft ohne erkennbaren Grund weint, beim Stillen zuweilen zu wenig saugt und der Füttervorgang zu lange dauert. Aber in den ersten Monaten kann es die Eltern anlächeln, bekannte Gesichter erkennen, wie üblich Missfallen beim Kontakt zu fremden Menschen bekunden, schließlich am Ende des ersten Lebensjahres vertraute von fremden Gesichtern unterscheiden. Im dritten Lebensjahr fallen aber die affektiven Impulse, die Stimmungsumschwünge auf, die Wutanfälle, die heftigen Versuche, selbstständig zu sein, – eigentlich ein normaler Vorgang. Es irritiert aber, dass das Kind erst vom dritten bis sechsten Lebensjahr sich von den Eltern trennen kann, erst im Verlaufe der Lebensspanne vom sechsten bis zwölften Jahr sich selbstständig Anziehen, Zähneputzen, Händewaschen, Haarekämmen kann.

Anmerkung: Es fällt auf, dass der psychosoziale Kontakt schon früh irritiert ist, dass außerdem die Selbstständigkeitswerdung längere Zeit als üblich erfordert.

4. *Die geistige Entwicklung* des Kindes mit Down-Syndrom ist von folgenden Merkmalen geprägt: In den ersten Lebensmonaten kann sich, wie erwähnt, das Kind durchaus an bekannte Gesichter erinnern. Es nimmt allerdings allzulange die Gegenstände in seinen Mund, sucht nach versteckten Dingen (Frage der Objektperseveranz, Objektkonstanz), nutzt die Gegenstände als Werkzeuge. Seine Fähigkeit zur Objektkonstanz darf hinterfragt werden. Im dritten bis sechsten Lebensjahr lernt es Raum-, Größen-, Zahlenverhältnisse. Es ist auch in der Lage, Probehandlungen intellektuell vorzunehmen. Im sechsten bis zwölften Lebensjahr fällt aber schließlich auf, dass es wenig abstrahieren kann, dass sein Handeln sehr konkret bleibt und Abweichungen, wo sie sich ergeben, schlecht eingeordnet werden können, was wiederum zwar auf eingeschränkte Kontextualisierung und beeinträchtigte Abstraktionsleistungen hinweist, sich aber bildnerisch auch in bemerkenswerten Objektdarstellungen zeigt.

Anmerkung: Wir sehen, wie das Kind mit Down-Syndrom in seiner Intelligenzentwicklung zunehmend verzögert ist, aber durchaus einen speziellen Zugang zur Welt der Dinge äußert.

Insgesamt können wir zusammenfassen, dass die motorische, mentale und psychosoziale Entwicklung der Kinder mit Down-Syndrom verzögert ist und ggfs. auch in einer geistigen Behinderung münden kann. Und wir wollen hier anfügen, dass diese Kinder im Alter zu den behinderten Menschen gehören, die zu 70 Prozent in ihrem Seh- und auch Hörvermögen beeinträchtigt sind, die zu 40 Prozent – und dies früher als gewöhnlich – an Alzheimer-Demenz erkranken, die zu fast 50 Prozent Einschränkungen der Schilddrüsenfunktion und zu 40 bis 60 Prozent Funktionsstörungen des Herzens aufweisen.[137]

Retardierungen der Entwicklung bedeuten Verzögerungen in der Differenzierung der frühen sensomotorischen Schemata, eine Diffusität der sensomotorischen Rückmeldungen des Wahrnehmungsapparates und eine entsprechend diffuse Erregung des Körpererlebens. Biologische (frühgeburtsbedingte Unausgereiftheit der sensomotorischen Areale), entsprechend neurobiologische (Stress infolge sensomotorisch inadäquater Rückmeldungen) und psychosoziale (inadäquate Fremdrepräsentanzen wie die der Mutter) erschwerende Faktoren haben eine Ausgangslage geschaffen, die für die weitere geistige Entwicklung des Kindes ungünstig ist.

[137] Vgl. Ding-Greiner, Kruse, 2009.

Wir haben uns bisher noch nicht um den Kontext dieser Kinder, konkret um die affektive und soziale Befindlichkeit der Mütter und Väter gekümmert, die sich im Wissen um ihre behinderten Kinder in außergewöhnlichen Stresssituationen befinden. In der Regel werden die Eltern geistig behinderter Kinder kaum erwähnt, was umso verwunderlicher ist, als die von uns aufzuzeigende Retardierung der betroffenen Kinder, die – so einschränkend – nicht immer geistig behindernd ist, kaum ohne die für das Überleben der Kinder notwendige Interaktion mit ihren Müttern und Vätern möglich ist.[138]

Wo und wie, so fragen wir, sind sie von der geistigen Retardierung oder sozial beeinträchtigenden geistigen Behinderung ihrer Kinder tangiert? Um dies beantworten zu können, müssen wir die Phänomene dieser Beeinträchtigung näher skizzieren, ggfs. auch klare Unterschiede zu dem aufzeigen, was wir ‚geistig behindert' nennen.

2.2.2.1.1 Was ist eine geistige Behinderung – Ein Definitionsversuch

„Der Terminus geistige Behinderung steht für einen unklaren ... Begriff", hat der renommierte Heilpädagoge Otto Speck gesagt.[139] Und tatsächlich werden wir verwirrt, wenn wir die verschiedenen Syndrome auf einen Nenner zu bringen versuchen. Psychische, kognitive, sinneshafte, emotionale, sprachliche, motorische, psychoanalytisch gesehen: affektive (triebhafte) Aspekte sind zuweilen in ein und derselben Person gestört.

Der Begriff „geistig behindert", der 1958 zum ersten Mal von einer Elternvereinigung benutzt wurde, wird in der Regel auch heute noch benutzt, um etwas auszudrücken, was man nicht genau umschreiben kann. Genügt es, wie Michael Seidel (2006) schreibt, „Geistige Behinderung im Einklang mit den bekanntesten Definitionen [...] als unterdurchschnittliche Intelligenz und zusätzliche damit verbundene Einschränkungen in wesentlichen Lebensbereichen der damit betroffenen Personen zu beschreiben"?[140] Zwar wurde der Begriff 1994 trotz aller Bedenken in den sonderpädagogischen Förderprogrammen der Kultusministerkonferenz im Sinne einer stornierten geistigen Entwicklung gebraucht, er wurde aber weiterhin verwandt, um einen mehrfach behinderten Menschen zu kennzeichnen. Wohl wissend um die Gefahr, dass man den so bezeichneten Menschen in der Tradition des Nationalsozialismus stigmatisierte, also mit einem ‚unwerten Leben' assoziierte, gebrauchte man den Begriff, weil er geeignet

138 Vgl. Ross 1976, Bd. II, 1062 f.

139 Speck 2007, 136.

140 Seidel, M. (2006): Geistige Behinderung – Medizinische Grundlagen. In: Wüllenweber, E., Theunissen, G., Mühl, H. (Hrsg.) (2006): Pädagogik bei geistigen Behinderungen. Ein Handbuch für Studium und Praxis. Kohlhammer: Stuttgart, 160.

schien, den gesamten – weiter unten geschilderten – Störungskomplex mit einem Wort zu bezeichnen. Angesichts des belasteten Begriffs bot Bach den der „mentalen Beeinträchtigung“ an. Und suchte im Anschluss an das heilpädagogisch verfügbare Wissen, die Faktoren einer solchen Beeinträchtigung zu umschreiben.[141] Der Begriff umschrieb aber nach wie vor ein Cluster von kognitiven, sensomotorischen und psychosozialen, für die zwischenmenschliche Verständigung notwendigen Einschränkungen und wurde weiterhin sozialgesetzlich unbestimmt gebraucht. Die *International Classification of Functioning, Disability and Health* (ICF) sprach entsprechend von einer zwei- oder mehrfachen Aktivitätsbeeinträchtigung, die sich als Handicap in der sozialen Teilhabe an der Gesellschaft manifestiert.[142]

Geistige/Mentale Beeinträchtigung	
Schädigung/ *impairment*	Prä-, peri- oder postnatal entstandene Störungen in der Entwicklung können Ursache sein: Genmutationen, Chromosomenaberrationen, exogene Gefährdung der Entwicklung durch biochemische oder nukleare Einflüsse, Sauerstoffdurchblutungsmangel infolge sog. Nabelschnurgeburt; es werden aber auch schon ‚fehllaufende face-to-face-Interaktionen‘ benannt. Der IQ (Intelligenzquotient) beträgt definitorisch weniger als 70.
Individuelle funktionelle Einschränkung/ *disability*	Leitsymptome sind Intelligenzminderung, Schwierigkeiten bei der individuellen Ausrichtung auf Sozialität, also bes. in der sozialen Anpassung, Störung in der Persönlichkeitsentwicklung. Die sensomotorisch-perzeptive (haptisch-taktile, vestibuläre, kinästhetische, propriozeptive, akustische, visuelle) und statumotorische Entwicklung (Sitzen, Stehen, Laufen) ist u.U. verzögert; das Sozialverhalten ist eingeschränkt (verzögertes Reaktionsvermögen, mangelnder Kontakt und Interesse), die Sprachentwicklung verlangsamt, die verbale Kommunikationsfähigkeit begrenzt, das Spielverhalten altersunentsprechend und stereotyp.

141 Bach, H., 2001.

142 Vgl. Mühl, H. (2006): Merkmale und Schweregrade geistiger Behinderung. In: Wüllenweber, E., Theunissen, G., Mühl, H. (Hrsg.) (2006): Pädagogik bei geistigen Behinderungen. Ein Handbuch für Studium und Praxis. Kohlhammer: Stuttgart, 131.

	Einige psychische Kompetenzen sind nicht altersentsprechend ausgebildet (das SGB IX spricht von „alterstypischen“ Kompetenzen – was schwer zu definieren ist)
Soziale Beeinträchtigung/ *handicap*	Die Verrichtungen des täglichen Lebens (ADL: *activities of daily living*) werden oft erst nach Anleitung beherrscht. Begleitung und Aufsicht werden in den Erziehungs- und Erwachsenenbildungsprozessen unabdingbar. Eine individuell starke Hilfsbedürftigkeit und eine soziale Stigmatisierung erschweren die soziale Integration.

Neuerdings hat sich durch die Entwicklung der Neurologie, auch durch die Entwicklung der Neuroanalyse, d.h. einer sowohl neurologischen wie auch psychoanalytischen Sicht auf Behinderung, ein Weg gezeigt, Behinderung als wechselseitig neuronal und psychosozial verursacht zu verstehen. Hiermit eröffnet sich eine Möglichkeit, die stigmatisierend-mythisierende Sicht auf den behinderten Menschen aufklärerisch zu unterlaufen.[143]

Der Bremer Neurologe Gerhard Roth (2001)[144] und auch die Magdeburger Neurologin Anna Katharina Braun (2012)[145] haben in vielfältig geäußerter Übereinstimmung mit der Psychoanalyse die neurologischen Auswirkungen auf die pränatale Entwicklung beschrieben und die möglichen neurologischen Dysfunktionen wie die sich ggfs. daraus entwickelnden Störungen des Gehirns skizziert. Besonders ist die Entwicklung des Gehirns, so wissen wir seit einigen Jahren, bei der Zunahme, der Selektion, der Ausmusterung wie der Wiederverschaltung der Hirnzellen betroffen.[146] Anders als bei sich normal entwickelnden Säuglingen optimieren sich die Zellverschaltungen bei verzögert oder beeinträchtigt sich entwickelnden Säuglingen aber nicht, d.h. da, wo die Zahl der nicht mehr gebrauchten Hirnzellen nicht reduziert wird (wir sprechen von einem *neural pruning* = Jäten), bleibt sie bei den Kindern mit einer geistigen Behinderung oftmals erhalten. Im Vergleich werden die Gehirne der sich normal entwickelnden Säuglinge insgesamt weniger Energie verbrauchen und sich auf die Aktivitäten der benötigten Hirnareale besser konzentrieren können, während die Ge-

[143] Gehde u. Emrich 1998; Solms 1998; Kaplan-Solms, Solms 2005; Levin 1998.
[144] Roth 2001, 382.
[145] A.K. Braun, 2012.
[146] Vgl. www.wissenschaft-online.de/16. Juli 2005; http://www.wissenschaft-online.de /abo/ticker/7834489@spektrumdirekt.

hirne der ob der Vielzahl der verbliebenen Hirnzellen behinderten Kinder gehandicapt und in ihrer geistigen Entwicklung beeinträchtigt sind.[147]

Auch die Effizienz des Gedächtnisses ist durch das Aussortieren nicht benötigter Hirnzellen, wie es im sog. *‚neural pruning'* geschieht, geprägt. Wo im effizienten Normalfall die nicht benötigten Hirnzellen aussortiert sind, ist das Gehirn für die anfallenden Aufgabenlösungen besser vorbereitet. Das Gehirn kann über das Nicht-Aussortierte buchstäblich nicht mehr stolpern. Die weniger oder kaum benutzten Synapsen können den Verlauf des Lösungsprozesses nicht mehr behindern. Umgekehrt sind die Gehirne von Menschen mit einer geistigen Behinderung – der Leser verzeihe die verobjektivierende Rede – durch die nicht aussortierten Synapsen energetisch mehr belastet und entsprechend gehandicapt. Zudem sind ihre neuronalen Informationsweiterleitungen, das wissen wir aus neueren Forschungen – es handelt sich um eine Störung des Systems und der Funktion der GLIA-Zellen –, weniger myelinisiert, d.h. weniger mit Proteinen und Lipiden ummantelt, also weniger isoliert, und scheinen entsprechend weniger schnell ihre Informationen weiterleiten zu können.[148] Sodass insgesamt der behinderte Mensch in seinen informationellen Aufnahme- und -verarbeitungsprozessen, d.h. in seiner Interaktion mit seinen unmittelbaren Bezugspersonen unaufhörlich beeinträchtigt ist. Die GLIA-Zellen, jene überwiegende Zahl von Zellen unseres Gehirns, nehmen ihre informationsregulierende Aufgabe kaum mehr wahr (im Regelfall sorgen sie für eine ungestörte Informationsweitergabe und einen geordneten Informationsweitergabe-Takt).

Die Neurologin Maria-Clemencia Hernandez hat in ihren Tierforschungen gezeigt, dass auch die Symptome des Down-Syndroms als Folge einer genetischen Mutation durch eine Überstimulation des Informationsflusses infolge einer Dys-

147 Vgl. Statement von Richard Haier: Abbau überflüssiger Synapsen, in: http://sciencev1.orf.at/science/news/54166 (abgerufen am 15.7.15); Petermann, Niebank & Scheithauer, 2004, S. 87; http://entwicklungsdiagnostik.de/ neuronale_ grundlagen.html (abgerufen am 15.7. 2015); Neubauer, A.C., Fink, A. (2009): Intelligence and Neural efficiency. *Neuroscience and Biobehavioral Reviews*, 33, 1004-1023 (hier der Aspekt des *neural pruning* besonders beim behinderten Menschen).

148 Vgl. Hirnforschung versucht Intelligenz zu erklären, Kap.: Abbau überflüssiger Synapsen; http://sciencev1.orf.at/science/news/54166, abger. am 15.3.2016/Text: „Nach dem Aufbau der synaptischen Verbindungen in den ersten fünf Lebensjahren werden offenbar in den folgenden Jahren nicht genutzte, ‚überflüssige' Verbindungen wieder abgebaut. Richard Haier von der Universität Irvine in den USA verweist hierzu auf Studien, die zeigen, dass geistig behinderte und autistische Menschen einen überdurchschnittlich starken Energieverbrauch im Gehirn haben. Als man Gehirne solcher Personen nach dem Tode sezierte, fand man ungewöhnlich viele Synapsen." (ebd.)

regulation der Information zustande kommen. Ihre Forschungsergebnisse weisen nach, dass eine zu hohe Dichte des hemmenden Neurotransmitters GABA, eigentlich ein Derivat des erregenden Glutamat, die Defizite im räumlichen Denken, im hippocampalen Erinnern und in den zuweilen überschiessenden motorischen Handlungsentwürfen der betroffenen Menschen verantwortet.[149] Ihre Arbeit zeigt, dass ein genetisch bedingtes Ungleichgewicht zwischen den erregenden und hemmenden Neuronen viele der Symptome des Menschen mit Down-Syndrom erklären kann.

Diese Beeinträchtigungen, so die Forschungen des Ärzteteams J. Grabe und C. Spitzer (2012), können sich auch zusätzlich genetisch manifestieren[150] und – vergleichbar der stressauslösenden Vernachlässigung – in einer veränderten Genregulation der für Stress zuständigen Cortisolrezeptoren manifestieren, also den behinderten, stressüberfluteten Menschen unfähig werden lassen, auf Stress weiterhin zu reagieren. Wir erleben ihn apathisch, unbeteiligt und depressiv.[151]

Wir haben das Wechselspiel von gestörter neuronaler und psychosozialer Entwicklung ins Augenmerk genommen und wollen nun einen Blick auf diejenigen tun, die betroffen sind. Gerhard Neuhäuser (2007) und Anton Dosen (2010) haben jeweils eine knappe Übersicht versucht, die wir hier zusammenfassen:

Geistige Behinderung:

Durch Genmutationen verursachte Stoffwechselstörungen	
Lesch-Nyhan-Syndrom:	geistige Behinderung (IQ 35-60), zentrale Bewegungsstörungen, selbstverletzendes Verhalten
Rett-Syndrom:	nur bei Mädchen, Koordinations-, Gleichgewichts- und Bewegungs- wie Sprachverluste, stereotype Bewegungen (Kneten, Wringen der Hände), autistische Züge

149 Vgl. Maria-Clemencia Hernandez et al.(2013): Reducing GABAA α5 Receptor-Mediated Inhibition Rescues Functional and Neuromorphological Deficits in a Mouse Model of Down Syndrome (übers.: Eine Reduzierung der GABA A α5 Rezeptor-vermittelten Hemmungen hilft angesichts funktioneller und neuromorphologischer Defizite in einem Mausmodell betr. Down-Syndrom). In: The Journal of Neuroscience, 27 February 2013, 33(9): 3953-3966; doi: 10.1523/JNEUROSCI.1203-12.2013 (http://www.jneurosci.org/content/33/9/3953.full; abgerufen am 29.7. 2015).

150 Vgl. Roth u. Strüber, 2014, 138 f.: „Zwillingsstudien zeigen, dass die Reaktion des Cortisolsystems auf Stress wesentlich durch *genetische* Faktoren bestimmt wird."

151 Vgl. Grabe, Spitzer 2012, 55.

Sanfilippo-Syndrom:	Enzymdefekt und infolgedessen Veränderungen in Skelett, Bindegewebe, folglich Körperbehinderung, verändertes Sprechverhalten, Schlafstörungen
Tuberöse Sklerose:	epileptische Anfälle (Blitz-Nick-Salaam), Rückgratveränderungen, Bewegungs-, Gleichgewichts-, Sehstörungen, verzögerte geistige Entwicklung
Autismus:	Informationsverarbeitungsstörung infolge gestörter genetischer Zell-Protein-Steuerung. Chromosomen-Anomalien (Veränderung von Zahl und Struktur der Chromosomen)
Cri-du-chat-Syndrom:	Schädel, Gesicht, Hände, Bewegung, Sprache (Miauen) auffällig betroffen
Fragiles-X-Syndrom:	hauptsächlich Jungen, körperliche Auffälligkeiten (Kiefer, Ohren, Hoden), Sprachentwicklungsstörungen, ADHS-artiges Verhalten, Epilepsien, Stereotypen, Autoaggressionen, Angststörungen, depressive Zustände
Syndrom CATCH22:	hauptsächlich Jungen, körperliche Auffälligkeiten (Kiefer, Ohren, Hoden), Sprachentwicklungsstörungen, ADHS-artiges Verhalten, Epilepsien, Stereotypien, Autoaggressionen, Angststörungen, depressive Zustände

Contiguous Gene Syndromes	
Angelman-Syndrom:	verzögerte statomotorische Entwicklung, runder Schädel mit abgeflachtem Hinterhaupt, Bewegungs- und Sprachentwicklungsstörungen, stereotype und autistische Verhaltensweisen, Epilepsien (Blitz-Nick-Salaam), Lachepisoden, geistige Behinderung
Prader-Willi-Syndrom:	statomorische-, Schluck-, Trink-, Atem-, Sprech- und Temperaturstörungen, Fettleibigkeit, affektive Durchbrüche, aggressive Verhaltensweisen

Smith-Magenis-Syndrom:	Kleinwuchs, Lippen-Kiefer-Gaumenspalte, hyperaktiv, autistische Züge, Jaktationen, an-den-Körper-gepresste-Arme, häufige Infektionen
Williams-Beuren-Syndrom:	Kleinwuchs, Herzfehler, Gesichtsanomalien, Koordinationsstörungen, drolliges Wesen, geistig behindert (IQ 40-80), ängstlich, distanzlos, geräuschempfindlich

Exogen verursachte Syndrome	
Rubeolen-Embryopathie	Rötelviruserkrankung, Augen-Ohren-Herz-Leber-Knochenveränderungen
Alkohol-Embryo-*Fetopathie*:	Anomalien des Wuchses, des Gesichts, Skeletts, der Hände, Lernbehinderung

Geistige Behinderung und zusätzliche Symptome (Mehrfachbehinderung)
Bei vorliegenden Hirnfunktionsstörungen: epileptische Anfälle, cerebrale Bewegungsstörungen, psychische Auffälligkeiten (autistisch, impulsiv, aggressiv, hyperaktiv, selbstverletzend), Seh- und Hörstörungen

Schema: vgl. Neuhäuser 2007, 188-193; Dosen 2010, 306-323.

Wir sehen, wie stark die Sicht auf den „von Genotyp und verschiedenen epigenetischen Faktoren bestimmte Phänotyp", vertreten ist.[152] Dies wird auch von Anton Dosen bestätigt[153], der uns darüberhinaus auf die jeweiligen Verhaltenszusammenhänge hinweist.

Dosen macht deutlich, dass es noch nicht genau bekannt sei, „wie diese Verhaltensphänotypen zustande kommen, ob sie beispielsweise unmittelbare Folge einer Gen-Expression oder die Folge genetisch bedingter Funktionsveränderungen im Zentralnervensystem sind, die in Wechselwirkung mit internen Bedingungen adaptive oder maladaptive Verhaltensweisen bewirken können." In jedem Fall werden sie interaktionell eher verstärkt, wenn sie unerkannt in ihrer Herkunft sind. Wir wollen dies am Beispiel des ‚Fragilen-X-Syndroms' verdeutlichen, einem Syndrom, das entweder unbekannt ist oder ob seiner ausgeprägten Verhaltenssymptomatik zuweilen dazu verführt, nach der eigentlichen Ursache gar nicht zu suchen.

[152] Neuhäuser 2007, 188.
[153] Dosen 2010, 306 f.

Am Beispiel des ‚Fragilen-X-Syndroms‘:

Nach dem Down-Syndrom ist es das häufigste genetische Syndrom mit einer geistigen Behinderung. Und es ist recht häufig: Es kommt bei 1 von 200 bis 2500 Frauen vor, bei 1 von 1200 Männern. Und immer finden sich eine leichte intellektuelle Behinderung, die eher handlungsbezogen ist, autistisch erscheinende Verhaltensweisen wie ein mangelnder Blickkontakt, auch die für eine solche Annahme zutreffende Angst vor Berührung, Empfindlichkeit gegenüber Geräuschen und sogar visuellen Eindrücken, vor allem aber finden sich Sprechstörungen, genauer: Schwierigkeiten der Artikulation und hierbei ganz auffällig Formen von Echolalie, auf jeden Fall eine Art Unruhezustände der Hände, wie wir sie häufig bei hospitalisierten Kindern sehen können. Was aber zunächst und am meisten auffällt, ist eine Hyperaktivität, die sofort auf ein ADHS schließen lässt. Die Bandbreite der Symptome ist so groß, dass wir ständig diagnostisch verunsichert werden.

Als mir die Mutter zum ersten Mal von dem Kind erzählt – sie sitzt alleine vor mir –, geht es ihr am meisten um die Inkontinenz des Jungen. Sie will sich nicht mit seinem Einnässen abfinden. Und in diesem Zusammenhang erwähnt sie auch schamhaft – sie sucht nach Zusammenhängen für die Inkontinenz – seine übergroßen Hoden. Erst jetzt werde ich, ihr gegenüber sitzend, hellwach. Mir fällt eine Vorlesung ein, in der dies erwähnt wurde, aber ich kann die Beobachtung nicht einordnen. Gar nicht weiß sie mit seiner unbändigen Aktivität umzugehen. Sie hat, mit ihrem Mann dies diskutierend, zuweilen an eine autistische Störung gedacht, da der Junge in seinem Bewegungsdrang ihr kaum zuhört, auf sie auch nicht eingeht, keinen Blickkontakt nimmt. Und dann erlebt sie ihn wieder eher ängstlich, zuweilen fast schon depressiv verstimmt, wenn er sich zurückzieht und immer wieder das Gleiche tut, und sie wieder denkt, dass er vielleicht doch autistisch sein könnte. Jedenfalls sitzt sie jetzt hier und hat große Erwartungen an den vermeintlichen Fachmann, der ich in diesem Fall überhaupt nicht bin. Ich werde nach dieser Stunde schlichtweg nachschlagen und gehäuft die meisten Symptome unter dem Fragilen-X-Syndrom finden.

Während ich in der nächsten Stunde den zwölfjährigen Jungen kennenlerne, mache ich die Erfahrung, dass er in unserer gut ausgestatteten und in ihrem Vorgehen recht strukturierten heilpädagogischen Ambulanz kaum bei einer Sache bleibt. Während ich mir dieses Verhalten mit dem vielleicht übergroßen Angebot an Stimulanzien, an Reizangeboten zu erklären suche – schon wieder eine meiner Fehleinschätzungen – und er tatsächlich überdreht, übererregt, ja hyperaktiv und wenig aufmerksam bei einer Sache ist, während ich also trotz der einschlägig gelesenen Fachliteratur noch immer sozusagen schwimme, ich wohl vermerke, wie ungenau seine Lautbildung ist, wie schnell er dennoch zu sprechen sucht, ich auch mitbekomme – das haben wir hier in der Ambulanz gelernt – wie sein

Gleichgewichtsverhalten nicht in Ordnung zu sein scheint, er in seinem visuomotorischen Verhalten, sprich: Seh-Greif-Verhalten ungenau ist, vielleicht auch, denke ich wieder, überfordert ist von den vielen Reizen, – während ich also beobachte, auch versuche mit ihm Spielzusammenhänge aufzubauen, beißt er sich unvermittelt in die Hände. Auch das hatte ich gelesen, die Tendenz zu selbstverletzendem Verhalten. Und jetzt erinnere ich mich, und während ich dies protokolliere, wird es mir wieder klar.

Ich habe diese für mich etwas unrühmliche Episode erwähnt, weil sie selbst für viele Fachleute prototypisch zu sein scheint. Es ist tatsächlich nicht ganz klar, so lese ich bei Dosen[154], wie die Wechselwirkung von genetischer Prädisposition und verhaltensentsprechendem Ausdruck gedacht werden kann. Und im Sinne des vorweg Diskutierten scheint es so zu sein, dass die genetische Prädisposition eine bestimmte Funktionsstörung hervorbringt, die von der Umgebung, sprich: von uns, die wir die Symptome nicht richtig einordnen können, schließlich unverstanden und oft negativ verstärkt wird.

Wenn wir uns also wie ich damals daran machen, zu überlegen, wessen ein solches Kind bedarf, dann müssen wir zunächst zurück in die frühe psychosoziale, oft unverstandene und nunmehr versuchsweise angemessen verstehende Situation einer Bezugsperson. Die grundlegende und ganz einfache Frage heißt dann wohl: Was will er uns sagen und was braucht er?

2.2.2.1.2 Wie die Kunsttherapeutin mit Menschen mit geistiger Behinderung umgeht – Eine erste Annäherung

Nach unseren ersten Verunsicherungen bezüglich einer angemessenen Diagnose stellte sich im Falle des geschilderten Jungen mit Fragilem-X-Syndrom die Frage, was gezielt zu tun sei und welche Aufgabe gegebenenfalls, wenn überhaupt, die Kunsttherapie haben könnte? Zunächst war für uns ausgemacht, dass der Junge mototherapeutisch auf ein eindeutiges, strukturierendes, verstärkendes Bewegungsrepertoire hin zu fördern sei. Also haben wir die heilpädagogische Studentin, die mit ihm arbeiten sollte, angewiesen, in den Förderstunden gezielte und sich wiederholende Bewegungsabläufe zu garantieren durch ein festgelegtes Setting (z.B. längere Zeit des Werkens mit dem Hammer, etwa nach Fertigstellung eines Vogelhäuschens, so ein Vorschlag der Supervisionsgruppe, Besichtigung des Geländes, wo es hängen sollte etc.). In diesem Werkzusammenhang sollte sie sich auch um die bei ihm immer wieder auftretenden Stimmungsumschwünge wie nicht begründbaren Wutanfälle durch Rückbeziehung auf das

[154] Dosen 2010, 314.

Werken kümmern. Parallel dazu wurde die Mutter mit dem Jungen an eine Logopädin verwiesen. Die kunsttherapeutisch in Ausbildung befindliche Studentin machte sich zur Aufgabe, ganz im Sinne des zu vereindeutigenden Bewegungsrepertoires an seinem Körperbild zu arbeiten. Wir werden in Kapitel 3.3 darüber genauer berichten, wenn wir das spezifisch kunsttherapeutische Vorgehen diskutieren.

Wenden wir uns nun einem Syndrom zu, das häufig auch eine schwere mentale Beeinträchtigung mit sich führt, sich zuweilen aber durch deren Gegenteil, durch eine hohe intellektuelle Begabung ausweist, – dem Autismus.

2.2.2.2 Menschen mit einer autistischen Beeinträchtigung

Die Kontroverse um die Frage, ob Autismus eine geistige Behinderung sei, hält an.[155] Autistische Störungen gelten als soziale Beeinträchtigungen und erschweren u.U. die Teilhabe am gesellschaftlichen Leben. Aber um die Zuordnung des ‚geistig-behindert-Seins' zum sog. Autismus-Spektrum wird heftig gerungen. Die Definition der American Association of Mental Retardation (AAMR, 2002) für den Begriff ‚Geistige Behinderung' lautet: Geistige Behinderung sei eine Unfähigkeit, charakterisiert durch signifikante Begrenztheit intellektueller Funktionen (Intelligenzminderung), deutliche Einschränkung der Verhaltensanpassung, reduzierte konzeptionelle, soziale und praktisch-adaptive Fertigkeiten. Sie trete auf im Verlauf der kindlichen und jugendlichen Entwicklung, jedenfalls vor dem 18. Lebensjahr.[156] Die Zuschreibung einer geistigen Behinderung allein anhand von Intelligenzmessung („IQ-Test") ist umstritten, insofern deren Tests (beispielsweise HAWIK oder RAVEN) in ihren Subtests unterschiedlich gewichtet sind (kognitiv-verbal-bildhaft) und die spezifischen Kompetenzen entsprechend unterschiedlich berücksichtigen.[157] „Eine IQ-bezogene Klassifizierung von ‚Geistig-Behinderten mit autistischen Verhaltensweisen' reduziert geistige Behinderung unzulässig auf das Merkmal Intelligenz."[158] Wüllenweber, Theunis-

[155] Vgl. Theunissen, G. (2014): Autismus und Geistige Behinderung. In: Zeitschrift für Heilpädagogik, 3; vgl. Theunissen, G. (2014): Menschen im Autismus-Spektrum verstehen, annehmen, unterstützen. Ein Lehrbuch für die Praxis. Kohlhammer: Stuttgart.

[156] Vgl. Hollmann, H. (2012): Autismus und Geistige Behinderung. Fortbildungsreihe der LVR - Klinik Bonn zu den „Möglichkeiten der Therapie bei Autismus-Spektrum-Störungen" (10.11. 20112).

[157] Vgl. Hollmann, 2012, a.a.O.

[158] Vgl. Stichling, M., Paul, M., Theunissen, G. (2006): Austismus und geistige Behinderung. In: Wüllenweber, E., Theunissen, G., Mühl, H. (Hrsg.): Pädagogik bei geistigen Behinderungen. Ein Handbuch für Studium und Praxis. Kohlhammer: Stuttgart, 218.

sen und Mühl (2006) heben hervor, dass „in Bezug auf die Versuche, für den Grenzbereich ‚Autismus – geistige Behinderung' nach unterschiedlichem Ausprägungsgrad der autistischen Symptomatik und der intellektuellen Fähigkeiten verschiedene Typen des Autismus zu klassifizieren, die pädagogische Sinnhaftigkeit hinterfragt werden (muss)".[159]

Die Betroffenen tun sich nach allgemeiner Übereinkunft schwer, sozial angemessen zu kommunizieren. Stichling, Paul und Theunissen (2006) zitieren Forschungsergebnisse aus den 1970er-Jahren, nach denen „autistische Kinder soziale und emotionale Erfahrungen kaum in ihrem Denken berücksichtigen".[160] Wie schon die Bezeichnung der Beeinträchtigung mit dem griechischen Begriff *autos* (= selbst) andeutet, sind sie vielfach sozial isoliert und – wenn psychosozial eingeschränkt – im Verlauf ihrer frühen Entwicklung ohne angemessene Antworten auf ihr sich herausbildendes Verhaltensrepertoire geblieben. Aufgrund ihrer genetisch-defizitären Ausstattung – Kusch und Petermann (2001) nehmen entsprechend eine „gestörte Hirnentwicklung"[161] an – und in der Folge der beschriebenen unangemessenen sozialen Reaktionen sind sie zuweilen geistig behindert.

Leo Kanner und *Hans Asperger* haben zwei Hauptformen des Autismus benannt: Menschen mit Asperger-Syndrom[162] gehören zu den teils hochintelligenten Autisten, die – wenn speziell gefördert – ein relativ normales Leben führen können. Kanner-Autisten dagegen sind sprachlich eingeschränkt, zeigen altersentsprechend schon vor dem dritten Lebensjahr Abweichungen in Wahrnehmung (bes. wenig Augenkontakt), Kognition, Sprache wie Motorik und benötigen entsprechende Kommunikationshilfen (Gesten, Gebärden, Bilder).[163]

Das Asperger- und das Kanner-Syndrom werden heute den ‚Autismus-Spektrum-Störungen' zugerechnet: Dazu gehören der *‚frühkindliche Autismus' (*Kanner-Syndrom*)*, das Asperger-Syndrom (milde Form von Autismus), der *‚hochfunktionale Autismus'* (beginnt mit den Symptomen eines Frühkindlichen Autismus und nimmt im Verlauf der Entwicklung eher die Form eines Asperger-Syndroms an, wobei der IQ im Normbereich liegt) und der *‚atypische Autismus'*

159 Ebd., 217.

160 Vgl. Stichling, M., Paul, M., Theunissen, G. (2006), a.a.O., 217; diese Aussage dürfte nach Auskunft eines der Autoren, G. Theunissen, der auf umfangreiche Erfahrungen mit autistischen Menschen zurückgreifen kann, derzeit kaum noch haltbar sein, da vor allem Emotionalität den Menschen mit Autismus nicht abzusprechen ist.

161 Vgl. Kusch, Petermann 2001, 17.

162 Vgl. Remschmidt, H., Kamp-Becker, I. (2006).

163 Vgl. Petz, S. (2013): Frühförderung beim Kanner-Syndrom. GRIN Verlag: München.

(zeigt sich erst nach dem dritten Lebensjahr und kann mit einer deutlichen Intelligenzminderung einhergehen).

Autismus-Spektrum-Störungen werden wie folgt umschrieben: Schon im frühen Kindesalter vermeiden viele der Betroffenen Körper- oder Blickkontakt, verstehen emotionale Signale wie Lächeln nicht, sind wenig empathisch und ziehen sich, da kognitiv und emotional überfordert, zurück. In der Regel reagieren sie übererregt auf Veränderungen. Die autistischen Störungen sind genetisch (Mutationen) und neuro-/biologisch (Informationsstörung) bedingt und ein Leben lang vorhanden. Diagnostisch wird seit 2015 auf die Unterscheidung der vier großen Autismus-Typen zugunsten des Begriffs der Autismus-Spektrum-Störung verzichtet. Die Störungen der weltweit ein Prozent betroffenen Menschen ist unterschiedlich. Da die Unterschiede der Betroffenheiten gross und bei Vielen der Störungsbegriff obsolet ist, wird gemäss der US-amerikanischen Vereinigung ‚Autistic Self Advocacy Network' (2012) von ‚Menschen im Autismus-Spektrum' gesprochen.[164] Der DSM 5 kommt dieser sich durchsetzenden Übereinkunft nur auf halbem Wege entgegen und verwendet den Begriff des *autism spectrum disorder*.[165]

Heute wissen wir mithilfe einer neueren Studie von Strauss (2009) die Beeinträchtigungen der Autisten besser einzuschätzen: Wir wissen, dass Autisten sehr speziell, d.h. überdiskriminierend sehen, also aus ihrer Detailwahrnehmung schlecht herausfinden. Und wir können vermuten, dass sie in der Folge eine Entwicklungsstörung erleiden mussten: nicht nur sinnesphysiologisch, sondern auch projektiv-identifikatorisch nicht in der Lage waren, die von Melanie Klein und Ruprecht Bion beschriebenen kleinkindlichen Positionen der Beziehung zu den Bezugspersonen infolge ihrer Objektbeziehungsstörungen zu durchlaufen.

Wenn auch derzeit die geschilderte Autismus-Typologie aus der Diagnostik zugunsten des Begriffs *Autismus-Spektrum-Störung* langsam verschwindet, ist und bleibt jede Begleitung autistischer Menschen herausgefordert, ihr Beziehungsangebot unter physischen wie psychischen Gesichtspunkten zu gestalten. Das Repertoire, das ästhetisch-didaktische Angebot einer heilpädagogischen Kunsttherapie scheint dazu gut in der Lage zu sein.

164 Anm.: Wenn wir im Folgenden die Begriffe ‚Autismus'/‚Autist' verwenden, tun wir dies eingedenk der Feststellung, dass die Übergänge der Betroffenheiten zwischen und innerhalb der Betroffenen fliessend sind, ein und dieselbe Person hoch kompetent (beispielsweise: bildnerisch) und gleichzeitig beeinträchtigt (beispielsweise: in der Kontaktaufnahme) sein kann.

165 Vgl. Theunissen 2014, 25.

2.2.2.2.1 Was ist Autismus?

Autismus scheint eine Entwicklungsstörung der frühen bis späten Kindheit zu sein, insbesondere eine Störung der Informationsverarbeitung des Zentralnervensystems, die infolge auch eine psychosoziale Objektbeziehungsstörung nach sich zieht. Dem widerspricht Georg Theunissen (2014), der aus der Perspektive der Betroffenen als „Experten in eigener Sache" den „Autismus nicht als unmittelbaren Ausdruck einer Störung" betrachtet und entsprechend eher „pädagogische Unterstützungsformen" favorisiert.[166] Entsprechend gehen wir an dieser Stelle von einem Spektrum der Beeinträchtigungen aus, das die Schwierigkeiten des sozialen Umgangs, denen sich die Betroffenen ausgesetzt fühlen, einerseits nicht verkennt und in ihren beeinträchtigenden Auswirkungen begreifen möchte; das andererseits durchaus die besondere Kompetenz dieser Gruppe anerkennt und diese keineswegs unter den Störungsbegriff subsumieren möchte. Der Autor stimmt mit dem von Theunissen zitierten Seng (2010) darin überein, „dass ihr Anderssein je nach Kontext nicht zwangsweise als Defizit erscheinen muss, sondern sogar ein Potential darstellen kann".[167] Er stimmt diesem neuen Ansatz der Betrachtung darin bei, dass die *neurological variatian*[168], entsprechend die Diversität der autistischen Phänomene, also ihr Spektrum zu beachten ist.

Auf einen grossen Teil der Menschen im Autismus-Spektrum trifft das Folgende aber sicher zu: Ihre frühkindlichen Schwierigkeiten der sensorischen Objekterkennung ziehen notwendigerweise solche der psychosozialen nach sich. Wenn ich als Kind nicht in der Lage bin, mich empathisch in Vater und Mutter hinein zu versetzen, deren Gesichts- und Verhaltensausdrücke so zu dekodieren, dass ich aus ihnen Rückschlüsse ziehen kann, dann werde ich als Kind auch keine Rückmeldungen aus deren Gesicht und Verhalten in Bezug auf mein eige-nes kindliches Verhalten entnehmen können. Ich bin *gehandicapt*, kann mich also psychosozial nicht weiterentwickeln. Autismus ist somit für viele Menschen dieser Gruppe eine sinnesphysiologische und psychosoziale Störung.

Im Jahr 2005 hatte der amerikanische Neurologe Vilayanur Ramachandran erläutert, wie wir sinnes- und neurophysiologisch die notwendigen Gestaltmuster unseres Lebens entwickeln.[169] Auf der Grundlage der Erkenntnis, dass sich die

[166] Vgl. Theunissen, G. (2014): Menschen im Autismus-Spektrum. Verstehen, annehmen, unterstützen. Kohlhammer: Stuttgart, Vorwort.

[167] Vgl. Theunissen 2014, 15.

[168] So die US-amerikanische Vereinigung ‚Autistic Self Advocacy Network' (2012) in ihrer Online-Selbstdarstellung; vgl. http://autisticadvocacy.org/home/about-asan /about-autism/ (abgerufen am 27.3.2016).

[169] Ramachandran, 2005.

Wahrnehmung aus neuronalen Reizmerkmalen zusammensetzt, indem sie diese nach erlernten Grundmustern, nach gestalttheoretisch fassbaren Wahrnehmungmustern synthetisiert, – konnte auch die Autismusforschung schließen, dass die Bildwahrnehmung betroffener Menschen nicht über die Breite der Wahrnehmungsgrammatik nichtbetroffener Menschen verfügt. Auf diesem Stand der Erkenntnisse über den Autismus musste die Forschung jedoch eingestehen, dass sie „das Spektrum von neurologischen Zuständen“[170] insofern falsch eingeschätzt hatte, als ihr die Breite und Unterschiedlichkeit der Bildwahrnehmungen der hier Diskutierten garnicht präsent waren.[171] Wenn wir also im Folgenden von Betroffenen reden, dann haben wir insbesondere die Gruppe der angenommenen 20 Prozent derjenigen im Blick, die die Forschung als therapeutisch zu behandelnde betrachtet: Die Begleitstörungen, die die Forscher Wahlund und Kristiansson (2006) sowie Zucker et al. (2007) im Umfang von ca. 20 Prozent bei den Betroffenen finden[172], sind Persönlichkeitsstörungen (Zwang-, Tic-, Ess-, Sprachstörungen) und solche des affektiven und selbstverletzenden Verhaltens. Wir möchten im Folgenden nach deren Ursachen fragen.

Hülshoff[173] spricht davon, dass „es Autisten schwer fällt, die Reize unterschiedlicher Kanäle (Gehör, Geschmack, Geruch, Berührung) zu verknüpfen und zu einem sinnvollen Ganzen zu integrieren.“ Und er beschreibt als Folgen: „die Schwierigkeit, Reize nach Wichtigkeit zu selektieren, kann zu einer Reizüberflutung und zu einem Zusammenbruch der verarbeitenden Instanzen führen. Manchmal scheinen bestimmte Reizmodalitäten über- oder unterbewertet zu werden. Möglich ist auch, dass optische Reize plötzlich ihre Gestalt oder Intensitäten wechseln, dass also keine ausreichende Konstanz erlebt wird. Auch die Koppelung zwischen Wahrnehmung und emotionaler (stimmungsmäßiger) Bewertung kann gestört sein.“[174] Der DSM 5 spricht unter seinem neuen Begriff des „autism spectrum disorder“ von „Hyper- oder hypo-ausgeprägtes

[170] Vgl. Theunissen 2014, 23.

[171] Vgl. Theunissen, G., Schubert, M. (2010): Starke Kunst von Autisten und Savants. Über aussergewöhnliche Bildwerke, Kunsttherapie und Kunstunterricht. Lambertus: Freiburg.

[172] Vgl. Wahlund, K., Kristiansson, M. (2006): Offender characteristics in lethal violence with special reference to antisocial and autistic personality traits. In: J Interpers Violance, Aug; 21 (8): 1081-91. Vgl. auch: Zucker, N.L., Losh, M., Bulik C. M., Piven J., Pelphrey K.A. (2007): Anorexia Nervosa and autism spectrum disorders: guided investigation of social cognitive endophenotypes. In: Psych Bull. Nov: 133 (6); 976-1006.

[173] Hülshoff 2005, 112.

[174] Ebd.

(Wahrnehmungs-)Verhalten im Hinblick auf sensorische Reize […]“ .[175] Wir sehen, wie grundlegend die erlebnismäßig und sinnesphysiologisch eingeleitete Objektwahrnehmung zumindest eingeschränkt sein kann, und wir sehen schon hier an diesem Punkt der Diskussion, worauf möglicherweise eine bilddidaktisch orientierte Therapie sich ggfs. ausrichten könnte.

Wir wollen die Diskussion des Behandlungsziels zunächst aber zurückstellen und an dieser Stelle auf die eingeschränkte Gesichtserkennung des Menschen mit Autismus zu sprechen kommen, da diese Einschränkung die beeinträchtigte Gestalterkennung autistischer Menschen verständlich macht: Normalerweise gelangen bei der Gesichtserkennung Informationen vom Auge in den hinteren Teil des Gehirns, wo sich das visuelle Zentrum befindet. Von hieraus gelangen die Informationen zu den Temporal- d.h. Schläfenlappen des Gehirns, vornehmlich zu einem seiner hinteren, am unteren Rand liegenden Teil, dem Gyrus Fusiformis, der besonders für die Gesichtserkennung zuständig ist. Insgesamt sind eine ganze Reihe von Hirnarealen beteiligt, wie eine Bremer Neurologengruppe um Sebastian Möller ermittelte.[176] Eine kalifornische Studiengruppe um Mirella Dapretto hatte schon im Jahr 2005 die Muster der Gehirnaktivität von autistischen Kindern untersucht, während diese einen Gesichtsausdruck passiv beobachteten oder imitierten. Und sie hatte herausgefunden, dass autistische Kinder in einigen der von uns genannten Bereiche des visuellen Erkennens eine geringere Hirnaktivierung aufwiesen.[177] Zusammenfassend fanden Folgestudien, dass „Gesichter […] für Autisten ein unangenehmer Reiz (sind), der ihr Angstzentrum stark erregt und dem sie deshalb ausweichen.“[178] Die Befunde des fMRI, der funktionellen Magnetresonanztomografie, zeigten deutlich, dass Kinder mit Autismus im inferioren frontalen Gyrus (pars opercularis; s. Glossar) keine sogenannten Spiegelneuronen-Aktivitäten zeigten und sich entsprechend in der sozialen Kommunikation schwer taten. „Das Ausmaß der Aktivierung der Spiegelneuronen entsprach dabei dem Ausmaß der sozialen Beeinträchtigung. Je geringer die Aktivierung war, desto stärker war die Beeinträchtigung der Kinder.“[179]

175 Vgl. Theunissen 2014, 25 (Übersetzung des Autors).

176 Vgl. Sebastian Moeller et al.: Processing Faces in the Macaque Temporal Lobe. In: “Science“ 320, 2008, 1355. DOI: 10.1126/science.1157436, 1355 (2008), p. 320.

177 Dapretto, M.: Understanding emotions in others: mirror neuron dysfunction in children with autism spectrum disorders. In: Nature Neuroscience 9, 2006, 28-30.

178 Vgl. Bild der Wissenschaft 11, 2007, 37.

179 Vgl. Meldung ‚Bedeutung der Spiegelneuronen für Autismus nachgewiesen‘, in: http://www.dr-mueck.de/Wissenschaftsinfos/ Spiegelneurone-Autismus.htm.

Wir werden auf die gestörte Spiegelneuronen-Aktivität autistischer Kinder zurückkommen, halten an dieser Stelle nur fest, dass wesentliche für die soziale Kommunikation notwendige Gestalterkennungskompetenzen so beeinträchtigt sind, dass sich die Betroffenen an allen nur habbaren, wenn auch noch so reduzierten Gestaltmustern wie den synchronen Lippen-Laut-Mustern orientieren. „Für das soziale Miteinander geben Gesichtsausdrücke und Gesten wichtige Informationen: Der Gang verrät eine bekannte Person selbst dann, wenn das Gesicht nicht zu erkennen ist. Ein Lächeln, eine hochgezogene Augenbraue oder eine geschüttelte Faust liefern Hinweise auf den emotionalen Zustand eines Menschen und helfen, dessen nächsten Aktionen abzuschätzen. Schon kurz nach der Geburt lernt ein Kind, diese Bewegungsmuster einzuschätzen. Nicht so bei autistischen Kindern. Frühkindlicher Autismus ist eine Entwicklungsstörung, bei der verschiedene Teile des Gehirns nicht richtig zusammenarbeiten und vor allem die soziale Interaktion mit der Umwelt stark beeinträchtigt ist.

In der Folge kapseln sich autistische Kinder stark von ihrer Umwelt ab. Viele Forscher und Mediziner vermuten, dass bei diesen Kindern die sogenannten Spiegelneuronen nicht genügend aktiviert werden. Diese Neuronen ermöglichen es, andere Menschen nachzuahmen und sich in das Gegenüber hineinzuversetzen“, so ein Bericht von Mascha Schacht über eine Studie der Yale University.[180] Autistische Kinder, so wollen wir festhalten, sind also gehandicapt in der sinnesphysiologischen Entschlüsselung von Objekten, in der Folge gehandicapt in der Entschlüsselung psychosozialer Objektgestalten. Die Betroffenen beachten die *Objektdetails* eher als deren Zusammenhang, was die soziale Kommunikation erschwert. Sie sind kaum in der Lage zu ‚mentalisieren‘, d.h. sich dergestalt in den Anderen hineinzuversetzen, dass sie seine psychische Zuständlichkeit verstehen und sich affekt-regulativ darauf einstellen können.[181]

Autistische Störungen erkennen[182]:

Christine Freitag von der Deutschen Gesellschaft für *Kinder- und Jugendpsychiatrie, Psychosomatik und Psychotherapie (DGKJP)* und Direktorin der Klinik für Psychiatrie, Psychosomatik und Psychotherapie des Kindes und Jugendalters an der Goethe-Universität Frankfurt am Main hat sich insbesondere mit den kommunikativen Störungen autistischer Kinder befasst. Für sie gibt es „viel zu wenig spezielle Frühförderungsangebote“, so die Direktorin der Klinik.

[180] Vgl. Schacht, Mascha: Von Lippen und Lauten, in: Bild der Wissenschaft, 30.3. 2009; Ami Klin, 30.3. 2009, http://www.wissenschaft.de/wissenschaft/news/301980 (abgerufen am 12.3.2014) – Online-Version.

[181] Fonagy, Target 2007, 364 f.

[182] Meldung ddp vom 1. Mai 2008.

Sie möchte autistischen Kindern und Jugendlichen ein möglichst selbständiges Leben ermöglichen und kommunikative Verständigungsmöglichkeiten anbahnen. Mittels der sogenannten angewandten Verhaltensanalyse (ABA - *Applied Behavior Analysis*) versuchen die Therapeuten stark störendes Verhalten schrittweise abzubauen und die Interaktion mit anderen zu verbessern.[183]

Bericht einer Mutter, Dagmar Landsberger, über die gestörte Beziehung zu ihrem Kind: „Natürlich entsteht auch zwischen einem autistischen Kind und seiner Mutter eine Beziehung. Nur das ist zu vergleichen, als ob ein Tanz geschähe, bei dem die beiden Menschen vollkommen unterschiedliche Musik hören. Es wird von außen mit Sicherheit immer skurril aussehen. So hatte mein Sohn das Problem, dass er meine Stimme nicht ertrug. Er ertrug auch nicht nur meine Stimme nicht, er konnte es überhaupt nicht vertragen, wenn man mit ihm sprach. Er schlug einen. Patsch, hatte ich eine im Gesicht. Und dann bin ich natürlich reaktiv stumm geworden. Und dann kam irgendwann mal jemand vorbei und der sagte, es ist doch kein Wunder, dass dein Kind nicht spricht, du redest ja nicht mit deinem Kind."[184]

Folgendes Bild, eher eine flüchtig hingeworfene Skizze, hat Alex, autistisch, dem hier Schreibenden zugeschoben, während er – neben ihm sitzend – gestaltete. Er zeigte mir, dass er die Informationen seiner Umwelt nur schwer verstehen und ihnen gleichermaßen nur schwer ausdrücklich begegnen konnte.

183 Vgl. Hauschild, J.: Autismus-Therapie: Der Weg ins fast normale Leben. In: Spiegel-Online 28.1.2013; http://www.spiegel.de/gesundheit/psychologie/autismus-therapie-der-weg-ins-fast-normale-leben-a-876742.html (aufgerufen am: 18.7.15).

184 Striegl, S., In: Till, U. (2008): „Gefangen im Ich – Die komplizierte Welt der Autisten", SWR2 30.4.2008; vgl. a.a.O.

Abb. 7: Alex malt sich selbst
(Zeichnung: Alex, Foto: K.-H. Menzen).

Das ganze Leid des Autisten wird hier sichtbar. Eine junge autistische Erwachsene, Nicole Schuster, sagt: „Würde sagen, dass ich anders sehe als andere Menschen. Auf der einen Seite sehe ich mehr, weil ich einen sehr guten geschärften Blick für Details habe, auf der anderen Seite fehlt mir oft die Übersicht, und das große Ganze sehe ich dann weniger."[185]

Bram Stieltjes bringt es auf den Punkt, wenn er sagt, die Reizverarbeitung des Menschen mit Autismus sei nicht eingebettet in ihren Kontext: „Viele Studien zeigen ja einzelne Areale, die irgendwie gestört sind. Aber das Kernproblem ist Integration, also wie werden all diese Stimuli integriert. Das heißt, wie funktioniert ein ganzes Netzwerk. Und wir versuchen eigentlich die Verknüpfung von diesen vielen einzelnen Arealen miteinander zu prüfen und zu zeigen, dass dieses Netzwerk nicht funktioniert. Und dass dadurch auch die funktionalen Areale gar nicht so ausreifen können wie bei Gesunden. Das scheinen auch die Studien von Professorin Kerstin Konrad zu belegen, sie leitet die Arbeitsgruppe Klinische

[185] Vgl. Dok. Youtube/O-Ton N. Schuster, in: „Von einem anderen Stern"; vgl.: http://www.youtube.com/ watch?v=AtmfFVwyUak (abgerufen am 31.3.2015).

Neuropsychologie am Uniklinikum Aachen und setzt ebenfalls MRT-Aufnahmen zur Untersuchung autistischer Störungen ein. Ihre Tests haben gezeigt, dass Autisten sich viel stärker auf Details konzentrieren als andere Kinder – sie sehen gewissermaßen den Wald vor lauter Bäumen nicht. Die *Theorie der schwachen zentralen Kohärenz* geht ja davon aus, dass Autismus u. a. dadurch charakterisiert ist, dass Reize einzelheitlich verarbeitet werden und quasi nicht eingebettet werden in einen Kontext. Also, dass bei bestimmten Aufgaben jeder Reiz einzeln verarbeitet wird und dadurch globale Gestalten schlechter beim Autismus verarbeitet werden, was dann z. B. auch Auswirkungen hat auf Gesichterverarbeitung oder ähnliches.“[186]

2.2.2.2.2 Was ist die eigentliche Ursache des Autismus?

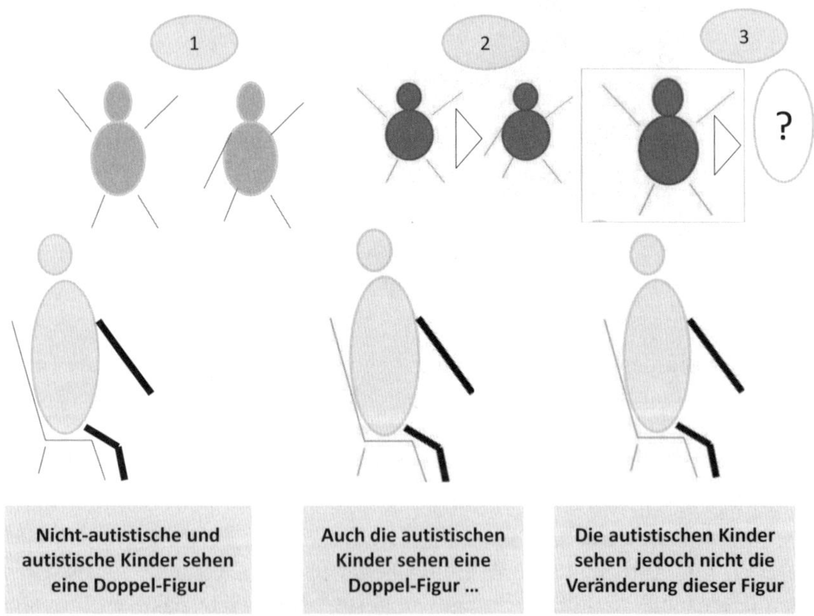

Abb. 8: Wahrnehmung nicht-autistischer Kinder und autistischer Kinder (Schema: K.-H. Menzen).

[186] Bram Stieltjes, vgl. http://www.zi-mannheim.de/60.html; http://pub.uni-bielefeld.de/publication/2303701; Bruning 2006, 67 f. (Herv.v.m.; abgerufen am 3.2.2013).

Erklärung: Autistische und nicht-autistische Kinder sehen gleichermaßen verschiedene Figuren. Autistische Kinder tun sich aber schwer, einen Kontext zwischen beiden Figuren herzustellen. Während nicht-autistische Kinder diese aufeinander beziehen, verharren autistische Kinder bei den zuerst gesehenen Figuren.

Deutungsversuch: Aufgrund einer Dysbalance zwischen den Neurotransmittern Glutamat und GABA an den informationsverarbeitenden Synapsen, sowie durch die fehlende bzw. gestörte Protein-Bündelung der Neurexine und der Neuroligine wie durch das postsynaptisch gestörte Protein Shank, kommt es zu einem Informationsdesaster.[187]

Wenn Nervenzellen im Gehirn aufgrund des genetisch mutierten Gens SHANK2 in ihrer Kommunikation mit anderen Nervenzellen gestört sind, verlieren sie die Fähigkeit, sich zu vernetzen und bilden weniger Kontaktstellen für andere Nervenzellen aus. Entsprechend sind sie weniger empfänglich für die Botenstoffe ihrer benachbarten Zellen. „Die Signalübertragung zwischen den einzelnen Neuronen kann deshalb deutlich beeinträchtigt sein", sagt Gudrun Rappold, Direktorin der Abteilung Molekulare Humangenetik am Universitätsklinikum Heidelberg. Sie verweist auf das SHANK2-Protein, das eine entscheidende Rolle bei der Signalweitergabe zwischen den Nervenzellen spielt und verschiedene mentale Beeinträchtigungen verursacht: „Veränderungen in ein und demselben Gen können zu ganz unterschiedlichen neurobiologischen Erkrankungen wie Autismus und Schizophrenie oder zu geistiger Behinderung führen."[188] „Einige der Genvarianten stellen Risikofaktoren dar", erklärt Humangenetikerin Rappold.[189]

187 Vgl. Stephen Scherer, zit. in Abb. „Gestörte Verbindung", in: Bild der Wissenschaft 11, 2007, 38, Abb.-Untertext: „... Neurexin und Neuroligin, die sowohl in erregenden als auch in hemmenden Synapsen eine entscheidende Rolle spielen. Sie sorgen dafür, dass Botenstoffe wie Glutamat und GABA von der präsynaptischen zur postsynaptischen Seite korrekt übertragen werden... Wenn nämlich die Synapsen nicht normal funktionieren, kann die Balance zwischen Hemmung und Erregung im gesamten Gehirn gestört sein."

188 Pressemitteilung der Universität Heidelberg vom 9.1.2015; vgl. https://www.klinikum.uni-heidelberg.de/pressemitteilungen.136514.0.html?ifab_modus=detail&ifab_id=5116; als idw-Nachricht am 11.1.2015 veröffentlicht (abgerufen am 11.1.2015).

189 Rappold 2015, ebd.

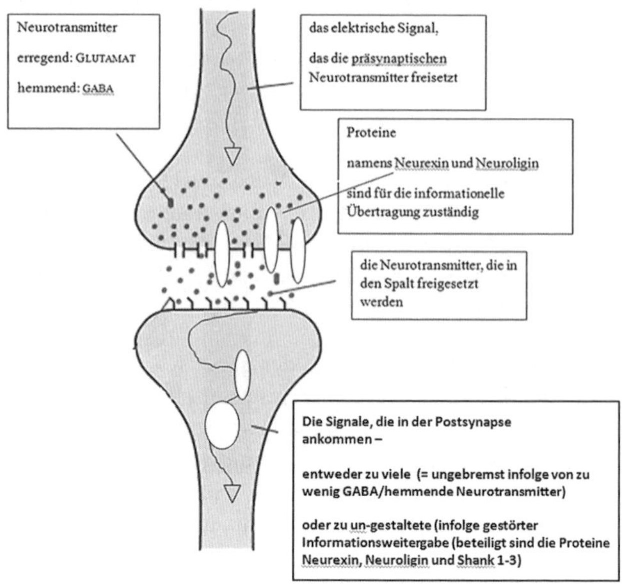

Abb. 9: Synaptische Informationsweitergabe
(Schema: K.-H. Menzen).

Ergänzende Erklärung zur Graphik:

Stäbchen zwischen den Synapsen = Neuroligine und Neurexine = Proteine mit informationsbündelnder Funktion.[190] Deren Fähigkeit, die Bildung von neuen Synapsen zu initiieren, hängt von der intakten Bindung zwischen ihnen ab. Wenn diese nicht zustande kommt (wie bei dem Mensch mit Autismus nachgewiesen), kommen infolge der Vielzahl der Informationen (Signale) keine Gestalten, kommen keine Bilder, keine konnektiven, d.h. zusammenhängenden Informationen zustande.

Wir sehen in der Graphik, wie die Informationsweitergabe durch erregende (Glutamat) und hemmende (Gaba) Neurotransmitter geregelt wird. Stephen Scherer von der Kinderklinik in Toronto hat im autistischen Störfall ermittelt, dass die synaptische Übertragung der Information nur dann ungestört verläuft, wenn erregende (glutamerge) und hemmende (GABA-erge) Neurotransmitter

[190] Vgl. Bild der Wissenschaft 11, 2007, 38; vgl. http://campus.uni-muenster.de/anatomie1-forschung20.html: „Der transsynaptische Neurexin/Neuroligin Komplex: Rolle in der Regulation von Neurotransmission" (abgerufen am 3.4.2015).

sich in Balance befinden. Er hat ermittelt, dass nur in diesem Fall die Proteine Neurexin und Neuroligin von Aminosäuren wie ein Sandwich ummantelt werden und die Verbindung beider zustande kommt.[191]

Wenn das Verhältnis beider Transmitter aus dem Gleichgewicht ist, ist die Gestaltbildung (unverzerrte Einheit der Information), ist das Verhältnis der speziell dafür zuständigen Proteine gestört (prä- und zwischensynaptisch: Neurexin-, Neuroligin-, postsynaptisch: Shank-Protein). Infolge misslingt die Gestaltbildung (Gestalten/Bildern) und der Mensch mit Autismus kommt nur zu einem verzerrten und ihn, da unverständlich, erregenden Bild.

Ein neues Forschungsergebnis ergänzt den bisherigen Wissensstand: Die Proteine namens SHANK 1-3, zuständig für die Ausbildung und Vernetzung von Nervenreizweiterleitungen (Dendriten), sind aufgrund genetischer Veränderungen (Mutationen) nach neuen Forschungen beim autistischen Menschen nicht funktionsfähig. Ihre genetische Verfassung ist solchermassen defekt, dass Zellen weniger rezeptive Kontaktstellen für andere Zellen, sprich: mögliche Informationen, ausbilden und weniger empfänglich für die Signalbotenstoffe ihrer Nachbarzellen sind.[192] Wiederholt bestätigt sich die Diagnose, nunmehr spezifischer: Autismus ist eine Störung im Vorgang der Weiterleitung und Verarbeitung von Information.

Nach den Hinweisen von E. Duketis wissen wir, dass die genetische Erklärung angesichts der „Ausprägung überwältigender sensorischer Phänomene“[193] nicht ausgeblendet werden darf: Bei einigen Familien konnten die Wissenschaftler, wie beispielsweise die Forschergruppe um G. Rappold, einzelne Gene isolieren, die als Auslöser für den Autismus in Frage kommen. Möglicherweise findet sich hier auch ein Hinweis darauf, warum Autismus etwa *viermal so häufig bei Jungen* vorkommt wie bei Mädchen: Da Jungen im Gegensatz zu Mädchen nur X-Chromosome besitzen, sind sie für Genmutationen auf diesem Chromosom besonders anfällig.[194] Wir reden über Gene, die Proteine kodieren, die dafür verantwortlich sind, dass im Gehirn zwischen den Nervenzellen sprich: an den Synapsen Verschaltungen geschehen, die die Gestalt- bzw. Bildwerdung ermöglichen.

[191] Vgl.http://www.aerzteblatt.de/nachrichten/27559/Autismus-Genetische-Stoerungen-in-Glutamat-Neuronen (abgerufen am 3.4.2015)

[192] Gudrun Rappold, Direktorin der Abteilung Molekulare Humangenetik am Universitätsklinikum Heidelberg, vgl. Informationsdienst der Wissenschaft (idw), 11.1.2015; siehe Anm. 168.

[193] Strauss 2009, 10.

[194] http://www.aerzteblatt.de/nachrichten/27559/Autismus-Genetische-Stoerungen-in-Glutamat-Neuronen (Beitrag, in: Ärzteblatt, 20. Februar 2007; abgerufen am 3.4.2015).

Nachweis für die Hypothese: Eine solche verschaltungsverantwortende Genmutation hat man auf dem X-Chromosom gefunden.[195] Die in der obigen Abbildung gekennzeichneten *Neurologi*ne-Neurexine-Shank-Proteine rücken in der derzeitigen Forschung in den Focus allerersten Interesses. E. Duketis (2011) bringt Gen-Protein-Störung und fehlende Kohärenz bei der Gestalt-/Bild-Erkenntnis in einen Zusammenhang.

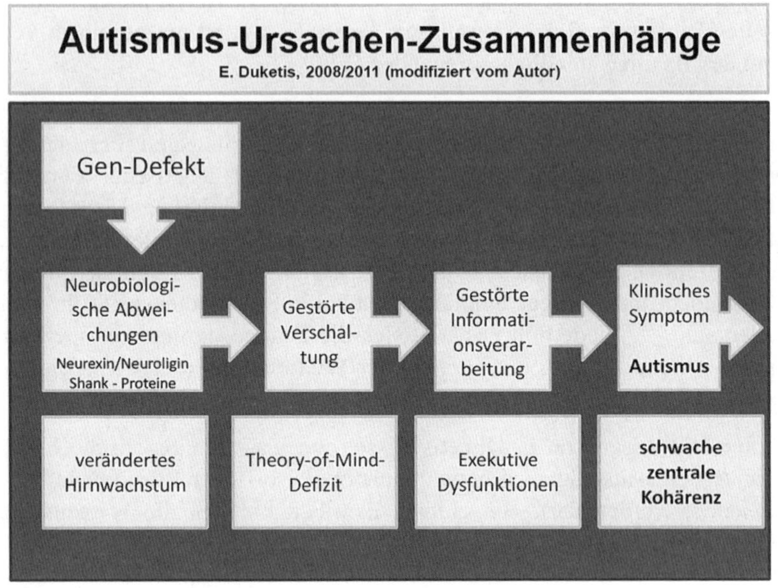

Abb. 10: Autismus-Ursachen-Zusammenhänge
(Vgl. Duketis 2011[196], modifiziert K.-H. Menzen).

In ihrer Dissertation „Zur Metapsychologie des Autismus. Minus Projektive Identifizierung (-PI) als autistische Kommunikationsform" hat L.V. Strauss (2009) die psychoanalytische Begründung beigefügt: „Eine überstark diskriminierende Wahrnehmung (verhindert) die Entstehung generalisierter Kategorien", sagt sie und erläutert: Diese Kinder „versagen bei der Aufgabe, das Musterprinzip auf leicht veränderte Musterbilder zu übertragen"[197] und sind infolge unfähig, „durch projektiv-identifikatorische Phänomene eine Vorstellung der psychischen

195 Vgl. Bild der Wissenschaft 11, 2007, 37.

196 E. Duketis (2011); vgl. www.kgude/zpsy/kinderpsychiatrie (abgerufen am 3.1.2014).

197 Strauss 2009, 8.

Existenz und psychischen Konfiguration des anderen und sich selber zu entwickeln."[198]

Isabel Dziobek und Sven Bölte (2011)[199] haben die fehlende Kohärenz und Konnektivität der Wahrnehmungselemente schon vor Jahren in ihrem Beitrag zu den neuropsychologischen Modellen von Autismus-Spektrum-Störungen festgestellt, und zusammengefasst: „Als übergeordnetes neurales Erklärungsmodell scheint sich verringerte Konnektivität rekrutierter kortikaler Netzwerke gegen das Konzept einzelner betroffener Gehirnareale durchzusetzen."[200]

Die autistische Beeinträchtigung, zu dekontextualisieren, – aus salutogenetischer Sicht

Was bislang eher als Einschränkung des Menschen mit Autismus erschien, hat eine durchaus brauchbare Seite: Die Softwarefirma SAP hat es erkannt. Sie beabsichtigt, ein Prozent ihrer Mitarbeiter einzustellen, die als autistisch gelten. Und hat von den Erfahrungen der Firma AUTICON gelernt, die für IT-Firmen tätig ist und seit 2012 Menschen mit Autismus einstellt. Ihr Beispiel könnte Schule machen: Matthias Dalferth von der Universität Regensburg schätzt, dass statt der bisher 20 Prozent auf dem Markt in dieser Gruppe von Betroffenen Beschäftigten die dreifache Zahl angestellt werden könnte.[201] Er wird betätigt von Friedrich Nolte, dem Fachreferent im Bundesverband zur Förderung von Menschen mit Autismus: „Der IT-Bereich ist ein großes Arbeitsgebiet für Autisten", sagt er und erläutert: Detailgenauigkeit, Akribie, ein Gedächtnis, das außergewöhnlich ist, auch eine besondere Fähigkeit des logischen Denkens, – das seien Vorzüge, die im IT-Bereich besonders verlangt würden. Das hat die Firma SAP erkannt und seit 2011 in ihrem Entwicklungslabor in Bangalore Menschen mit Autismus beschäftigt. Das einzige, was die so auf dem Software-Markt Eingesetzten benötigten, sei „eine genaue Tagesstruktur, klare Abläufe, klare sprachliche Vorgaben", sagt Matthias Dalferth.[202] Und das, was diese Gruppe eher beinträchtige, seien Doppelbotschaften, kontextuell nicht immer leicht zu

198 Ebd., 2009, 10.

199 Isabel Dziobek und Sven Bölte (2010): Neuropsychologische Modelle von Autismus-Spektrum-Störungen. Behaviorale Evidenz und neuro-funktionale Korrelate. In: Zeitschrift für Kinder- und Jugendpsychiatrie und Psychotherapie 39 (2) 2011, 79-90. DOI: http://dx.doi.org/10.1024/1422-4917/a000094.

200 Ebd., 79, zit. aus dem vorangestellten Abstract.

201 Vgl. Tauber, A.: IT-Bereich ist ein großes Arbeitsgebiet für Autisten. In: Die Welt, 21.5.2013; vgl. Online-Ausgabe: http://www.welt.de/wirtschaft/ article116386924/ IT-Bereich-ist-ein-grosses-Arbeitsgebiet-fuer-Autisten.html (abgerufen am 15.3.2016.

202 Ebd.

entschlüsselnde ironische, sarkastische, implizit-kommunikative Anmerkungen, ergänzt die Beauftragte der Firma SAP, Anka Wittenberg.[203]

Wir haben gelernt, dass die kognitive und verhaltenskommunikative Einschränkung von Menschen mit Autismus durchaus salutogenetisch betrachtet werden kann. Das salutogenetische Modell von Aaron Antonovsky sucht seit 1970 den Blick der professionellen Helfer auf den Umstand zu lenken, dass Symptome sich über alle eingeengten Blickstellungen hinaus immer auch unter heilsamen Aspekten gelesen werden können (lat. *salus* – Gesundheit) und durchaus der Wiedereingliederung in die Gesellschaft dienlich sein können

An dieser Stelle der Diskussion scheinen die Forschungsergebnisse von Antonia F. de C. Hamilton et al. vom University College London (2013; 2016)[204] relevant, die die bisherigen Resultate der Autismus-Forschung im Hinblick auf die Kompetenzen des Menschen mit Autismus hinterfragen und die bisherigen Forschungsaussagen zu korrigieren imstande sind, – welche pauschal das sich-Hineinversetzen des Menschen mit Autismus in die ihm gestellten kognitiven, emotionalen und sozialen Anforderungen des täglichen Lebens infrage stellen. – Wir wollen noch einmal kurz die wesentlichen bisherigen Einsichten zur Autismus-Spektrum-Störung zusammenfassen:

Zusammenfassung:

Menschen mit Autismus, darunter viermal häufiger betroffen Jungen, haben offensichtlich eine Störung in ihrer genetisch-verantworteten Protein-Produktion. Die Proteine, die hier diskutiert werden, heißen Neuroligine, Neurexine und SHANK 1-3. Sie sind verantwortlich für die Gestalt-Bildung und deren Bündelung, d.h. für die Synchronisierung der Wahrnehmungselemente und deren informative Weitergabe. Im Falle gehäufter Sinnes- und Wahrnehmungsinformationen, also einer Transmitterüberflutung mit Glutamat, sind in der Folge die für die Signalweitergabe zuständigen Synapsen und deren Proteine, ebenso das körpereigen hemmende Transmittersystem GABA überfordert. In einem solchen Fall von Überforderung bedürfen Menschen mit Autismus der Förderung, die vor allem die Synthetisierung und Synchronisierung der Informationen zur Aufgabe hat.

[203] Vgl. Badische Zeitung, 23.5.2013, S. 20.

[204] Pearson, A., Marsh, L., Ropar, D., Hamilton, A. (2016). Cognitive Mechanisms underlying visual perspective taking in typical and ASC children. *Autism Research*, 9 (1), 121-130. doi:10.1002/aur.1501; Hamilton, A.F. (2013). Reflecting on the mirror neuron system in autism: a systematic review of current theories. *Developmental Cognitive Neuroscience*, 3 (1), 91-105. doi:10.1016/j.dcn.2012.09.008.

Exkurs: Autismus und Spiegelneuronen

Gibt es Fähigkeiten, so wollen wir im Hinblick auf den Menschen im Autismus-Spektrum fragen, mit denen wir normalerweise von Geburt an ausgestattet sind? Säuglingsforscher haben in Experimenten gezeigt, „dass ein neugeborener Säugling bereits am ersten Tag seines Lebens – relativ kurz nach der Geburt – das Ausdrucksverhalten im Gesicht des Gegenübers nachahmen kann. Es braucht dazu ziemlich lange Zeit (lacht), guckt sehr genau hin, er bemüht sich sehr stark es wirklich zu schaffen, als ob da eine innere Motivation dahinter wäre und es schafft es haargenau! Das ist was ganz Faszinierendes.“[205]

Die Säuglingsforscherin erklärt, wie das neugeborene Kind noch nicht gut sieht, wie es die Signale seiner direkten Umgebung erst lernen muss zu verstehen. Sie macht verstehbar, wie die Handlungsneuronen der prämotorischen Hirnrinde die Bewegungsneuronen des motorischen Steuerzentrums anregen, innervieren müssen; wie wir des anderen Menschen, eine Bezugsperson benötigen, die uns die lebensnotwendigen Sequenzen des Handelns vorstellen, um diese nachzuvollziehen, sozusagen ein Handlungs- als „Simulationsprogramm“, das im Falle des Gestreichelt-Werdens die damit einhergehenden muskulären Verschaltungen der Hand- oder der Mundmuskeln sichtbar konnotiert.[206] In der Bescheibung Joachim Bauers „bilden die Handlungsneurone einen gemeinsamen intersubjektiven Handlungs- und Bedeutungsraum.“[207]

Papousek verstärkt uns in der eingangs eher hypothetisch angedachten Behauptung, die sich durch das gesamte hier Vorliegende zieht: Neuronale und emotionale Entwicklung wie deren Störung bedingen ggfs. einander. Die Säuglingsforscherin macht seit vielen Jahren darauf aufmerksam, dass die vor fast 15 Jahren ansetzende Forschung der Spiegelneuronen sich nicht nur auf die Handlungs-, sondern folgend auf die Spür-, Empfindungs- und Fühlneuronen bezog. So entdeckte 1999 der Neuroforscher William Hutchison von der Universität Toronto vor einer Hirnoperation, was vor ihm 1992 die beiden Neurologen Giovanni Rizzolatti und Vittorio Gallese von der Universität Parma herausgefunden und von ihren Forschungsobjekten, Makaken, auf den Menschen hypothetisch übertragen hatten: Auch wir Menschen haben Zellen, die die beobachtete Reaktionen des Handelns, Empfindens und Fühlens in ihrem alltagsszenarisch mehrdeutigem

205 Zitat aus einem Interview mit M. Papousek; vgl. Cajo Kutzbac (2007): Das Phänomen der Empathie. Warum Mitfühlen lebensnotwendig ist; in: http://www.deutschlandfunk.de/das-phaenomen-der-empathie.1148.de.html?dram:empathie.1148.de.html?dram:article_id=179978 (abgerufen am: 2.2.2015).

206 Bauer 2005, 25.

207 Bauer 2005, 31.

Kontext[208] widerspiegeln und lernend zu vereindeutigen suchen. Hutchisons Patientin hatte einige feine Elektroden in ihrem vorderen Großhirn. In einem Test stach der Forscher der Patientin in den Finger, woraufhin sich eines der Neuronen regte, als sei sie eine Zelle, die Schmerz registriert. Dann stach sich Hutchison vor den Augen der Patientin selbst eine Nadel in die Haut, und auch jetzt feuerte die Zelle im Kopf der Frau. Es war, als wäre der Schmerz des Mannes zu ihrem Schmerz geworden.[209]

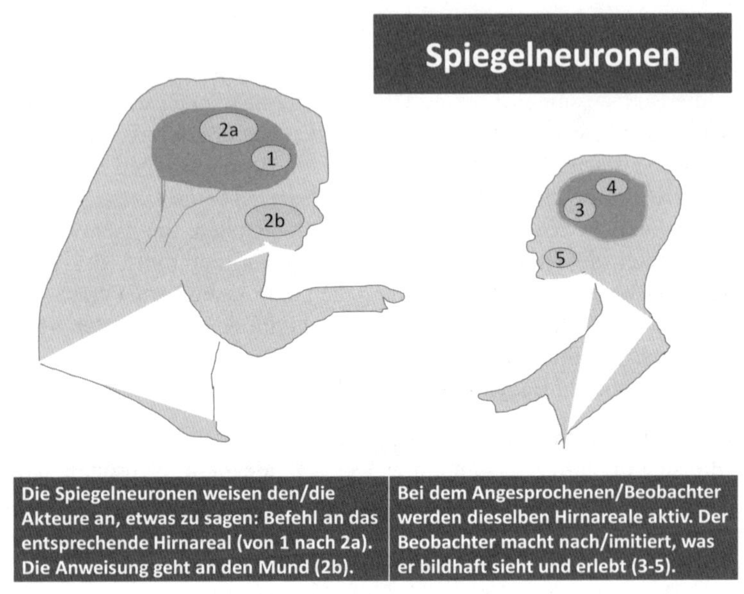

Abb. 11: Funktion der Spiegelneuronen.[210]
(Schema: K.-H. Menzen).

Hutchison entdeckte, dass zu den zentralen Funktionen der Spiegelzellen gehört, das zu reflektieren, was in unseren Mitmenschen vor sich geht. Sobald wir sehen, wie jemand nach etwas greift, Schmerzen hat oder lacht, werden jene Areale in unserem Kopf aktiv, die normalerweise feuern, wenn wir selbst nach etwas greifen, Schmerzen spüren oder lachen: Wir teilen das, was unseren Mitmenschen

[208] Vgl. Bauer 2005, 33.

[209] Vgl. Bauer 2005, 47f.

[210] Vgl. http://www.individuatio.de/resonanzphanomene/ (abgerufen am 2.3.2015; leicht modifiziert v. Verf.).

passiert, ganz unmittelbar, indem wir es in unserem Kopf simulieren, so die Behauptung. Der Psychoneuroimmunologe Joachim Bauer begründet in diesem unmittelbaren Verstehen das, was „es uns ermöglicht, die Gefühle, Handlungen und Absichten anderer intuitiv zu verstehen".[211] Diese Fähigkeit zur sog. *Theory of Mind*, zum „Zugang zum gemeinsamen Bedeutungs- und Resonanzraum"[212], ist nach Bauer bei autistischen Kindern „stark beeinträchtigt".[213]

Gegen diese Behauptung erhebt sich Widerspruch: Nach 15 Jahren einschlägiger neurologischer Forschung ist der Zusammenhang von motorisch-, sinnesempfindungs- und gefühls-dekodierenden Spiegelneuronen noch nicht eindeutig geklärt.[214] Zwar wurden in den letzten Jahren immer wieder dieser Zusammenhang untersucht[215], aber letztlich von C. Lamm und J. Majdandžić (2015; vgl. Anm. 218) als eher hypothetisch angenommen. Die Forschungen von Christian Keysers und Valeria Gazzola (Groningen) widersprachen seit 2007 mit dem Hinweis auf die unterschiedliche Ausgangsbasis der Untersuchungen: „Investigations of brain substrates for social cognition have polarized in two camps. The simulation camp focuses on socalled shared circuits (SCs) that are involved in one's own actions, sensations and emotions and in perceiving those of others. The theory of mind (ToM) camp emphasizes the role of midline structures in mentalizing about the states of others. Scientific energy has often flown into fruitless arguments about which camp is closer to the truth […]"[216] Seit Keysers und Gazzolas (2007) Hinweis auf die zwei möglichen Ausgangspunkte der Betrachtung und Erklärungsansätze des Spiegelvorgangs (in der englischen Version: *empathy = to tune into another's thoughts and feelings*), einerseits auf die neuronal deckungsgleichen Verknüpfungen der beteiligten Hirnstrukturen von Beobachter und Beobachtetem, andererseits auf eine massgebliche Rolle bestimmter Hirnstrukturen in dem Vorgang des Sich-in-den Anderen-Hineinversetzens, schien keine Einigung in Sicht.

211 Bauer 2005, 15.

212 Bauer 2005, 16.

213 Bauer 2005, 73.

214 Vgl. Lamm, C., Majdandžić, J.: The role of shared neural activations, mirror neurons, and morality in empathy - A critical comment. In: Neuroscience research. Band 90C, Januar 2015, S. 15-24.

215 Vgl. Jackel, B. (2007): Auch Sprache ist Bewegung. In neurodidaktischen Settings über Sprechen, Bewegen und Musizieren die Plastizität von Kindergehirnen zur Entfaltung bringen. In: http://www.birgit-jackel.de/kongresse/fellbach2007/text01.html (abgerufen: 2.2.2013).

216 Keysers, C. and Gazzola V., Integrating simulation and theory of mind: from self to social cognition, Trends Cogn. Sci. (2007), doi: 10.1016/j.tics.2007.02.002, p.2.

Die bislang unumstrittene Hypothese lautete:

Handlungsneuronen finden wir im prämotorischen Cortex. Sie repräsentieren ein komplettes, erfahrungserworbenes Handlungsprogramm im motorischen Cortex und versetzen uns in die Möglichkeit, andere Handlungsprogramme zu verstehen.

Die bislang umstrittene Hypothese hiess:

Gefühlsneuronen geben nicht nur unsere eigenen Gefühlslagen wieder, unsere Grundstimmungen, sie versetzen uns in die Möglichkeit der Erkennung der Gefühlslagen Anderer, lassen uns empathisch sein. Hierbei übertragen sich die mimischen, gestischen Ausdrücke, auch die damit verbundenen Gefühle von einem Menschen auf einen anderen. Diese werden auch in der Gefühlsübertragung von TherapeutIn hin zu PatientIn und umgekehrt erlebt.

Die folgende, inkludierte Hypothese hiess:

Die *Empfindungs- oder Spürneuronen* im unteren Scheitellappen (inferiorer parietaler Assoziationscortex) speichern Empfindungen des Körpers ab (= Spürinformationen), wie sie in all unseren Handlungen entstehen, und sie lassen auch die Empfindungen der von uns beobachteten Menschen bei deren Handlungen gewahr werden. Wenn man erlebt, wie es sich anfühlt, sich den Kopf anzustoßen, kann man dieses beobachtete Leiden buchstäblich mitfühlen. Christian Keysers und Valeria Gazzola vom Neuro Imaging Center der Universität Groningen nahmen in der Auseinandersetzung einen entschiedenen Standpunkt ein: „Shared circuits for actions, sensations and emotions [...] the different shared circuits [...] work in concert.“[217] (390f.) Aber sie differenzierten hinsichtlich der Gewichtung der Handlungs-, Empfindungs- und Fühl-Spiegelneuronen, wie wir weiter unten sehen werden.

Drei Feststellungen: Spiegelneuronen und Autismus

1. Die Forschungen Rizzolattis und Sinigaglias haben gezeigt, dass Spiegelneuronen uns die Handlungsabsichten in ihren Kontexten verstehen lassen: Sie haben gezeigt, dass „Spiegelneurone [...] auf die Beobachtungen von Handlungen des Experimentators reagieren“[218], nicht nur auf das *was* einer *Handlung*, sondern auch auf das *warum* der Handlung, und damit auf die Handlung, die erwartungsgemäß folgen wird.[219]

[217] Christian Keysers and Valeria Gazzola: Towards a unifying neural theory of social cognition. In: Anders, Ende, Junghöfer, Kissler & Wildgruber (Eds.) Progress in Brain Research , Vol. 156, Chapter 21, 379 – 401, hier: 390f.

[218] Giacomo Rizzolatti und Corrado Sinigaglia, 2008, 109f.

[219] Ebd.

Das Verstehen der Intentionen des Gegenübers ist einerseits ein wichtiger kognitiver Bestandteil der Empathie. Ein anderer Aspekt der Empathie ist aber deren emotionale Qualität, wie D. Carr (2003) gezeigt hat.[220] In den letzetn 10 Jahren der Forschung ging es immer wieder um die Gewichtung des Kognitiven und Emotionalen in diesem Vorgang von Empathie. Das Wissenschaftsteam um Christian Keysers und Valeria Gazzola des Neuro Imaging Center der Universität Groningen, Niederlande, nahm sich besonders der Zusammenarbeit der Handlungs-, Sinnesempfindungs- und Gefühls-Netzwerke unseres Gehirns an und hat, wie der Leiter des Teams, Christian Keyser in seinem Buch ‚The Empathic Brain' (2011, 161f.) im Anklang an Dapretto et al. (2006) beschrieb, betont, dass die niedrige Aktivität der Spiegelneuronen manchen sozialen Defiziten von Autisten zugrunde liegen könnte.[221] Dapretto et al. (2006) sprachen von „lower scores in autism inventories"[222] Sie resumierten: „children with autism showed no mirror neuron activity in the inferior frontal gyrus (pars opercularis). Notably, activity in this area was inversely related to symptom severity in the social domain, suggesting that a dysfunctional ‚mirror neuron system' may underlie the social deficits observed in autism."[223] Isabel Dziobek et al. von der Max-Planck-Gesellschaft für Bildungsforschung Berlin haben hingegen in ihren Untersuchungen zur Differenzierung kognitiver und affektiver Empathie bei Menschen im Autismus-Spektrum Hinweise dafür gefunden, dass Menschen mit AS zwar beeinträchtigt sind im Einschätzen von mentalen Zuständen (kognitive Empathie), jedoch über ein ähnliches Maß an Mitgefühl (emotionale Empathie) verfügen wie Normalprobanden.[224] – Festzustellen bleibt, dass die wissenschaftlichen Ergebnisse nicht zur Deckung kommen hinsichtlich der kognitiven und emotionalen Beeinträchtigungen. Mirko Uljarevic und Antonia

[220] Carr, D. (2003). Effects of exemplar training in exclusion responding on auditory-visual discrimination tasks with children with autism. *Journal of Applied Behavior Analysis, 36*, 507-524.

[221] Vgl. Christian Keysers, Valeria Gazzola: Towards a unifying neural theory of social cognition. In: Anders, Ende, Junghöfer, Kissler & Wildgruber (Eds.) Progress in Brain Research , Vol. 156, Chapter 21, 379-401, hier: 390f.; Christian Keyser (2011): The Empathic Brain, Kindle-E., S. 161 f. (Chapter 9: Autism and Missunderstandings).

[222] Dapretto, M. et al. (2006) Understanding emotions in others: mirror neuron dysfunction in children with autism spectrum disorders. Nat. Neurosci. 9, 28f.

[223] Mirella Dapretto, Mari S Davies, Jennifer H Pfeifer, Ashley A Scott, Marian Sigman, Susan Y Bookheimer, and Marco Iacobon: Understanding emotions in others: mirror neuron dysfunction in children with autism spectrum disorders. Nat Neurosci. 2006 Jan; 9(1): 28-30 Published online 2005 Dec 4. doi: 10.1038/nn1611, p.28.

[224] Moore RC, Dev SI, Jeste DV, Dziobek I, Eyler LT. Distinct neural correlates of emotional and cognitive empathy in older adults. Psychiatry Research 2015, 232(1):42-50.

Hamilton gelangen zu dem Ergebnis: „Determining the integrity of emotion recognition in autistic spectrum disorder is important to our theoretical understanding of autism […] Previous studies have reported both positive and negative results.“[225]

Eine internationale Studiengruppe an der Universität Wien (2016) hat eine Studie vorgestellt, die möglicherweise zur Klärung beiträgt: Die AutorInnen konnten an den von ihnen untersuchten Menschen mit autistischen Beeinträchtigungen zwei unterschiedliche Facetten autistischer Persönlichkeit aufzeigen, die entgegengesetzte Tendenzen aufweisen und sich daher gegenseitig aufheben. Eine ist Autismus an sich, welcher mit erhöhtem selbstbezogenen Distress assoziiert ist, und AutistInnen dazu veranlasst, sich aus stressbeladenen sozialen Situationen zurückzuziehen. Daraus resultiert die Verweigerung, ein für andere Personen schädigendes Verhalten an den Tag zu legen, selbst wenn dies zu einem besseren Ergebnis für die Allgemeinheit führen würde.

Die andere, vernachlässigte Facette autistischer Persönlichkeit ist die *Alexithymie*. Alexithymie wird auch als Gefühlsblindheit bezeichnet, Sie ist mit verringerter Empathie verbunden und äußerte sich dadurch, ein für andere Personen schädigendes Verhalten zugunsten eines nutzen-maximierenden Ergebnisses an den Tag zu legen. „Es scheint fast, als ob diese zwei Subdimensionen der autistischen Persönlichkeit auf einer Wippe säßen und aufeinander entgegen wirkende Kräfte ausübten. Das endgültige moralische Urteil von AutistInnen hängt von der Balance dieser zwei ‚Gegenspieler' ab“, erklärt Indrajeet Patil von der SISSA (International School for Advanced Studies) Triest.[226] Bleibt nach Sichtung der bisher vorliegenden Studien die Feststellung, dass – wie schon Carr (2003) gezeigt hat – Menschen im Autismus-Spektrum ggfs. Schwierigkeiten in der Verarbeitung und Abwägung kognitiver und emotiver Hinsichten zeigen.

2. Antonia F. de C. Hamilton et al. vom University College London (2016) haben in einem Übersichtsartikel 25 Studien zu dem Thema untersucht und sind zu einem, die Forschungen Isabel Dziobeks et al. nur teilweise bestätigendem, Ergebnis gekommen: dass alles in allem wenig für eine *allgemeine*

[225] Antonia Hamilton, Mirko Uljarevic. Recognition of Emotions in Autism: A Formal Meta-Analysis. J Autism Dev Disord DOI 10.1007/s10803-012-1695-5.

[226] Indrajeet Patil, Jens Melsbach, Kristina Hennig-Fast, & Giorgia Silani (2016). Divergent roles of autistic and alexithymic traits in utilitarian moral judgments in adults with autism. Scientific Reports, 6:23637. Online veröffentlicht am 29. März 2016. DOI 10. 1038/srep23637

Fehlfunktion des Spiegelsystems bei Autismus spricht.[227] Sie kommen zu dem Ergebnis, dass „individuals with autism spectrum disorders show general emotion recognition deficits. We examined 48 studies testing over 930 participants with autism, and found evidence of a large negative effect size (0.80) indicating that there is indeed a general impairment in emotion recognition in individuals with ASC.“[228] Sie widersprechen hiermit Isabel Dziobeks von der Max-Planck-Gesellschaft Berlin, die in ihrem Tätigkeitsbericht (2008) anführt: „Obwohl systematische Untersuchungen bislang fehlen, gilt ein Mangel an Empathie als zentrales Merkmal der Autismus-Spektrumserkrankungen. Mithilfe eines neuen fotobasierten Tests konnte gezeigt werden, dass Menschen mit Autismus in ihrer kognitiven, jedoch nicht in ihrer emotionalen Empathie eingeschränkt sind.“ sind.“[229]

3. Die von einigen Autoren wie J. Bauer (2005) angenommene Beeinträchtigung der Fühl-Spiegelneuronen scheint es nicht nur zu erschweren, Handlungskontexte in ihrem sozialen und emotional-erlebnishaften Zusammenhang zu verstehen: Bauer merkt an, dass „bereits in zweiten Lebensjahr […] autistische Kinder eine verminderte Fähigkeit“ aufweisen. „sich in die Sicht und Lage anderer zu versetzen.“[230] Dies haben autistische Personen mit normaler oder überdurchschnittlicher Intelligenz bestätigt und uns Angaben gemacht über ihr Erleben. Wir erhalten so eine Vorstellung, wie sich eine Unterfunktion des Spiegelneuronensystems auf das Erleben auswirkt. Die Hochschullehrerin Temple Grandin hat im Gespräch mit Oliver Sacks eindrücklich berichtet, wie sie gelernt hat, andere Personen zu verstehen.[231] Als sie jung war, konnte sie kaum die einfachsten Emotionen anderer deuten. Sie hat sich über die Jahre gewissermaßen eine Bibliothek von Erfahrungen angeeignet. Diese *Erfahrungen* seien *wie Videotapes*, wie sich Leute in bestimmten Situationen verhalten, sagt sie. Mit Hilfe ihrer Videotapes konnte sie mit der Zeit solche Emotionen dekodieren. Sie bezeichnet das als eine Art logischen *Prozess, bei dem sie nichts fühlt*. Ohne diese psychosoziale *Bibliothek von Erfahrungen*, so Joachim Bauer (2005), werden wir

227 Pearson, A., Marsh, L., Ropar, D., Hamilton, A. (2016). Cognitive Mechanisms underlying visual perspective taking in typical and ASC children. Autism Research, 9 (1), 121-130. doi:10.1002/aur.1501.

228 Hamilton, A. et al. (2012): Recognition of Emotions in Autism: A Formal Meta-Analysis. J Autism Dev Disord DOI 10.1007/s10803-012-1695-5.

229 Dziobek, Isabel (2008): Empathie bei Menschen mit Autismus. Max-Planck-Institut für Bildungsforschung, Berlin, Tätigkeitsbericht S. 1; vgl. http://www.mpg.de/431755/pdf.pdf (abgerufen am 13.3.2016).

230 Bauer 2005, 73.

231 Vgl. Sacks 1995; vgl. ‚The Guardian‘, 25.10.2005; in: http://www.theguardian.com/education/2005/oct/25/highereducationprofile.academicexperts (abger. am: 3.3.2014).

nicht nur in einen andauernden Stresszustand versetzt, wir werden krank, verlieren das Gefühl für uns selbst: „Sozialer Ausschluss ist [...] chronisch biologischer Stress“, sagt er, und das Nicht-Mitfühlen-Können erscheint ihm wie ein „Selbstzerstörungsprogramm“[232].

Wir haben die autistische Beeinträchtigung unter dem Aspekt einer zu geringen kognitiven Kohärenz erfahren, was besagt, dass Informationen unzusammenhängend bleiben (lat. *cohärere* = zusammenhängen) und zu keiner Gestalt-Bild-Werdung führen. Wir haben verstanden, dass neuere Forschungsstudien die autistische Störung als „Beeinträchtigung der sozialen Gegenseitigkeit“ ansehen und Mängel feststellen im nonverbalen Verhalten (Blick, Mimik, Gestik, soziales Lächeln) und in der Fähigkeit, Aufmerksamkeit mit anderen Menschen zu teilen, auch in der Fähigkeit, Kontakte zu Gleichaltrigen herzustellen.[233] Wir können nach dem Exkurs über ‘Spiegelneuronen und Autismus’ vermuten, dass entweder kein oder ein unangemessenes oder gar ein fehlendes Einfühlungsvermögen die soziale und emotionale Kommunikation schwer beeinträchtigen können und dass stattdessen stereotype Handlungs- und Orientierungsmuster vorherrschen. Das Interesse der solchermaßen mit autistischen Einschränkungen Heranwachsenden ist entsprechend zwangshaft geprägt, gekennzeichnet von sich wiederholenden Handlungen, gekennzeichnet von sensorischer Überempfindlichkeit und besonders auch von einem unüblichem *Interesse an Details*. E. Duketis am Klinikum für Psychiatrie und Psychotherapie des Kindes- und Jugendalters Frankfurt a. M. unterscheidet in dem Spektrum der autistischen Phänomene drei Störungen, die sich zuweilen überlappen: den *frühkindlichen Autismus* mit seinen repetitiven Verhaltensweisen und einer gestörten Symbol- und Sprachentwicklung, den *atypischen Autismus*, der über eine beeinträchtigte Intelligenz hinaus häufig Formen geistiger Behinderung zeigt (25 bis 55%), und das *Asperger-Syndrom*, bei dem die Intelligenz nicht oder nur gering, die soziale Interaktion sehr wohl beeinträchtigt ist und motorische Störungen deutlich auffallen. Duketis macht klar, dass Erscheinungsbild, Ausprägungsgrad und Symptomatik je nach Entwicklungsstand und kognitiven Niveau variieren können, nach dem 24. Lebensmonat aber recht stabil bleiben.

Wir kommen mithilfe der Forschungsergebnisse von Duketis zu folgender Einschätzung: Das autistische Kind ist infolge der Einschränkungen, d.h. der Fokussierung seiner Interessen wenig strategisch-planerisch, und ist infolge der Einschränkungen seiner kontextualen Wahrnehmung eher detailhaft als synthetisch und überblickshaft, – wir sprechen mit Duketis auch von einer *schwach ausge-*

[232] Bauer, 2005, 113.

[233] Vgl. Duketis 2011; http://www.kgu.de/kliniken-institute-zentren/einrichtungen-des-klinikums/kliniken/zentrum-der-kinder-und-jugendmedizin/forschung/autistische-stoerungen.html (abgerufen am 3.4.2015).

prägten zentralen Kohärenz seiner Informationsgestalten. Dieses Kind ist infolge der Einschränkungen seiner emotional-empathischen und sozialen Kompetenzen zuweilen darin beeinträchtigt, sich in das eigene noch in das fremde Verhalten hinein zu versetzen (*Theory of Mind*). Seine *emotional blindness*, also Gefühls-Blindheit, wirkt sich besonders auf seine psychische Entwicklung aus und kann eine emotionale Entwicklungsstörung bewirken, die sich zum Leidwesen seiner nächsten Bezugspersonen in früh *gestörten personalen Objektbeziehungen* zeigt.[234]

Wir werden im Kapitel 3.4 sehen, wie sich diese drei Einschränkungen auf Begleitung und ggfs. eine Therapie auswirken, die die sinneshaft-fokussierenden wie sozial-kommunikativen Kompetenzen vorrangig behandeln sollte, gleichzeitig im Blick haben sollte, welche Formen der Beziehung das betroffene Kind eingeht.

2.2.2.2.3 Kunsttherapie mit Menschen im Autismus-Spektrum – Eine erste Annäherung

Der Hinweis in das Autismus-Spektrum legt die Ausage nahe: „nicht jedes Kind (profitiert) von derselben Therapie oder Intervention. Ein flexibles, möglichst breites Angebot ist nötig, um das individuelle Kind, die/den Jugendliche/n oder Erwachsene/n und ihre/seine Familie unterstützen und fördern zu können.“[235] Im Kapitel 3.4 werden wir als Beispiel eine solche Situation vorstellen, in der Alex, ein von mir betreuter autistischer Junge, verzweifelt seine psychosoziale Anbindung und Beziehung hinterfragt, indem er sie bildhaft immer wieder durchspielt. Die Erfahrung mit Alex hat mir bestätigt, was Susan Sonntag (2010) betont und ausgeführt hat: „Das Mitgefühl ist eine instabile Gefühlsregung.“ (2010, 118) Die Erfahrung mit Alex kann uns dazu dienen, Ansätze einer bildtherapeutischen Begleitung zu diskutieren. Es kann zeigen, dass den Betroffenen nur dadurch geholfen wird, dass sie ihre alltäglichen Situationen verstehen lernen, dass sie die sozialen Signale zu erkennen in die Lage versetzt werden. Sie müssen also lernen, die Verhaltens- und Gefühlsmuster ihrer Umwelt zu verstehen. Das ist, wie wir sehen werden, kein einfacher Prozess, denn auch wir, die Nicht-Betroffenen, haben über einen Zeitraum von vielen Monaten lernen müssen, sozusagen – wie Melanie Klein sagt – Position zu beziehen, d.h. die Beziehungen zu den geliebten Objekten unserer unmittelbaren Umwelt, die Beziehung zu unseren Müttern und Vätern, schrittweise und oft im Widerstreit zu erlernen. Auf diesem Weg veränderten sich diese geliebten, zuweilen gehassten Objekte und wurden

[234] Bauer 2005, 73.

[235] Freitag, Chr. M. (2008): Autismus-Spektrum-Störungen. München: Ernst Reinhardt, 82.

schließlich in unser Selbstverstehen integriert. Also zeigt sich schon an dieser Stelle: Der bildtherapeutische Prozess ist nicht ein bloß ästhetisch-didaktischer und im Wahrnehmungs-Schnellverfahren anzueignen, sondern er muss erlebt werden.

2.2.2.2.4 Anmerkungen zur „Bildnerei der Geisteskranken"[236]

Der Psychiater Hans Prinzhorn hat im Jahr 1922 ein Buch herausgegeben mit dem Titel ‚Bildnerei der Geisteskranken. Ein Beitrag zur Psychologie und Psychopathologie der Gestaltung'. Dieses Buch sollte aus nicht unmittelbar einsichtigen Gründen wenig Einfluss auf die wissenschaftliche Entwicklung des klinisch-heilpädagogischen Faches der Heilpädagogik haben, obwohl dieses Fach seit ihren ersten Ansätzen Mitte des 19. Jhs. angesichts früher sensumotorischer Störungen von Kindern ein grosses Interesse an der Entwicklung der Störungen der symbolischen Kompetenzen hatte und hierfür „ästhetische, [...] notwendige Heilmittel" suchte.[237] Die Aufgabe, die sich Hans Prinzhorns Buch stellte, einer breiten Leserschaft, die das Buch zukünftig durchaus erhielt, die inneren Bild- und Vorstellungswelten des Menschen mit geistiger Behinderung nahezubringen, übernahm ein anderer – der Kunsttheoretiker Ernst Cassirer. Aber auch sein Beitrag blieb lange Jahre unentdeckt.

Die Kunst von Menschen mit geistiger Behinderung erweist sich zuweilen als deren Suche nach einem angemessenen Zugang zur Welt. Wenn der Betroffene aphasisch ist, wird er meine Aufforderung, dies oder jenes zu machen, mitunter gar nicht verstehen; selbst wenn er sie versteht, wird er vielleicht ihren Zusammenhang nicht verstehen können. Wenn er agnostisch ist, werden sich ihm die Bedeutungen der Worte oder aber der sich ihm vermittelnden Bilder nicht erschließen können. Ist er apraktisch oder ataktisch, kann er den Zusammenhang oder die Details der Wort- oder Bildanweisungen im Hinblick auf sein Handeln mental nicht aufrufen. Auf diese Unvermögen hat zum erstenmal der Philosophie- und Kunsttheoretiker Ernst Cassirer in den 1930er- Jahren hingewiesen. Ihm war es allerdings so wenig wie diesem hier vorliegendem Buch möglich,

236 Anm.: Der folgende Beitrag fusst auf einem ersten Entwurf zu diesem Buch, der 2012 verfasst worden ist und ohne Wissen des Autors ins Web gestellt wurde; vgl. http://www.kunsttherapie-menzen.com/uploads/1/4/7/0/14701684/die_bilder_der_geistig_behinderten.pdf. Der Beitrag erscheint hier in überarbeiteter und vielfach ergänzter Form.

237 Deinhardt, Georgens 1861, 363; Anm.: Die geringe Beschäftigung mit den präsymbolischen Fähigkeiten war sicherlich dem Umstand geschuldet, dass vom Beginn der Heilpädagogik (um 1860) bis in die Heilpädagogik der 1970er und 1980er-Jahre die Förderung der sensumotorischen der der symbolischen vorrangig erschien.

eine genaue definitorische Abgrenzung der diversen mentalen Störungen vorzunehmen. Was ihn dazu anhielt, die Menschen mit Störungen der inneren Sprachbilder, explizit der Sprachbedeutung und -artikulation (Aphasie) in den Mittelpunkt seiner Betrachtungen zu stellen.

Wenn Laut- und Bildzeichen nicht zu ihrer Bedeutung kommen

Ernst Cassirers (1874–1945) Theorie der symbolischen Formen fragte sich prinzipiell, wie wir uns die Welt aneigneten. Seine Antwort lautete: Keinesfalls Kantianisch abstrakt-erkenntnisorientiert, wohl aber vernunft- und erlebnismässig angeleitet, angewiesen auf ein mythisches, religiöses, kulturelles, speziell: künstlerisches, soziales, technisches oder politisches Vokabular, also angewiesen auf einen sinnlich verkörperten, sinnvollen, implizit: bildsprachlichen Ausdruck, der uns in einer symbolisch, das heisst: bedeutungshaft-verschlüsselten, d.h. noch nicht eindeutigen, erst in seiner kontextualen Absicht anzueignenden Form tradiert ist.[238] Cassirers Frage, wie wir die unterschiedlich herkömmlichen symbolischen Bedeutungen verstehen und erleben lernen, beantwortet er mit der individuellen Aneignung der Sprachbedeutungen ihrer jeweiligen Kultur, wie sie versuchsweise zeichen-typenhaft von den Zeichentheoretikern seiner Zeit, vor allem von Charles Sanders Peirce (1839–1914) erarbeitet worden sind. Hierbei verweist er auf die universalen, also kulturell-übergreifenden Symbolformen, wie sie wiederum beispielsweise Ferdinand de Saussure (1857–1913) als ein überindividuell-zeichenhaftes System erarbeitet.

Cassirers Symbolbegriff sucht sich aber von demjenigen Ch. S. Peirce‘ und de Saussures‘ abzusetzen: „Unter einer ‚symbolischen ‚Form‘ soll jene Energie des Geistes verstanden werden, durch welche ein geistiger Bedeutungsgehalt an ein konkretes sinnliches Zeichen geknüpft und diesem innerlich zugeeignet wird“[239], sagt Ernst Cassirer, das Moment des Verstehens und Erlebens gleichermassen unterstreichend. Ein solcher Bedeutungsgehalt kann sich hiernach formausdrücklich-mimetisch, analog-darstellungshaft und symbolisch-bedeutungsvoll, in jedem Fall: sinnhaft erweisen.[240] Aber da, wo sich die Bedeutung nicht

[238] Cassirer, E. (1975): Philosophie der symbolischen Formen. 3 Bde. Bd. 3: Phänomenologie der Erkenntnis (1929/1954), Wiss. Buchgesellschaft: Darmstadt, 109f.

[239] Cassirer, E. (2000): Substanzbegriff und Funktionsbegriff. 1910, Werksausgabe Band 6, Meiner: Hamburg, 161.

[240] Anm.: An dieser Stelle ist eine Unterscheidung angebracht: Wo der amerikanische Semiotiker und Philosoph Charles Sanders Peirce den Ausdruck Symbol als ein rein konventionelles Zeichen definiert, begreift der schweizer Semiologe de Saussure das Symbol eher als nicht rein konventionelles Zeichen, einen Typ von Bedeutungsträger, bei dem zwischen der Form des Zeichens und dem, was es ausdrückt, noch ein gewisser Ähnlichkeitsbezug, ein Rest einer natürlichen Verbindung besteht, eine Ausdrucksseite (signifiant) und Inhaltsseite (signifié) eines Zeichens unterschieden

einstellt, kann sie, so Cassirer[241], der sich auf Sigmund Freuds klinischen Lehrer Meynert bezieht[242], als *asymbolisch* bezeichnet werden.

Ein *Symbol* ist Teil der menschlichen Bedeutungswelt (ein Signal ist eher Teil der physikalischen Seinwelt), sagt Cassirer[243]. Es trägt quasi zur architektonischen Form dieser Welt bei, stiftet aus sinnlichen und kategorialen Mustern kollektiv verstehbare Objekte mythischer-religiöser-künstlerischer-sprachlicher-erkenntnishafter-wissenschaftlicher-politischer Art, stiftet kulturellen Sinn und begründet aufgrund ihrer musterbildenden unsere interaktive Alltagskompetenz d.h. unsere Bezüglichkeit, Korrespondenz zur Welt. Es ist ein Integral, ein ‚Invariantensystem unserer Erfahrung'.

Diese kurze Einleitung in den Symbolbegriff Cassirers ist möglicherweise hilfreich, wenn es darum geht, seinen Beitrag ‚Zur Pathologie des Symbolbewusstseins' (1929) zu verstehen. Kann sie doch dazu dienen, immer wieder auf den Zusammenhang zwischen nicht gelingender Ausdrucks-, d.h. Sprach- bzw. Bildstruktur und Aneignungs-. sprich: Rezeptionssituation, da wo gestört und ggfs. als ‚asymbolisch' in ihrer Ausdrücklichkeit bezeichnet, zu verweisen.

Der Wiener Psychiatriearzt Leo Navratil (1921–2006) wollte sich angesichts der künstlerischen Kompetenzen seiner Patienten mit solcher pathologischen Zuweisung nicht abfinden. Er fing vor Jahrzehnten damit an, gegen alle klinische Voreingenommenheit „die künstlerischen Qualitäten" seiner psychiatrisch auffällig gewordenen Patienten mit einem „Zustand veränderten Bewusstseins" zu erklären[244]. Wie der Künstler Jean Dubuffet sah er seine Patienten in einem Bewusstseinszustand, der seiner Meinung nach umso weniger zeit- und kulturgebunden, als umso ausdruckskräftiger sich erwies.

Leo Navratil und sein Kollege Alfred Bader[245] folgten Dubuffets Bezeichnung der *art brut,* der sich aber gegen alle kulturellen und psychiatrischen Bezugnah-

ist, ist bei Cassirer „[...] nur der Mensch […] in der Lage, der Welt Bedeutung zu geben: das Symbol wird zum Inbegriff der Gestalt des Wirklichen. Der Mensch lebt in einem symbolischen Universum, das er selbst geschaffen hat" (Cassirer, Ernst, 1990: Versuch über den Menschen. Einführung in eine Philosophie der Kultur. Felix Meiner: Hamburg, 6).

241 Cassirer, E. (1975): Philosophie der symbolischen Formen. 3 Bde. Bd. 3: Phänomenologie der Erkenntnis (1929/1954), Kap. VI: Zur Pathologie des Symbolbewusstseins, 246f. Wiss. Buchgesellschaft: Darmstadt.

242 Ebd., 246 Anm.

243 Cassirer 1944, 58f.

244 Navratil 1983, 21.

245 Bader, A., Navratil, L. (1976): Zwischen Wahn und Wirklichkeit. Bucher: Luzern, 25f.

men verwahrte.[246] Allen drei gemeinsam war dennoch eine Bezugnahme: Sie konnten sich auf die vorkalligraphischen Zeichen alter sog. primitiver Kulturen beziehen,[247] in denen sich durchweg eine universelle Präsenz von Figuren in gleichbleibender Bedeutungshaftigkeit zeigte.[248] Die Bilder des primitivistisch-naiven Menschen erschienen hiernach als regressiv (primitiv-infantil in ihrem Ausdruck), verzerrt (barockisch-verschnörkelt), verdichtet (ornamental-überladen), umgeformt (disproportional), stereotyp (iterativ-figürlich perseverierend), erstarrt (geometrisch-schematisch) und wie zerfallend (kompositionell-räumlich sich auflösend)[249]. Sie zeigten archaische Kulturmuster, die nicht ohne weiteres auflösbar, sondern eher symbolisch sich ausdrückende Analogien von *Kreis* und Einheit, von *Oval* und Weiblichkeit, von *Kreuz* und Kosmos, von *vertikaler Linie* und männlichem Geist, von *horizontaler Linie* und weiblicher Materie, von *Viereck* und Erde u.a. darstellten.[250] Und sie wurden, wie gesagt: nicht ohne weiteres auflösbar, von dem Verhaltensforscher wie Eibl-Eibesfeldt und der Kunsthistorikerin Christa Sütterlin in deren Buch ‚Weltsprache Kunst. Zur Natur- und Kunstgeschichte bildlicher Kommunikation' (2007) versuchsweise erklärt: Beide hoben hervor, dass unsere „[…] Wahrnehmung [...] Programmierungen" unterliege, „die auf phylogenetischen, ontogenetischen und kulturellen Anpassungen basieren".[251] Eibl-Eibesfeldt erklärte, dass „das ästhetische Empfinden [...] offensichtlich einem echten Grundbedürfnis (entspringe) [...] Ästhetik [...] im Dienste einer Verdeutlichung, einer Vereinfachung im täglichen Leben (stehe) [...] Wir alle [...] nun einmal genetisch angelegte Leitbilder in uns (tragen)"[252]

Die erkenntnistheoretisch, künstlerisch, klinisch-psychiatrisch und ethnologisch geführte Diskussion kam in der Beurteilung des ästhetisch-reduzierten Verhaltensausdrucks bis heute nicht darin überein, künstlerisch reduzierten Formausdruck und dessen genetische Bedingtheit zusammenzusehen. Einen ersten Schritt auf diesen Zusammenhang hin unternahm Ernst Cassirer in seinem Traktat ‚Zur Pathologie des Symbolbewusstseins'.[253]

[246] Vgl. Luz 2012, 357.

[247] Bader, Navratil 1976, 69.101 („Die Zeichnungen erinnern an die Kunst der Naturvölker").

[248] Diess., ebd. 60.

[249] Vgl. Rennert 1963, 251-272.

[250] Vgl. Attali 1999, 46f.

[251] Eibl-Eibesfeldt, Sütterlin 2007, 162.

[252] Spiegel-Interview 8.10.2007; vgl. http://www.spiegel.de/spiegel/print/d-53203490.html (abgerufen am 3.4.2015).

[253] Cassirer, E. (1975): Philosophie der symbolischen Formen. 3 Bde. Bd. 3: Phänomenologie der Erkenntnis, 1929/1954/, 238 f. Wiss. Buchgesellschaft: Darmstadt.

Wenn Wahrnehmung desinformiert statt informiert

Der Philosoph und Ästhetiktheoretiker Ernst Cassirer hat 1929 eine angemessene Annäherung an den Zustand des Menschen, dem die sinnhaften, sprachlichen und verhaltensorientierten Bedeutungen abhanden gekommen sind, in einem bislang und weithin unbeachteten Beitrag ‚Zur Pathologie des Symbolbewusstseins‘[254] geliefert. Er kommt in diesem Beitrag zu den folgenden Schlüssen auf Grund seiner klinisch-pathologischen Beobachtungen von Aphasikern am Frankfurter Neurologischen Institut, an dem in den 1930er- Jahren sein Neffe, der Psychologe Kurt Goldstein unter Leitung des berühmten Gestalt- und Wahrnehmungstheoretikers Ademar Gelb arbeitete.

Versuchen wir, die agnostischen (die unpräzise oder unzusammenhängend erfassten Bedeutungen), die aphasischen (die sprachmotorisch schlecht artikulierten oder unverständlichen Wortbedeutungen), die ataktischen (die zeitlich und räumlich defizitär arrangierten Handlungsaspekte) und die apraktischen (die nicht-sinnvollen Handlungsabfolgen) Störungen von Menschen in der Sicht Cassirers unter ihren logisch-kognitiven oder räumlich-körperhaften Aspekten im Hinblick daraufhin zu analysieren, dass sie keine angemessenen Bildmuster mehr erfassen und als wahrnehmungsgestört erscheinen.

1. Logisch-kognitiv-orientierte, mentale Störungen

„With me it's all in bits“, „I could not get the general idea“[255] – sagt der Patient, den Ernst Cassirer zitiert.[256] Der Patient ist nach den Worten des Autors mental beeinträchtigt und hat symptomatisch folgende Wahrnehmungsstörungen an sich: Entweder ist seine Erkenntnisleistung der Details gestört (Agnosie) oder aber die Erkenntnisleistung des Zusammenhangs, des syntaktischen Gefüges ist gestört (Agrammatismus). Das heißt in jedem wie auch in seinem Fall: Es handelt sich nicht um Störungen des assoziativen Denkens, sondern um solche in der Einzelwahrnehmung oder des logisch-schlussfolgernden Denkens. „I could see the bits, but I could not see any relation between them“, sagt dieser Patient.[257] Die therapeutische Zielsetzung liegt auf der Hand: Die detailhafte Einzelwahrnehmung dieses Patienten muss wieder erarbeitet werden und die bildnerisch-gestalterische Einordnung der Dinge muss wieder in ihren Zusammenhang gebracht werden. Der mit Bildern arbeitende Therapeut sollte davon ausgehen, dass

[254] Cassirer, E. 1975, ebd.

[255] Cassirer zitiert die Worte des Headschen Patienten Nr. 2 und Nr. 8; vgl. Cassirer (1975, 281 f. Anm.; Zitate aus: Head, Bd.2, 113)

[256] Die Zitate Ernst Cassirers beziehen sich hier und im Folgenden auf: Henry Head (1926): Aphasia and kindred disorders of speech. 2 Bde. At the University Press: Cambridge; vgl. Cassirer, E. (1975, 243).

[257] Vgl. Cassirer 1975, 282 Anm.

der verwirrte und nach Bedeutungen suchende Patient mitunter von einer richtigen Einzelerkenntnis (Ecke-Gerade-Begrenzungslinien-Krümmungen etc.) auf eine ohne diese Einzelerkenntnis nicht wahrzuhabende Form (Rechteck-Scheibe-Oval) schließt, also rät: „I have to jump like a man who jumps from one thing to the next."[258] Wir reden von einem Bild-Agrammatismus des Patienten. Dieser ist in den Bildern eines geistig beeinträchtigten Menschen oft da zu finden, wo in seiner Darstellung die charakteristischen Einzelheiten des abgebildeten Gegenstandes zwar fehlen, die Form des Gegenstandes aber erkannt zu sein scheint. Bader und Navratil (1976) sprechen von „einem konventionellen Klischee."[259] Wir sind im Fortgang des hier zu Diskutierenden auf eine grundlegende Proteinstörung, die des sog. Shank-Proteins als möglicher Ursache, auf die die neuere Forschung der Humangenetikerin Gudrun Rappold (2015) hinweist, zurückgekommen.[260] Und wir werden in dem hier Vorgelegten weiterhin zu erarbeiten haben, wie der mit Bildern arbeitende Therapeut nicht nur dem sich ihm bietenden fortschreitenden Gestalt-Zerfall begegnen, sondern schon die „Vorgestaltphänomene" (Bader, Navratil)[261] erspüren sollte, wenn angesichts der „Unklarheit der Formen […] Gegenstände allmählich aus dem Dunkel hervortreten".[262]

2. Raum-Lage-orientierte, körperhafte Störungen

„I knew where all the things were in the room, but I had difficulty in getting a starting point" - sagt der Patient, den Ernst Cassirer zitiert.[263] Wir kennen diesen beklagenswerten Umstand aus der Geschichte der Heilpädagogik. Der behinderte Mensch, der oft seit frühester Kindheit kein Körper-Schema und -Bild entwickelt, tut sich in seinem Raumvermögen schwer. Wir nennen diese Störung eine kinästhetische, also übersetzt: Raum-Körper-Lage-Störung. Für die kinästhetisch-logischen Beeinträchtigungen und symptomatisch vorliegenden Raum-Körper-Störungen gilt nach Cassirer Folgendes: Entweder ist die *Markierung des Einzelgegenstandes im Gesamt* (Tisch/Stuhl – Raum ; Bein/Arm – Körper) gestört, oder die *Vorstellung des Gesamtraums und das Gefühl für die Lage des Körpers im* Raum ist gestört. Das heißt in jedem Fall: Der Raum wie der Körper können nicht schematisch übersetzt werden, können nicht in einer Zeichnung entworfen, nicht in einer Skizze eingetragen werden. Die Ein-

258 Headscher Patient Nr. 2; vgl. Cassirer 1975, 281.

259 Bader, Navratil 1976, 107.

260 Pressemitteilung der Universität Heidelberg vom 9.1.2015; vgl. https://www.klinikum.uni-heidelberg.de/pressemitteilungen.136514.0.html?ifab_modus=detail&ifab_id=5116; als idw-Nachricht am 11.1.2015 veröffentlicht (abgerufen am 11.1.2015); vgl. Kap. 2.2.2.2.2.

261 Bader, Navratil 1976, 115.

262 Ebd.

263 Headscher Patient Nr. 10; vgl. Cassirer 1975, 286 Anm.

zelaspekte können dennoch mitunter bildlich gut wiedergegeben werden, – aber deren Integration gelingt nicht. Der Betroffene bringt keine schematische Darstellung einer Lagebeziehung zustande: er verfehlt die Klinke an der Tür, sein Bett im Zimmer, den Weg zum Haus. Ernst Cassirer sagt: „Er hat das Schema (die imaginative Vorstellung) seines Körpers verloren und weiß die sinnlichen Wahrnehmungen zwar örtlich zu bestimmen, aber nicht zu projizieren."[264] Am Ende ist alles ein Neben- und Auseinander von Objekten. Klaus Conrad (1951) und Helmut Rennert (1962) haben diese Beobachtung Jahre später bestätigt.[265] Die Erfahrung mit dem Patienten führt in diesem Fall zu einer therapeutisch möglichen Methode: Der Bildtherapeut muss vor Beginn der therapeutischen Hilfestellung dem Körper-Raum-Wahrnehmungbehinderten ein orientierendes Grundschema des Abzubildenden fertig vorlegen. Das Ziel dieser Hilfestellung ist es, die gestörte Formerkennung wie den nicht erkannten Gestalt-Zusammenhang in seinen jeweiligen Körper-Raum-Lage-Bezügen wieder zugänglich zu machen. Und dies gelingt, wie gesagt, nur durch eine zeichnerische oder malerische Formvorgabe (Markierung).

Beide Hinweise Ernst Cassirers treffen auf eine Reihe weiterer Ausdrucksweisen mental erkrankter Menschen zu, wie die oben zitierte Studie Gudrun Rappolds (2015) belegt.

3. Psychosozial-orientierte, beziehungshafte Störungen

„I've always said it is like translating a foreign language" – sagt der Patient, den Ernst Cassirer zitiert.[266] Infolge der obengenannten Störungen kommt es zu beziehungshaften Beeinträchtigungen, in denen es durchweg um relationale Zusammenhänge geht. Kognitiv-logische, körper-relationale und psycho-soziale Defizite bedingen sich einander. Hierbei gilt Folgendes:

- Entweder ist infolge einer genetischen Mutation die informationelle Beziehung gestört (Downsyndrom, Autismus, Fragiles-X-Syndrom),
- oder die Vorstellung von der Person, der Sache bzw. des Gegenstandes ist infolge einer dementiellen Erkrankung (Stroke, DAT) gestört,
- oder die Vorstellung von der Person, der Sache bzw. des Gegenstandes ist infolge von protein-defizitär-gesteuerten Informationen gestört,
- oder die Vorstellung von der Person, der Sache bzw. des Gegenstandes ist infolge einer frühkindlichen Regulationsstörung (Bezugsperson – Kind) ge-

[264] Cassirer 1929/1975, 289.

[265] Rennert 1962, 180f.; Klaus Conrad beruft sich wie Cassirer auf Head, vgl. Bader, Navratil 1976, 115.

[266] Cassirer 1929/1975, 304 Anm.

stört und bedingt – selbst noch im hohen, demenzbedrohten Alter – eine Reaktivierung der psychischen oder neurobiologisch gestörten Muster ehemals gestörter Interaktion.

All diesen Beeinträchtigungen ist Folgendes gemeinsam: Der Patient/Klient hat die Schwierigkeit, „ein und dasselbe Element gleichzeitig in verschiedene Relationszusammenhänge zu stellen, es verschiedenen [...] Gesamtheiten angehörig und auf sie gezogen zu denken."[267] Beispiel: Das Kind, später: der Erwachsene, kann ein ehemals als zwiespältig erlebtes Verhalten nicht ein und derselben Person zuordnen, kann Tisch-Stuhl-Bett nicht demselben Zimmer zuordnen, kann Satz- oder Bildfragmente nicht ein und demselben Objek-Sinn-Zusammenhang zuordnen. Fazit: Das Verständnis für das 'tertium comparationis' fehlt. Ernst Cassirer angesichts eines solchen Patienten: Er war „in der Schwierigkeit, [...] für die Auffassung räumlicher, zeitlicher und numerischer Verhältnisse feste Bezugssysteme zu schaffen und von einem auf das andere nach freier Wahl überzugehen. [...] Er klebte gewissermaßen an seinen sinnlichen Kohärenzerlebnissen, er vermochte [...] nicht zwei -nuancen aufeinander zu beziehen."[268] Was hat dieser Patient ggfs. nicht gelernt oder verlernt hat? Die Entwicklungspsychologin Mary Main hat einmal angesichts solcher *biological attachment disorders*[269] gesagt, die frühe Mutter-Kind-Erfahrung reguliere und strukturiere die Ordnung der Dinge und der Welt und ermögliche im günstigsten Fall gleichermaßen deren aktiv-kreative Um- und Neuordnung. Zu einer solchen Leistung ist aber der geistig behinderte Patient nicht mehr in der Lage.

Erkenntnisse der Neurologie und Neurobiologie

Das neurologische Forscherpaar V.S. und D. Ramachandran gab 2008 den Hinweis, dass es neuro/-biologische Belege zur Ordnung des bildhaften Ausdrucks gebe.[270] Es wurde von Forschern unterstützt, die diese These bei psychopathologisch erkrankten und in der Folge oft geistigbehinderten Menschen zu belegen suchten. Nicht nur der Wiener Psychiatriearzt Leo Navratil hatte u.a. eine Tendenz zur „Formalisierung" gesehen,[271] wenn er in bestimmten pathologischen Zuständen stereotype Wiederholungen feststellte, wenn er also Bewegungsstereotypen und sich zeichnerisch wiederholende Ausdruckselemente in Verbindung sah. Eine ForscherInnengruppe der Universität Wien untersuchte beispielsweise PatientInnen in unterschiedlich fortgeschrittenen Stadien mentaler

[267] Cassirer 1975, 304.

[268] Cassirer 1975, 294-295.

[269] Vgl. Shah, Nasreen S. (2015): Effects of Attachment Disorder on Psychosocial Development. In: StudentPulse 2015, Vol. 7 No. 02, pg. 1/3.

[270] Ramachandran 2008, 24 f.

[271] Navratil 1983, 418.

Erkrankung und entdeckte, dass diese PatientInnen eine gewisse Stabilität bei der Einschätzung moderner Kunst zeigten: „Überraschend war, dass die PatientInnen bei Landschaftsgemälden und Kunst-Porträts wie auch bei Landschaftsbildern Stabilität in ihren ästhetischen Präferenzen zeigten und die Ergebnisse damit annähernd gleich denen der gesunden Kontrollgruppe waren.“[272] Der Leiter der Forschergruppe erläuterte: „Die Studie zeigt [...] ganz generell, dass unser Sinn für Ästhetik eine unabhängige, ganz eigene Form der Betrachtung darstellt“, – so Helmut Leder abschließend in der Publikation in ‚Frontiers in Psychology‘ (2013). Sich wiederholende, zeitlich überdauernde ästhetische Ausdrücke, – sollten diese womöglich allen Menschen, auch denen mit Einschränkungen, eigen sein?

Die Fragen, die sich sowohl an die biologisch-humanethologische wie die neurobiologische Wissenschaft stellten, waren nunmehr: Könnte es sein, dass die Ausdrucksmuster unseres Verhaltens, wenn beeinträchtigt, auf genetische, gestalthaft vorcodierte Muster, über die wir natürlicherweise verfügten, zurückgriffen. Könnte es sein, dass die Ausdrucksmuster unseres Verhaltens eine neurobiologische, neuromodulatorisch bewirkte Ausschüttung zur Folge hätten (über den gefühlsverstärkenden Botenstoff Oxytozin), die eine solche Form-/Muster-Rezeption/-Produktion in uns auslöste?[273] Und umgekehrt hiess die Frage: Könnte es sein, dass angesichts bildhafter Rezeption diese neuromodulatorischen Ausschüttungen sich neurobiologisch so auswirkten, dass sie auch das psychische Befinden der Patienten beeinflussten?

Die Antwort des Biowissenschaftlers und Kunsttheoretikers Thomas Junker auf die Frage der genetischen Bedingtheit der Kunst lautete in seinem Buch ‚Die Evolution der Phantasie. Wie der Mensch zum Künstler wurde‘ (2013), er gehe von der Möglichkeit „kulturübergreifender Gemeinsamkeiten aus, die auf der genetischen Verwandtschaft aller Menschen beruhen“. Er gehe sogar davon aus, dass sich „ein Teil des kulturellen Wissens ... seit der Eiszeit erhalten haben (könnte)“. Und er stelle sich durchaus die Frage, ob ästhetische Anschauungen genetisch überliefert werden können und vielleicht als genetisch mutierte „wie die Gene einer Selektion (unterliegen)“.[274] Im letzteren Fall wären bildnerische Ausdrucksformen Anpassungen an die jeweiligen Welten, ließen „sich Kunstwerke als Sprecher der Gene verstehen.“[275]

272 Vgl. Graham, D.J., Stockinger, S., Leder, H. (2013.): An island of stability: art images and natural scenes – but not natural faces – show consistent aesthetic response in Alzheimer's-related dementia. Frontiers in Psychology, 3, 1-8.

273 Zeki 2010, 147 f.

274 Junker 2013, 120 ff.

275 Junker 2013, 115.

Die Antwort auf die neuromodulatorischen Ausschüttungen angesichts von Kunst beantwortete Junker (2013) zunächst prinzipiell: „Die Künste sind spezielle Sprachen, in denen sich Menschen über ihre Gefühle und Wünsche austauschen. Dabei wird keine grundsätzlich neuartige Kommunikation erzeugt, sondern die Wort-, Zeichen-, Laut- und Körpersprachen werden durch zusätzliche Bedeutungsebenen ergänzt. […] der Sinn [...] erhält eine emotionale Färbung, durch die seine ursprüngliche Bedeutung verstärkt aber auch dementiert werden kann. Insofern machen Kunstwerke Aussagen darüber, wie Situationen und Dinge emotional bewertet werden, geben Einblick in die Gemütszustände anderer Menschen und fördern so das soziale Miteinander."[276] Junker konstatiert: „Durch Kunst lassen sich gezielt Gefühle hervorrufen [...] Kunst [kann] Gefühle verstärken, abreagieren, neutralisieren und erziehen."[277] Und für unsere Argumentation wichtig: „mit der Kunst [ist] in der Evolution eine spezielle Sprache entstanden, mit der sich Menschen vorwiegend über ihre Gefühle verständigten."[278]

Seitens einer Forschergruppe vom Institut für Allgemeinmedizin Niederrad (2014) hiess die Antwort: Es liessen sich in der ‚ersten randomisierten und kontrollierten Studie zum Einfluss von künstlerischer Betätigung auf das emotionale Befinden von Menschen mit dementieller Einschränkung „Steigerungen des Selbstwertgefühls und Verbesserungen der Stimmung und des situativen Wohlbefindens der Teilnehmer" beobachten.[279]

Navratils Hinweis auf die formvermittelnde Leistung der Gene wurde in der neueren Geschichte der Kunsttherapie schon früh rezipiert: Max Kläger hatte in seinen Studien zu zwei geistigbehinderten Menschen mit Down-Syndrom, ‚Jane Francis Cameron' (1989) und ‚Krampus. Die Bilderwelt des Willibald Lassenberger' (1992), deren rhythmisch-rituellen, d.h. bevorzugt symmetrischen Ausdrücke analysiert und letztendlich die grundmusterartig-reduzierten Ausdrucksgebungen zunächst archetypisch[280], dann neuro- und gestaltpsychologisch zu erklären versucht.[281] Kläger konnte noch nicht von den neuen Forschungen wissen: Die Jahre, in denen er seine Studien verfasste, waren geprägt von neurologischen Erkenntnissen, die sich in den erwähnten Veröffentlichungen noch

276 Junker 2013, 131.

277 Junker 2013, 81 f.

278 Junker 2013, 82.

279 Tesky, V., Schall, A. (2014): Steigert Kunst das Wohlbefinden von Menschen mit Demenz? In: Informationsdienst der Wissenschaften, 30. Juli 2014 (vgl.: http://www.muk.uni-frankfurt.de/51569811/238; abgerufen am: 3.4.2015).

280 Kläger 1989, 4.

281 Kläger 1992, 12.

nicht niederschlugen; welche die Diskussionen eines Rückgriffs auf ein bestimmtes und reduziertes Formrepertoire hätten durchaus weiter bringen können.

Tatsächlich ergaben sich erste Antworten auf die Frage, wie es zu den Gestalt-Mustern unserer Wahrnehmung käme: Anfang bis Mitte der 1990er-Jahre des letzten Jhs. recherchierten europäische und anglo-amerikanische Neurologen, dass zeitlich und räumlich beobachtbare neuronale Synchronisationsleistungen die Gestalt-Wahrnehmung des Gehirns im Zeittakt verantworteten[282] und farb-form-bewegungs-perspektivhaft in hinteren und seitlichen Hirnarealen synthetisierend verorteten.[283] Sie kamen zu dem Ergebnis, dass sich die sich synchronisierenden Informationen zeitgleich in den Hinterhaupt-, Scheitel und Schläfenlappen (d.h. den Temporallappen, für Personen und Sachen zuständig; und den Scheitellappen, für sensorische Integration und besonders visuell-räumliche Strukturen zuständig) verschalteten und in diesem Synchronisationsprozess hierbei sogar neuromodulatorisch von einem für das Körpergefühl wichtigen Areal, der sog. Insula seitlich der unteren Schläfenlappen, in diesem Vorgang Rückmeldung erhielten.[284] Auf diese Weise, so die neurologische Forschung, kämen bestimmte Form-, Farb-, Bewegungsmuster zustande. Das Hirnareal der Insel (lat. *insula*), so ein weiterführender Hinweis, sei eine mit dem limbischen System verbundene Struktur, die ästhetische Anordnungen (Form- Farb-Ausdrücke, Bewegung, Verhalten) emotional bewerte und also bestimmte ästhetische Merkmale bevorzuge, – so Torsten N. Wiesel von der Harvard Medical School Boston, MA, USA, der für seine ästhetischen Forschungen mit dem Nobelpreis ausgezeichnet wurde.[285]

Inzwischen wird der ästhetische Informationsbearbeitungsprozess und die Rolle der neuronalen Beurteilungsinstanzen von einer Leipziger Forschergruppe bestätigt: Sie haben ein Netzwerk im menschlichen Gehirn identifiziert, das die ästhetische Beurteilung der grafischen Muster verantwortet. Die Studie, veröffentlicht in der Fachzeitschrift ‚NeuroImage', will infolge die einzelnen Strukturen für Gehirnareale in ihrer Funktion für die ästhetische Beurteilung genauer benennen.[286] Eine deutsche und australische Forschergruppe hat diesen Vorgang der Bild-Gestalt-Herstellung und -Beurteilung präzisieren können: Hiernach dedektieren schon in der Netzhaut Zellen, die für Farb-, Form-, Raumrichtungs-,

282 Singer, Engel 1997, 66 f.
283 Zeki 1993, 30.
284 Zeki 2010, 148.
285 Vgl. Bild der Wiss. 6, 2008, 49.
286 ‚Gehirnregionen urteilen über schön oder hässlich' – Beitrag von Thomas Jacobsen in Zusammenarbeit mit dem Max-Planck-Institut für Kognitions- und Neurowissenschaften in Leipzig; vgl. Informationsdienst der Wissenschaftenvom 13.7.2014 (https://idw-online.de/de/news133506; abgerufen am 3.4.2015).

Bewegungserfassung u.a. zuständig sind, die Objekte der Wahrnehmung (bisher wird diese These für die Farb- und Raumrichtungstendenz bestätigt). Die dedektierten Reiz-Eigenschaften werden dieser Erkenntnis entsprechend im primären visuellen Kortex nach ihren Farb-Form-Richtungs-Tendenzen berechnet und zur weiteren Verarbeitung an die jeweiligen wahrnehmungsverarbeitenden Hirnareale gesandt.[287]

Mit diesen Forschungsergebnissen war aber noch keine Antwort auf die Frage gegeben, warum mental beeinträchtigte Menschen sich mit weniger komplexen Formen begnügten, möglicherweise gar nicht über ein komplexes Formrepertoire verfügten. Es brauchte mehrere Jahrzehnte der Forschung bis zu der Feststellung, dass bei gestalthaft-gestörten Informations- und Wahrnehmungsleistungen genetisch-mutierte Programme und in der Folge bestimmte Proteine verantwortlich sind, die die neuronalen Bindungsmechanismen des Gehirns, also die sog. *assemblies* (= synchronisatorische Zusammenschlüsse von sich zugehörig erkennenden Neuronen) verantworteten und eben auch molekularbiologisch prä- und postsynaptisch, d.h. an den informationellen Schaltstellen der Nervenzellleitungen tätig oder aber: nicht-tätig würden. Wir können also – und das ist für unsere Diskussion vielleicht weiterführend – möglicherweise aus neurobiologischer Sicht eine schlüssige Erklärung für die geometrisierenden, stereotypisierenden Ausdrucksgebungen mental beeinträchtigter Menschen vermuten und müssten ggfs. die eher einfachen, grundmusterartig und archetypisch angelegten Formtendenzen des psychopathologisch und infolge zuweilen geistigbehinderten Menschen aus einem neuen Blickwinkel sehen. Wir können vermuten, dass die einfachen Formen des Ausdrucks, den wir häufig in den bildnerischen Produkten behinderter Menschen wiederfinden, ihrer neurobiologischen Verfassung geschuldet sind – und gerade deshalb als so einzigartig empfunden werden.

Prof. E. Duketis vom Universitätsklinikum Frankfurt hat es mit einer tatsächlich genetisch wie neurobiologisch begründeten und in der Folge allenfalls zu einfachen, aber nicht komplexen Mustern kommenden Wahrnehmung erklärt (vgl. unserem Beitrag zum Down-Syndrom). Sie hat herausfinden können, dass die Kohärenz komplexer Wahrnehmungselemente da gestört ist, wo dem geistig behinderten Menschen die für dessen Erfassung notwendigen Proteine (Neurexin, Neurologin) an den synaptischen Schaltstellen fehlen bzw. die Proteine,

[287] Vgl. 'Spezialisierung von Zellen im Kortex könnte Ursprung in der Netzhaut haben. Prinzip des Farbsehens gilt möglicherweise auch für Wahrnehmung anderer Eigenschaften; in: T.R. Vidyasagar, U.T. Eysel (2015): Origins of feature selectivities and maps in the mammalian primary visual cortex, Trends in Neurosciences, DOI: 10.1016/j.tins.2015.06.003 (Meldung der Ruhr-Universität Bochum vom 4.8.2015; vgl. http://aktuell.ruhr-uni-bochum.de/pm2015/pm00108.html.de, abgerufen am 5.8.2015).

die für die Weiterleitung der Informationen zuständig sind, gestört sind (SHANK-1-3).

Die Erforschung der synaptischen Veszikelproteine dürfte in Zukunft näheren Aufschluss bringen; dürfte allerdings kaum unsere hier mitschwingende Frage beantworten, warum die bildnerischen Produktionen geistig behinderter Menschen künstlerisch ein so hohes Interesse erzeugen. Möglicherweise hat der Künstler Jean Dubuffet eine Antwort gegeben: Es handele sich um „Werke von Personen, die unberührt von der kulturellen Kunst geblieben sind" und das was sie tun, „aus ihrem Innern und nicht aus den Klischees der klassischen Kunst oder der gerade aktuellen Strömung" bezögen.[288]

In einer Zeit abhanden kommender Referenzen – wir verweisen auf die Entdeckung der ‚art brut' im ersten Drittel des letzten Jhs., die eine Zeit philosophischer Wertediskussionen war, eine Zeit von verzweifelten lebens- und wertphilosophischen Bemühungen um ein Existenziale, das ein Stück Orientierung sein wollte – könnte dieses Argument unsere hohe Wertschätzung der Kunst geistig behinderter Menschen begründen[289], könnte erklären, wie der Kunsttheoretiker Peter Gorsen (2000) gesagt hat, dass „die künstlerische Karriere der Außenseiter und Geisteskranken […] immer unabhängiger von der theoretischen Positionierung und häufig auch gegen sie erfolgt" ist[290]. Gorsen sieht hier auch den wesentlichen Grund dafür, dass die *„Kunsttherapie* […] erst zu einer derart gefragten Disziplin der modernen Kommunikation werden [konnte], nachdem die Wesensdifferenz zwischen Kunst und Leben in einem umfassenden Wahrnehmungs- und Erfahrungskontext von den Künstlern problematisiert und aufgelöst wurde."[291]

Ästhetisch-theoretischer Nachtrag:

Bereits um 1930 hatte sich ein weltweit anerkannter Philosoph namens Cassirer einen Namen gemacht, als er unsere Frage um die künstlerische Validität des sich u.a. bildnerisch ausdrückenden behinderten Menschen in einer Abhandlung ‚Zur Pathologie des Symbolbewusstseins' (zwischen 1925-1930) zu beantworteten suchte.[292] Cassirer war geleitet von der Überzeugung, dass das menschliche Bewusstsein sich wesentlich durch seine Symbolfähigkeit definiere; dass dieses

288 Dubuffet, J., zit. nach: Theunissen, G. 2004, 11; vgl. Galerie g26.ch20003.

289 Vgl. Theunissen 2004, 9 f.

290 Vgl. Gorsen 2000, vgl. http://www.grg23-alterlaa.ac.at/kunsttherapie/texte/gorsen.html (abgerufen am 3.4.2015).

291 Ebd.

292 Cassirer, E. (1975; zuerst editiert 1923-30): Zur Pathologie des symbolischen Bewusstseins. In: Philosophie der symbolischen Formen. 3. Teil: Phänomenologie der Erkenntnis, S. 238-325;

musterbildend sich magisch-mystisch-religiös-politisch-wissenschaftlich-künstlerisch ausdrücke und konstituiere; dass dieses aber auch in den diesbezüglichen Resonanz-, d.h. Erfahrens- und Kommunikationsräumen (Magie, Mystik, Religion, Politik, Kunst etc.) zusammenbrechen könne und angesichts der sich auflösenden Ordnungen – ausgelöst beispielsweise durch schwere psychische Belastungen oder kognitive Beeinträchtigungen – aus der Komplexität seiner Lebensordnungen auf einfachste vertraute Erfahrens- und Verhaltensschemata zurückfallen könne. Wenn das „Kohärenzerlebnis" der Dinge verloren gehe[293], sozusagen „die Freiheit des Überblicks" und damit „die festen Mittelpunkte"[294] verliere, träten „an Stelle ‚allgemeiner' Ausdrücke partikulare und individuelle", verschwände die Fähigkeit, „eine Mehrheit und Verschiedenheit von Bedeutungskreisen selbst wieder zu einem neuen, durch eine einheitliche Form bezeichneten sprachlichen Ganzen zusammenzufassen"; und in der Folge gelange „die Kraft der Gestaltung […] an ihr Ende."[295]

Cassirer, in neuer Zeit in dem Vorgestellten kolportiert von dem Londoner Neuropsychiater und Task-Force-Leiter dreier Londoner Psychiatrien, Norbert Andersch (2014), beschreibt ästhetisch-erkenntnistheoretisch diesen Umstand, in dem sich möglicherweise auch der Mensch mit geistiger Beeinträchtigung befindet und aus dem sich der einzigartige Blick dieses Menschen erklärt. Norbert Andersch sagt von ihm, dass dieser unter dem Oktroyat schwerer psychischer Belastung solche mentale Funktionsräume aufsuche, in denen er sich zuhause und sicher fühle (Magie – Mythos – Religion u.a.). Er sieht darin einen Grund, dass der Erkrankte individuelle, spezifische ästhetische Konfigurationen tätige, die dem Betrachter als ausserhalb jeder kulturellen Vorgabe erschienen.

2.2.2.3 Menschen mit einer dementiellen Behinderung

Die Arbeit mit verwirrten alten und dementiell behinderten Menschen, das eröffnet ein neues Berufsfeld. Theoretisch noch wenig fundiert, aber praktisch schon in vieler Hinsicht erfahren, erweist sich die Arbeit in diesem Feld als ein Fach, das bedürfnis-, sozial- und kontextuell-, kultur- und anthropologisch-orientiert ist, das auch neben den pädagogischen therapeutische Methoden einbezieht und altersverwirrte Menschen präventiv und lebenssituativ begleiten will.[296]

Präventiv schenkt sie ihre besondere Beachtung und Förderinteresse jenen Menschen, die erst im Alter, da hirnorganisch erkrankt, von Behinderung bedroht

[293] Cassirer 1975, 3. Teil, 261.
[294] Cassirer 1975, 3. Teil, 263.
[295] Cassirer 1975, 3. Teil, 267-269.
[296] Vgl. Menzen, 2008a, Einleitung.

oder seit langem bis in die momentane hohe Altersphase schon behindert sind. Rehabilitativ will sie ihre komplexen Hilfeleistungen, zeitweise nannte sie diese ‚ganzheitlich', denen zugutekommen lassen, die angesichts einer gestörten Entwicklung, einer Erkrankung oder der lebenslang begleitenden Behinderung physisch, psychisch oder sozial außergewöhnlich belastet sind und aus den Einbahnstraßen des Lebens nicht mehr herausfinden. Sie will die belasteten Menschen in deren Versuch begleiten, die erschwerten Lebenssituationen im Hinblick auf den Alternsprozess neu zu bewerten, neue Kontrollüberzeugungen zu erarbeiten, so dass das Leben der alten Menschen mit Behinderung zumindest erträglich ist.

Sie will mit eben diesen Menschen eine Tages- und Lebensstruktur erarbeiten, die im Rahmen der jeweiligen Wohn- oder Pflegeeinrichtung – und zuweilen nach der langen Phase ihrer Werkstatttätigkeit – den individuellen, sozialen und kulturellen Bedürfnissen gerecht wird.

Wir wollen das Hilfeangebot zusammenfassen, die Aspekte der Hilfeleistungen in Augenschein nehmen:

Die Förderung alter und ggfs. dementiell behinderter Menschen versteht sich als eine spezielle Arbeit, die bedürfnis-, interaktions-, sozialraum- und kontextuell, kulturell und anthropologisch orientiert ist und im Umgang mit den Betroffenen auch bildnerische Methoden einbezieht.

- *Als Prävention* zeigt sie eine besondere Beachtung und Förderung u.a. von alten Menschen, die von Behinderung und Erkrankung bedroht sind.
- *Als Rehabilitation* will sie komplexe Hilfeleistung anbieten angesichts physisch, psychisch und sozial aussergewöhnlicher Belastung u.a. bei Störungen der Altersphase sowie bei Erkrankung und bestehender oder aufkommender Behinderung.
- *Als Begleitung* will sie ein Versuch der aktiven Neubewertung der erschwerten Lebenssituation und der Erarbeitung neuer Kontrollüberzeugungen im Alter sein.

Wenn wir über die Förderung alter und ggfs. behinderter Menschen sprechen, dann ist es gut sich daran zu erinnern, dass das Altwerden ein vorformulierter kultureller Tatbestand ist. Entsprechend gibt es verschiedene Modelle des Alterns, unter dem *vier Modelle, das Defizitmodell, das Lebenslauf-Modell, das Modell des erfolgreichen Alterns und das Modell der Kulturanthropologie* besonders hervorstechen:[297]

[297] Vgl. Menzen 2008a, 9-12.

Das *Defizitmodell* betont, wie sein Name sagt, eine defizitäre Orientierung in der Betrachtung des nicht mehr so lebenstüchtig erscheinenden Menschen. Diesem Modell ist zugute zu halten, dass es bei aller Hinwendung zu den Gesundheitsaspekten des Lebens daran fest halten möchte, dass es eine Lebensphase gibt, in der wir fortschreitend mit Erkrankung und Kompetenzdefiziten rechnen müssen.

Das *Lebenslaufmodell* kommt diesem Defizitmodell insofern nahe, als es psychologische und -entwicklungsphysiologische Standards zugrundelegt, die sich im Alter naturgemäß anders als vordem profilieren.

Das *Modell des erfolgreichen Alterns* möchte die erlebten Verluste im Alter durch die Kompensationsleistungen ersetzen, die den alten Menschen als kompetenten Akteur der eigenen Entwicklung herausstellen und weniger an die Pathologiesierungen des Lebens erinnern.

Das *Modell der Kulturanthropologie* sorgt sich besonders um die kulturell übereigneten Formen des Lebens, die im hohen Alter nicht nur erhalten werden wollen, auf die der alte verwirrte Mensch auch selbst-stabilisierend zurückgreift.

Normalverteilte und darüber hinausgehende Beeinträchtigungen des Alterns

Die Einschränkungen, die der alte Mensch im Laufe seines Lebens erleidet, sind zahlreich: Wir erleben im Alter eine altersbedingte Weitsichtigkeit, Linsentrübungen, einen Nachlass der Akkommodation der Augen, einen Hochtonverlust der Ohren. Auch die Elastizität der Lunge nimmt ab. Der Brustkorb wird steif. Wir erleben eine abnehmende Anpassung der Arterien an die Leistungen, die uns abgefordert sind. Wir erfahren eine verzögerte Blutdruckregulation und eine Einschränkung des Herzschlagvolumens. Generell nimmt unsere Muskel-Leistung stetig ab – es sei denn, dass wir unentwegt trainieren. Im Alter sind die Bänder, die Sehnen und die Muskeln weniger dehnbar. Die Gelenkbeweglichkeit nimmt ab. Die Gefahr von Knochenbrüchen nimmt zu. Dies ist auch der Beginn eines längeren Liegens, einer größeren Isolation und damit verbunden der Beginn von Desorientierungen, die der alte Mensch erleiden muss. Eine Berliner Studie präzisiert[298]: In ihr wird besonders darauf verwiesen, dass Menschen mit geistiger Behinderung – erst recht ältere Menschen – oft auch an *psychischen Erkrankungen* leiden, die zusätzlicher Betreuungsmaßnahmen bedürfen.

Die Weltgesundheitsorganisation spricht von Demenz, wo eine erworbene globale Beeinträchtigung der höheren Hirnfunktionen einschließlich des Gedächt-

[298] Vgl. Seifert, 1993, 240; mit Bezug auf: Skillandat, M. (2003, 105): Geistig behinderte alte Menschen in Wohnheimen. Diss. PH Heidelberg.

nisses, der Fähigkeit Alltagsprobleme zu lösen, der Ausführung sensomotorischer und sozialer Fertigkeiten, der Sprachkommunikation sowie der Kontrolle emotionaler Reaktionen ohne ausgeprägte Bewußtseinsstörungen zu verzeichnen ist. Die Formen der Demenz stehen im Mittelpunkt, wenn wir über Altersverwirrung sprechen und darüber nachdenken, wie wir dieser beistehen können. Eine Frage an denjenigen, der sich in dieses Berufsfeld begibt, steht im Raum: Wieviel muss er über die gestörten neuronalen Prozesse der Wahrnehmung wissen?

Exkurs: Die neurologischen Grundlagen der Wahrnehmung und die Störungen bei dementiellen Erkrankungen

Unter den dementiellen Erkrankungen ist die Alzheimersche Krankheit mit ca. 55%, der Schlaganfall mit ca. 15% und das Schädelhirntrauma mit ca. 5% vertreten.

- Der *Schlaganfall (stroke)*, der in aller Regel infolge einer Durchblutungsstörung des Gehirns oder aber infolge eines Bruchs der Arterien im Gehirn auch die gewöhnlich gut mit Blut versorgten motorischen Areale betrifft (zuständig für Arme, Beine, Hüften, Gesichtsmuskulatur), zeigt in der Folge häufig Ausfälle in der visuellen, taktilen und propriozeptiven Wahrnehmung, sehr häufig einen so genannten Neglect, also einen Wahrnehmungsausfall einer gesamten Körper-/Sehhälfte.

- Das *Schädel-Hirn-Trauma (SHT)* kommt in aller Regel durch Stürze und Unfälle zustande. Allein durch die normalen muskulären Veränderungen des Ganges im Alter stürzt fast die Hälfte aller über 60-jährigen mindestens einmal innerhalb eines Jahres, 27 Prozent stürzen sogar häufiger als dreimal im Jahr. In der Folge wird besonders das Vorderhirn (der Präfrontale Cortex) betroffen, das unsere Handlungen plant, gefühlsmäßig einschätzt und initiiert. Da unsere Handlungen zeit-räumlich ablaufen, kommt bei einem SHT die Zeit-Orientierung abhanden. Den von SHT betroffenen Menschen sind zeit-räumliche und gefühlsmäßig-bewertende Einschätzungen nicht möglich, sie sind schwer desorientiert.

Schlaganfall und Schädel-Hirn-Trauma sind ggfs. durch drei wesentliche Symptome gekennzeichnet: Die Patienten können betroffen sein von einer *Aphasie* (Störungen des produktiven oder rezeptiven Sprachvermögens), von einer *Apraxie/Ataxie* (Störungen des Bewegungsentwurfs und seiner Ausführung), wie von einer *Agnosie* (Bedeutungsverlust; Verlust der Personen- und Gegenstandsbezeichnungen). Alle drei Störungen können begleitet sein von einer so genannten *Amnesie* (teilweiser oder totaler Gedächtnisverlust). In allen drei Fällen hat *die Arbeit mit Bildern* eine große Chance, *an die Reste alter Vorstellungsbilder anzuknüpfen*. Das in allen Fällen am längsten erhaltende Gedächtnis ist das so genannte prozedurale Gedächtnis, ist die Erinnerung an das Prozedere der alten Bewegungsentwürfe und ihre Ausführung. Die physischen Traumatisierungen des Gehirns, die mit den drei schweren Störungen einhergehen, werden in Unfallkliniken wie der Wiener Unfallklinik auch standardmäßig kunsttherapeutisch behandelt.[299]

2.2.2.3.1 Was ist Alzheimer-Demenz (DAT)?

Wir reden über Alzheimer-Demenz. Wir reden darüber, dass Menschen in ihrem Beruf oder im Privatleben vergesslich geworden sind. Bisher geläufige Routineaufgaben bereiten ihnen zunehmend Schwierigkeiten. Ihre Sprache verarmt. Sie verirren sich in bekannter Umgebung, haben keine zeitliche und örtliche Orientierung mehr. Alltägliche Situationen werden falsch eingeschätzt. Sie möchten telefonieren, wissen aber nicht, wie man dies tut. Sie verlegen Gegenstände, die Haarbürste landet im Backofen. Es treten unangemessene, sozial störende Stimmungsschwankungen auf. Sie werden misstrauisch, ängstlich, reizbar und misstrauisch. Sie scheinen alle ihre Energie verloren zu haben, es sei denn, dass sich diese explosionsartig in heftigen aggressiven Impulsen kurz äußert; sie sitzen tagelang apathisch vor dem Fernseher. Irgendwann mit zunehmendem Alter merken sie, dass sie eines oder mehrere dieser Merkmale an sich haben. Und sie wissen vielleicht auch, dass mit dem Alter das Risiko, an Alzheimer zu erkranken, steigt.

Tatsächlich sind die meisten Alzheimerkranken in der Bevölkerung bei den über-65-Jährigen zu finden. Und sie, die möglicherweise Betroffenen, haben vielleicht auch gelesen, dass bei der altersbedingten Form von Alzheimer-Erkrankung die Vererbung keine große Rolle spielt. Aber in jenem Artikel, den sie darüber gelesen haben, stand auch, dass die Alzheimer-Demenz in einer Familie gehäuft auftreten kann. Wenn hiernach eine genetisch bedingte Erkrankung der Fall ist, so haben sie damals gelesen, bricht die Krankheit in der Regel meist deutlich vor dem 65. Lebensjahr aus. Auf jeden Fall sind sie, über die wir reden, im Vorfeld ihrer Erkrankung sehr beunruhigt.

Was passiert eigentlich im Vorfeld dieser Erkrankung? Sie scheint schleichend zu beginnen, und unbemerkt – es sei denn, die zunehmende Vergesslichkeit oder andere Symptome fallen auf – beginnt das Gehirn zu schrumpfen. Am Ende werden fast 20% dieses Gehirns betroffen sein. Zurück bleiben mit Gehirnwasser gefüllte Hohlräume. Da gibt es keine Nervenzellen mehr, die miteinander kommunizieren könnten. Die langen Neurotransmitterbahnen des Acetylcholin, die

[299] Vgl. Gebharter, E., Murg, M., Oder, W. (Hrsg.), 2009.

extra für die Kommunikation in dem vorderen Meynert-Basal-Areal des Gehirns gebildet werden, werden funktionslos. Ein um sich greifendes Zellsterben breitet sich von vorne seitlich (betroffen sind die Schläfenlappen, die uns an Personen und Sachen erinnern) nach hinten (visuelle Hirnareale) zur oberen Mitte (visuelle Konstruktionen von sinneshaften und speziell räumlichen Zusammenhängen) nach vorne (motorische Steuer-, Assoziations- und Handlungszentren) aus, hat schließlich das gesamte Gehirn erfasst.

Die Diagnose DAT (Demenz vom Alzheimer-Typ) wird in der Regel erst gestellt, wenn die Krankheit schon weit fortgeschritten ist. Und schon jetzt ist Hilfe angesagt bei den alltäglichsten Handlungen: Brot schneiden, Kaffee kochen, im schlimmsten Fall: Türen auf- und zumachen. Da steht – kleine Episode im Verlauf eines unserer Projekte an einer Neurologischen Klinik – der bisher selbstbewusste Bauer eines landwirtschaftlichen Betriebes vor der Toilettentür und weiß sie nicht zu öffnen. Nicht als wenn solche Versagenserfahrungen spurlos an den Betroffenen vorbeigingen: Sie reagieren zunehmend ängstlich, werden ob ihrer Verlusterfahrungen depressiv und ziehen sich zurück. Dann stehen sie auf einmal vor dem Spiegel und erkennen sich selbst nicht mehr.

Natürlich sind Kompetenzen intakt geblieben: Da ist beispielsweise das psychovegetative Zentrum der Stammhirns, das für die grundlegenden Körperfunktionen wie Herzschlag, Blutdruck, Wach-Schlafphasen etc. zuständig ist. Und auch das so genannte prozedurale Gedächtnis, das für die grundlegenden und lange eingeübten Bewegungsabläufe zuständig ist, scheint noch lange intakt: Gehen, sich-Hinsetzen, der Impuls, die Kaffeetasse zu greifen, – solches motorisch lebenslang Eingeübte ist noch nicht betroffen. Wenn die Betroffenen beispielsweise das Gehen und das Lächeln verlernt haben, schließlich der Hirnstamm den Atem-Impuls sozusagen vergisst, sterben sie meistens. Der Neurochirurg, der jetzt ihr Gehirn öffnen würde, würde eine zerklüftete, zerfurchte Hirnoberfläche vorfinden.

Was ist eigentlich neurologisch passiert? Seitdem Aloïs Alzheimer im Jahr 1906 seine Patientin Auguste Deter seziert hat, wissen wir es: Die Nervenzellen sind sozusagen erstickt, innerlich (durch schlecht gefaltete Proteine, die in den Zellmembranen hängenbleiben und Eiweiß-Ablagerungen verursachen, Verstopfungen bewirken, die sog. Tau-Fibrillen) und äußerlich (durch Plaques, d.h. Eiweißverklumpungen, die – so die neueste Forschung über das sog. ‚glympathische System' der Hirnflüssigkeit – nicht mehr abtransportiert, entsorgt werden).[300]

[300] Vgl. Mikecz, A.v. (2014): Neurodegeneration als Folge gestörten biochemischen Gleichgewichts (Pathology and function of nuclear amyloid: protein homeostasis matters). In: Vorveröffentlichung des Leibniz-Instituts Düsseldorf; vgl.

Die Transportbahnen innerhalb der Zellen werden verstopft und Ablagerungen an den Blutgefäßen verengen deren Wände und verursachen eine Mangelversorgung des Gehirns mit Blut, Sauerstoff und Nährstoffen. Zur Zerstörung der Nervenzellen tragen auch großflächige Entzündungsprozesse bei, welche die Regulation des Stoffwechsels der Zelle beeinträchtigen. Die nunmehr einsetzende Degeneration der Nervenreizweiterleitungen verantwortet schließlich ein Absterben der Nervenzellen selbst. Nervenzell-Areale fallen aus und sind nicht mehr in der Lage miteinander zu kommunizieren. Die klinische Ursachenforschung hat eine Risikogen, das ApoE4 ausgemacht, das aber nur zu etwa zehn Prozent eine mögliche Erkrankung erklären könnte.

Der *Verlauf der dementiellen Erkrankung* stellt mentale Abbauprozesse fest, die frühdiagnostisch in Gedächtnisverlusten, dann zunehmend in Verlusten funktioneller Selbstständigkeiten, schließlich in Verhaltensproblemen und nach ca. drei Jahren nach Feststellung der ersten Diagnose in der Unterbringung in einem Pflegeheim münden. Gibt es, so fragen wir, Indikatoren in der Entwicklung auf diesen Zustand hin? Die Antwort heißt: So wie sich das Kind von einer sensomotorischen Phase (1. bis 2. Lebensjahr) zu den ersten präoperationalen Kompetenzen (2. bis 7. Lebensjahr) zu konkret operationalen Kompetenzen (7. bis 12. Lebensjahr) und schließlich zu abstrakten gedanklichen Kompetenzen (ab dem 12. Lebensjahr) entwickelt hat, – *so hat sich der von der Alzheimer-Krankheit Betroffene zurückentwickelt: Er verliert zunehmend die zunächst abstrakten, dann die konkreten, schließlich die symbolischen Fähigkeiten, findet sich am Ende wieder auf dem Niveau der sensomotorischen Phase.* Die Rückentwicklung geht schrittweise einher mit einem Ich-Erleben, das zunächst mühsam seine Fassade und die Gefühlskontrolle aufrechtzuhalten sucht, dann aber die Gefühle sozial zwar noch äußern aber nicht mehr filtern kann, nach dieser Phase sich zunehmend in eingeübten Lebensäußerungen wiederholt, sich schließlich in eine innere Welt zurückzieht, die von außen ggfs. nur noch basal-stimulativ d.h. berührungshaft, farblich, melodisch erreichbar ist.

- Eine Fassade wird aufrechtgehalten. Gefühlskontrolle. Körperkontakt nicht angesagt
- Gefühle werden zwar geäussert, aber sie werden sozial nicht gefiltert. Identitätsverlust
- Wiederholte, repetitive Bewegungen, alte Muster. Wenig Sprache. Durchweg nur innere Welt vorherrschend

http://www.iuf-duesseldorf.de/news-details/items/neurodegeneration-als-folge-gestoerten-biochemischen-gleichgewichts.html (abgerufen am 4.4.2015).

- Wiederholte, repetitive Bewegungen, alte Muster. Wenig Sprache. Rückzug in eine innere Welt

Cora van der Kooij (1997) hat uns die Phasen dieses Rückzugs eindringlich geschildert (hier in der Zusammenfassung von Egenlauf, 2006); hat uns eine Methode vermittelt, die sie nach dem aristotelischen Wort ‚Mäeutik' (Hebammen-Kunst) nennt, also die Kunst, etwas ans Tageslicht zu bringen, was verborgen ist, in unserem Fall: dabei ist zu verdämmern.

Cora van der Kooij will die Angehörigen und die Mitarbeiter von Alten- und Pflegeheimen in die Lage versetzen, die Situation der dement werdenden alten Menschen richtig einzuschätzen. Ihr Prinzip heißt „Suchend Reagieren". Es verlangt vom betreuenden, begleitenden Menschen, dass er im Prozess von Förderung oder Pflege sich ständig fragt, wo sich der Betroffene befindet; fragt, wie seine Augen, seine Haltung, seine Muskulatur, seine Gefühle, seine Handlungslogik, seine Energie, seine Identität und sein sozialer Kontakt geschaffen sind.

Desiree Egenlauf (2006) hat die Arbeit van der Kooijs versucht zusammenzufassen. Sie hat in ihrer Arbeit ‚Wege der Kontaktaufnahme – Suchend Reagieren als Prinzip in der Beziehungsgestaltung zu Menschen mit Demenz' die Beobachtungskriterien Cora van der Kooijs kolportiert:

Wir befinden uns in einem Zentrum für Geriatrie und Gerontologie. Um uns herum sitzen Menschen, die alle die eine Diagnose erhalten haben: DAT – Alzheimererkrankung im frühen Stadium. Wir haben uns auf den Stand der Forschung gebracht. Bevor wir mit der Arbeit beginnen, müssen wir wissen, wie ein Bild, sozusagen ‚der Gegenstand im Kopf als Vorstellung' entsteht, – denn wir wollen bekannte expressionistische Bilder nachmalen.

Wie entsteht das integrierte Bild in unserem Kopf, fragten Crick und Koch (1993). Ihre Antwort lautete: durch betrachterzentrierte Repräsentation. Sie führten aus: Ein Netz von Verbindungen zwischen den Arealen sorge für einen beständigen Abgleich, koppele jeweils zurück nach Empfang, sende die Bestätigung wiederum an das umfassendere Areal, das z.B. das Gesichtsfeld topografisch präzise abbilde.

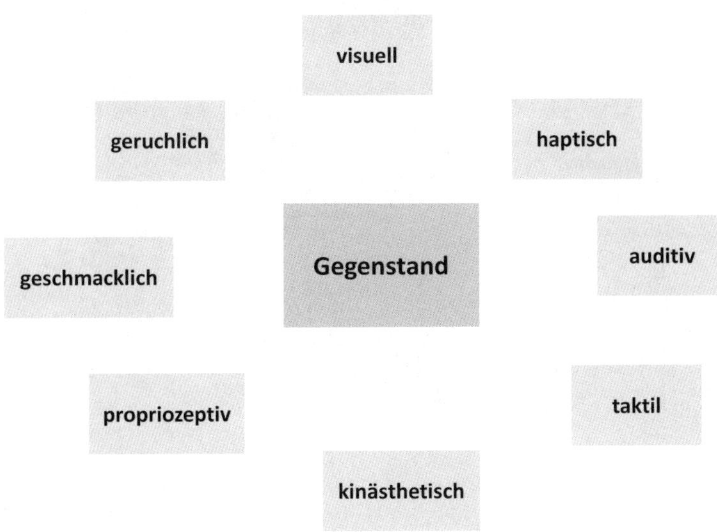

Abb. 12: Integration der Sinneseindrücke
(Schema: K.-H. Menzen).

„Ein Gegenstand kann auf mehr als eine Weise repräsentiert sein: als Bild, als eine Gruppe von Worten in geschriebener oder gesprochener Form oder gar als Berührungs- oder Geruchsreiz [...] Jede [dieser Repräsentationen, Anm. d. V.] ist zudem auf viele Neuronen verteilt [...] in verschiedenen Teilen des Gehirns repräsentiert [...] Es gibt zunächst die Repräsentation für ein Gesicht als solches: zwei Augen, Nase, Mund und so weiter [...] Daraus konstruiert das Gehirn eine betrachterzentrierte Repräsentation, die ohne Aufmerksamkeit nicht zustande kommt."[301] Die neuronale Repräsentation setzt sich aus vielen Informationen zusammen.

Der Neurologe Zeki (1993) hatte an diesen Aussagen einen großen Anteil. Er nannte die Orte der Repräsentation im Anklang an Edelman's *Kartierungen*[302] „Sortierfächer, in denen die Signale zusammenlaufen".[303]

[301] Crick u. Koch 1993, 108.
[302] Zeki 1993; 1995.
[303] Zeki 1993, 30.

Die Neurologin Anne Treismann fasste diese sich immer mehr bestätigende Annahme in einer Graphik zusammen:

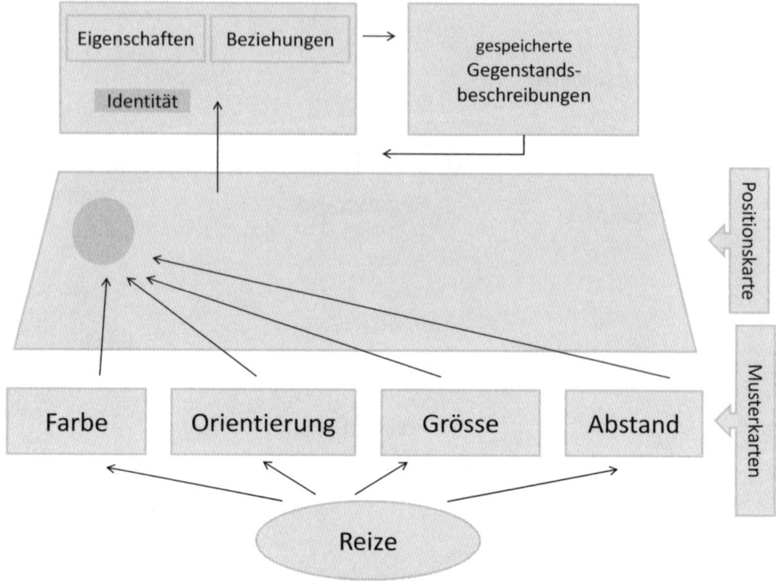

Abb. 13: Merkmale und Gegenstände in der visuellen Verarbeitung (Schema: K.-H. Menzen, nach: A. Treismann).[304]

Das Modell von Anne Treismann[305] stellte im Anklang an Edelman eine Hypothese über die anfänglichen Stufen der visuellen Wahrnehmung dar, die sie aus ihren Experimenten ableitete. Sie schlug darin vor, dass beispielsweise das Sehen auf der untersten Stufe einige einfache und zweckmäßige Eigenschaften einer Szene in Form zahlreicher Merkmalskarten codiere, die möglicherweise die räumlichen Beziehungen der visuellen Welt bewahrten, aber nachfolgenden Verarbeitungsstufen selbst keine räumliche Information zur Verfügung stellten. Stattdessen wähle dann gerichtete Aufmerksamkeit mittels einer Originalkarte der Positionen die Merkmale aus, die an bestimmten Orten vorhanden seien, und füge sie zusammen. Auf späteren Stufen diene schließlich die zusammengefügte Information dazu, Akten über die Gegenstände der Wahrnehmung anzulegen und auf den neuesten Stand zu bringen. Der Reihe nach würden die Akteninhalte mit Beschreibungen verglichen, die in einem Wiedererkennungsnetzwerk gespei-

[304] Vgl.: Spektrum der Wissenschaft: Gehirn u. Kognition, 1990, 144.
[305] Treismann 1990, 144.

chert seien. Das Netzwerk vereinige Merkmale, Verhalten, Namen und Bedeutungen vertrauter Gegenstände.

A. Engel und W. Singer unternahmen anschließend in ihrem Artikel ‚Neuronale Grundlagen der Gestaltwahrnehmung‘ (1997) eine erste Zusammenfassung:

- Erstens erklärten sie: „Insgesamt lässt sich aus den hier beschriebenen Untersuchungen die Vermutung ableiten, dass der vom Assembly-Modell postulierte zeitliche Bindungsmechanismus im Gehirn tatsächlich existiert. Die bisher vorliegenden Ergebnisse sprechen dafür, dass neuronale Objektrepräsentationen in ausgedehnten und über weite Hirnbereiche verteilten Assemblies bestehen, die durch eine Synchronisation der jeweils relevanten Neuronen gebildet werden. Die Synchronisationsphänomene, die den Aufbau solcher Assemblies erlauben, stellen nach unserer Hypothese eine wesentliche Voraussetzung für den Prozess der Gestaltwahrnehmung dar.“ [306]

- Zweitens konnten sie unter Bezugnahme auf die Forschungen des englischen Neurologen Zeki und des amerikanischen Neurologen Edelman (1995) nachweisen, wo die neuronalen Assemblies sich verorten.Der Neurologe M. Zeki führte in ‚Spektrum der Wissenschaft‘ (1993) aus: Getrennte Nervenbahnen übermittelten Farb-Form-Bewegungssignale zu einem Verteiler, – er sprach von den erwähnten „Sortierfächern, in denen die verschiedenen Signale zusammenlaufen“ [307], die wiederum kodierten und zuordneten. Er konnte diese Behauptung aufgrund seiner Forschungen genau spezifizieren.

Die kunsttherapeutische Forschung hat in den vergangenen Jahren daraus gelernt und konnte zur Einsicht in die Phänomene beigetragen.[308] Und so machten sich KunsttherapeutInnen daran, die im stationären Rehabilitationsbereich auftretenden Phänomene gleichberechtigt und fachbereichs- wie indikationsbezogen gemeinsam mit den Neurologen und Klinischen Psychologen zu kodieren.[309]

[306] Singer, Engel 1997, 66 f.; zum Begriff der *‚assemblies‘* vgl. Glossar.

[307] Zeki1993, 30.

[308] Vgl. Menzen 2008 a, b, c.

[309] Vgl. Die ‚Künstlerischen Therapien‘ werden erwähnt in folgenden Behandlungs-Katalogen: Im Kapitel 9 der OPS-Version 2015 (Akutklinik) unter ‚Ergänzende Massnahmen‘ (9-20...9-99), speziell: ‘Psychosoziale, psychosomatische, neuropsychologische und psychotherapeutische Therapie‘ (9-40...9-41); die ‚Künstlerischen Therapien‘ werden erwähnt in der KTL-Version 2015 (Rehabilitationsklinik) im Kapitel F Klinische Psychologie, Neuropsychologie, F68-69 Künstlerische Therapien einzeln bzw. Gruppe.

Sie gaben Bilder vor, machten Anleihen bei der rezeptiven Kunst, sie analysierten, entschlüsselten und reproduzierten Bilder. Benutzten eben diese unter Anwendung der vorgetragenen Erkenntnisse einer Neurologie der Bildentstehung. Im Wissen um die Rhythmen (Amplituden und Frequenzen) der neuronal sich synchronisieren wollenden Signale, im Wissen um die Verkartungen der neuronalen Eindrücke, – aber auch im Wissen darum, wenn diese einer Bild-Synchronisation nicht genügten.

Folglich verstanden sie ihre therapeutischen Interventionen als eine Art Unterstützung, auch als Kompensation des beeinträchtigten Wahrnehmungsvorgangs, dem es infolge des demenzbedingten Verlustes von Nervenzellen nicht möglich war, zu angemessenen Bildern seines alltäglichen Adaptationsvorgangs von Welt zu gelangen. Wir werden darüber genauer in Kap. 3.5 berichten.

Zusammenfassung:

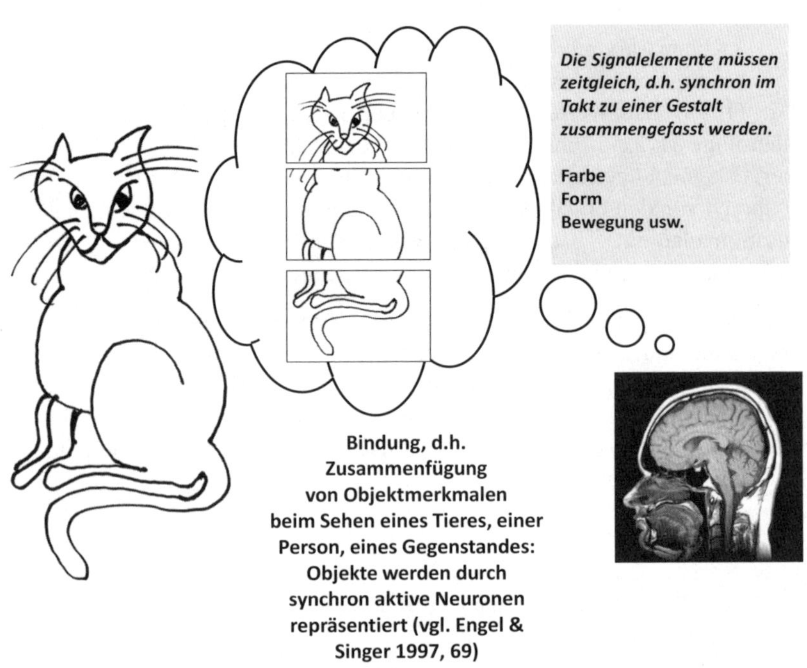

Abb. 14: Integration der Wahrnehmungselemente (Schema: K.-H. Menzen).

Traumata infolge psychosozialer Beeinträchtigungen und Handicaps des Demenzkranken:

In der Vielzahl der Verluste fällt besonders ein zunächst langsamer, dann stetig fortschreitender Abfall der kognitiven Leistungen auf. Die kognitiven Einschränkungen können u.U. nicht nur die Folge der dementiellen, sondern auch einer psychotraumatischen Erkrankung sein, und zuweilen ist eben diese Erkrankung demenzauslösend. Das betrifft u.a. auch die Gruppe jener Menschen, denen dieses Buch verpflichtet ist, jene Menschen, die mit schwerwiegenden psychosozialen Beeinträchtigungen leben müssen.

Eine Berliner Studie[310] verweist darauf, dass viele ältere Menschen mit geistiger Behinderung an *psychischen Erkrankungen* leiden und der zusätzlichen Betreuungsmaßnahmen bedürfen.

„Um die Notwendigkeit von Fachdiensten – speziell bei Problemverhalten von Menschen mit geistiger Behinderung – zu begründen, hat die Stiftung Neuerkode eine Erhebung zum Bedarf diagnostischer und therapeutischer Angebote in der Region durchgeführt. Es wurden Fragebögen über 1612 Personen mit geistiger Behinderung in Region Braunschweig-Wolfenbüttel- Helmstedt (Familie, Wohnheime und Wohngruppen, Außenwohngruppen, betreutes Wohnen, Wohngruppen im Vollzeitheim, Landeskrankenhaus) ausgewertet. Etwa die Hälfte dieser Personen weist deutliche *psychische Auffälligkeiten* auf, wobei provozierendes Sozialverhalten (34 %), aggressives Verhalten gegen Personen (29 %), zwanghaftes Verhalten oder Stereotypien (28 %) sowie depressives Verhalten, Passivität oder Rückzug (26 %) und Unruhe bzw. Überaktivität (26 %) am häufigsten vorkommen. 18 % bekommen Psychopharmaka […]. Michels zieht daraus den Schluss, dass der Mangel an Beratungs- und Therapieangeboten für gemeinde-integrierte Wohnformen bei diesem Personenkreis die Betreuungsform bestimmt: Psychische Störungen führen zu Ausgrenzung“[311]. Untersuchungen von Kruse und Ding-Greiner (2003) machen besonders auf die psychiatrisch oft unentdeckten psychiatrischen Phänomene aufmerksam. Sie verweisen darauf, dass in einem großen Ausmaß in unseren Alten- und Pflege-, aber auch Behinderteneinrichtungen Menschen mit in diesen Formenkreis fallenden Symptomen aufgehoben, eher: verwahrt werden. Sie weisen darauf hin, dass 54,1 % der als „organisch-psychotisch“, 57,3 % der als „schizophren“ und 54,6 % der als „affektiv-psychotisch“ diagnostizierten Patienten nicht bekannte somatische Befunde aufweisen, also über die Hälfte der somatischen Befunde bei psychiatrischen Erkrankungen nicht erfasst sind: „Schizophrenien bilden den größten An-

[310] Vgl. Seifert, 1993, 27; mit Bezug auf: Skillandat, M. (2003, 105): Geistig behinderte alte Menschen in Wohnheimen. Diss. PH Heidelberg.

[311] Seifert 1993, 27, zit. in: Skillindat, M., 2003, 105.

teil an psychischen Erkrankungen in den von uns untersuchten Einrichtungen."[312] Die schweren Psychotraumata spielen in der Untersuchung eine gewichtige Rolle.

Traumata, die der alte und infolge teilweise eingeschränkte Mensch erlebt, sind vitale Diskrepanzerlebnisse zwischen bedrohlichen Situationsfaktoren und individuellen Bewältigungsmöglichkeiten. Sie gehen mit Gefühlen von Hilflosigkeit und schutzloser Preisgabe einher und bewirken eine Erschütterung seines Selbst- und Weltverständnisses. Der Betroffene leidet in der Folge an schweren Depressionen oder narzisstischen Selbstwertstörungen und behilft sich durch situationsübergreifende Gefühlsabkapselungen. Er erfährt eine Veränderung seiner rezeptiven Wahrnehmung; der alte Mensch wird sein Selbst, seine Zeit und seinen Raum als nicht mehr verfügbar erleben. Und als Reaktion auf das Trauma wird der alte Mensch eine Art psychischer Erstarrung erleben, er wird apathisch werden, ab und zu panikartig sich selbst als nicht mehr verantwortlich für seine eigenen Handlungen erleben, wird gefühlsmäßig ausrasten und dissoziieren, um die Wucht seiner Erfahrung nicht nachvollziehen zu müssen. So wird seine Persönlichkeit bis auf den Grund desorganisiert.

Dissoziation bedeutet, ein fragmentiertes, abgespaltenes Dasein im Gedächtnis mit sich herumzuführen, das ein zukünftiges Lernen aus der Erfahrung verhindert. Die Lernfähigkeit, schreibt Diepold[313], „wird durch Traumatisierungen beeinträchtigt, weil das aversive System übermäßig stimuliert wird." Die Lernfähigkeit wird durch die Dissoziation der Bilder gebremst, – schon die Fähigkeit, Bilder und Fantasien zu entwickeln, wird zur Gefahr. Wie ein Kloß im Magen wird der alternde Mensch die unverdaubare Erfahrung mit sich herum schleppen.

Um den alten und dabei verwirrten Menschen zu verstehen, müssen wir wissen, dass er häufig Traumata erlitten hat. Wie eine Ärztegruppe aus Freiburg herausfand, konnten „etwa sechs Monate bis zwei Jahre vor Beginn erste klinische Zeichen der Demenz […] bei allen Erkrankten" festgestellt und als Ursache immer „ein schweres Belastungsereignis" gefunden werden.[314] Bauer kommt zu dem Schluss, dass nach Erfahrung der Freiburger Gruppe für viele Patienten in der Krankheit eine Art Weg aus schwieriger Situation gefunden worden ist.

Wenn die These der Freiburger stimmt, dann haben wir bei den traumatisierten alten und infolgedessen dementierenden Menschen neurologisch mit einer hohen Erregung der Amygdala (des Mandelkerns, der normalerweise alle Sinnesdaten bewertet, besonders konfliktträchtige Situationen anzeigt) zu tun, mit einem

[312] Kruse, Ding-Greiner 2003, 48.
[313] Diepold 1998, 136.
[314] Bauer 2002 b, 174.

teilweise abgeschalteten Hippocampus (jenem Kurzgedächtnisspeicher, der episodisch-Biographisches verarbeitet) und mit einem teilweise abgeschalteten Gyrus Cinguli (jenem neurologischen Bereich, der die thalamische Steuerzentrale des Gehirns, die Gefühle und die entsprechenden im Vorderhirn gesteuerten Verhaltensweisen miteinander verbindet). Der alte und verwirrte Mensch hat also je nach Schwere des Ereignisses buchstäblich abgeschaltet und lässt die als besonders erschwerend empfundene Situation weder kognitiv noch emotional an sich heran.[315]

In dieser Situation wehrt sich der altersverwirrte, ggfs. traumatisierte und dementierende Mensch mit Recht, sich auf etwas einzulassen, was ihm die erschwerende Erfahrung wieder nahe bringt. In dieser Situation, das ist klar, bedarf er keineswegs eines Verfahrens, das an die belastete Situation erinnert. Die Formen des symbolischen Arbeitens verbieten sich aus diesem Grund zuweilen. Es geht vor allem darum, den alten Menschen in seinem Selbstverständnis zu stabilisieren. Und es geht auch darum, seine Regressionen zu akzeptieren, d.h. seinem Rückzug auf ein Bild von sich selbst, das die eigenen Körperfunktionen automatisiert hat und sich solchermaßen vor allzu viel Reflektion rettet. Wir werden also anfangen, auf dem neuronalen Hintergrund dieses Menschen besonders sein Körperverständnis zu aktualisieren, besonders das zu tun, was ihm in seinem Körper-Selbst-Erleben vertraut ist – und wenn es nur das erfrischende Gefühl beim Zähneputzen ist, das erinnert wird.

2.2.2.3.2 Kunsttherapie mit Demenz-, speziell mit Alzheimerkranken – Erste Annäherungen

In den heilpädagogischen wie den ergo- und künstlerisch-therapeutischen Förderangeboten ist die basale Stimulation die am meisten praktizierte. Wie im Sonder-, Förder- und heilpädagogischen Bereich, hat sie sich auch im Bereich der Ergotherapie wie der Krankenpflege viele Verdienste erworben.

Immer wieder zeigte es sich, dass der demente Mensch besonders in einem gehandicapt ist: Die Welt seiner Wahrnehmungsgegenstände ist zerfallen und macht es für den Betreuenden erforderlich, seinen Irritationen angesichts einer fragmentierten Welt durch umso strukturiertere d.h. weniger komplexe Angebote entgegen zu wirken. Es geht darum, den wahrnehmungsgestörten Menschen mit Hilfe sinnes- und körperhafter Stimulationen zu einer besseren Orientierung zu verhelfen. Ziel der basalen Stimulation ist, mit Hilfe somatischer, vestibulärer, vibratorischer, oraler, auditiver, visueller oder haptischer Reizdarbietung zu

[315] Vgl. 2.1.3.2.1 Neurologische, neurobiologische und genetische Grundlagen des Psychotraumas

einer verbesserten Wahrnehmungsfähigkeit und einem verbesserten Körperbild zu verhelfen.

Eine Vielzahl von stimulierenden Angeboten, die sich alle auf eine differenzierte Darbietung sinneshaft-ästhetischer Materialien festlegten, ist seit deren Erfindung in den Kliniken wie in den Einrichtungen der Alten- und Behindertenhilfe zu finden.

Nicht nur innerhalb der modernisierten Realitäts-Orientierungs-Trainings-(ROT) Abteilungen der Kliniken werden den dementiell beeinträchtigten Menschen regelmäßig Projekte angeboten, in denen sie beispielsweise Riechen und Schmecken trainieren können, und in denen ihnen bewusst wird, wie sich über eben diese Sinnestätigkeiten besonders ihr Essverhalten verändert.

So wird den Betroffenen bald klar, dass sie im Alter süße Speisen eher wahrnehmen als saure oder salzige, dass sie im Alter eher dazu tendieren, süße Speisen zu sich zu nehmen, was zu Blutfettstörungen führen kann. In den Betreuungsgruppen lernen die Betreuer andererseits bald, den angenehmem süßen Geschmack für die Lust am Essen zu nutzen, um einer Appetitlosigkeit, auch einer Mangelernährung vorzubeugen. Die Stimulation des Geruchs- und Geschmacksorgans erweist sich bei den alten und dementiell behinderten Menschen als lebenswichtig. Wie die kognitive Förderung kunsttherapeutischerseits geschehen kann, werden wir in Kap. 3.5 sehen.

2.2.3 Zur Schädigung von psychischen Strukturen: Seelische Behinderung

Die heilpädagogische Kunsttherapie hat es zunehmend mit Menschen zu tun, die schwere psychische Belastungen bis hin zu Traumata erlitten haben und nunmehr an den Folgen einer PTBS, einer posttraumatischen Belastungsstörung, leiden. In den heilpädagogischen Praxisgemeinschaften, aber auch in den Jugend- und Sozialämtern, wo in den Abteilungen der Sozialpädagogischen Familienhilfe (SPFH) zuweilen kunsttherapeutisch ausgebildete HeilpädagogInnen arbeiten, sind die Fälle zahlreich.[316] Sie werden in der Regel seelisch, geistig oder körperlich behindert genannt und tragen ggfs. infolgedessen an sich die Zuschreibung des ‚seelisch-behindert-Seins', die – in der Tradition eines neuzeitlichen Leib-Seele-Dualismus unhinterfragt in die Nähe des ‚Geistigen' oder ‚Psychischen' gerückt – in den Kommentaren zum Sozialgesetzbuch SGB dazu dient, auf einen umfassenderen Förderbedarf zu verweisen.[317]

316 Vgl. Menzen 2013, 11.
317 Vgl. Möller, W., Nix, C. (Hrsg.) 2006, 59.

Roth und Strüber (2014)[318] kommentieren: „dass das Gehirn die Seele hervorbringt, und zwar auf ganz unterschiedlichen Ebenen des neuronalen Geschehens". Die Autoren suchen das Verhältnis von ‚Seele' und ‚Psyche' zu fassen und beschreiben die Natur des Geistig-Psychischen als sich individualgeschichtlich entwickelnd, zunehmend autonom, ordungsstiftend, gestaltend und die Zustände des Bewusstseins synchronisierend: Hiernach zeigt sich letzteres in seinen neuromodulatorischen Synchronisationen als „Sprache der Seele", die sich evolutionsgeschichtlich zunehmend individuell-persönlich ausdrückt.[319] Die sog. ‚seelische Behinderung' erscheint also in den Unordnungen (die WHO spricht von *disorders*), Verwerfungen des persönlichen Ausdrucks (sog. *‚personality disorders'*, dt. Persönlichkeitsstörung), die sich „psychoneuronal"[320] zeigen und ggfs., so die im Folgenden zu klärende Unterstellung, entsprechend ‚psychotherapeutisch' nach den Standards des SGB VIII begleitet werden dürfen, – auch wenn viele Jugend- und Sozialämter sich dagegen aussprechen.[321]

Im Wissen darum, dass weder die Heilpädagogik noch die heilpädagogische Kunsttherapie zur Psychotherapie zugelassen sind, wohl aber den gesundheits-, wohlfahrts- und kommunal-gesetzlichen Auftrag haben, Heranwachsende mit seelischer Behinderung zu behandeln[322], wird hier – zunächst im Hinblick auf die in den heilpädagogischen Praxen schwerpunktmäßig behandelten Kinder und Jugendlichen – festgestellt:

1. Sind die Fälle psychotraumatischer Beeinträchtigung in der heilpädagogischen Praxis sehr häufig, werden diese auch in den Kommentaren zum Sozialgesetzbuch SGB VIII[323] explizit im Rahmen der heilpädagogischen Behandlung genannt.

2. Es ist eine Grauzone im Bereich von psychotherapeutischer und heil- und förderpädagogischer Praxis entstanden, die im 13. Kinder und Jugendbericht der Bundesregierung (2009) als „gesundheitspädagogisch" benannt und in den Kommentaren zu § 29 SGB VIII zwar noch unter dem Aspekt der „sozialen Gruppenarbeit" ausschließlich pädagogisch[324], im § 27 SGB VIII aber schon unter dem Aspekt der „Hilfen zur Erziehung" als „Gewährung pädagogischer und damit verbundener therapeutischer Leistungen"[325] verstanden ist. Diese

[318] Roth u. Strüber 2014, 43.
[319] Diess., ebd, 371-372.
[320] Diess., ebd., 375.
[321] Vgl. Möller u. Nix 2006, 139.
[322] Vgl. Möller u. Nix 2006, 172.
[323] Vgl. ebd.
[324] Möller u. Nix 2006, 144 f.
[325] Diess., 139.

therapeutischen Leistungen, so der bundesweit Geltung beanspruchende Kommentar, „müssen allerdings geeignet sein, die dem Kindeswohl entsprechende Erziehung zu fördern“ [326], sind also nicht ohne die pädagogische Absicht einzuleiten.

Im § 35a SGB VIII wird noch einmal darauf verwiesen, dass es sich im Begriff der „seelischen Behinderung“ um ein „sozialrechtliches Konstrukt“ handelt, welches „weder eine medizinische noch eine psychologische Kategorie ist" (ebd., 170), sich aber an den Störungen des ICD-10 orientiert und, wenn es sich als „schwer traumatisch“ erweist (ebd., 171), durchaus unter therapeutischen Zielsetzungen diskutiert werden kann.[327] Im Maßnahmenkatalog sind aufgeführt: „medizinische Rehabilitation, heilpädagogische Leistungen [...]“.[328] Der hier zitierte Maßnahmenkatalog der „Eingliederungshilfe für seelisch behinderte Kinder und Jugendliche“[329] bezeichnet sich als „nicht abgeschlossen“ und ermöglicht im Wissen um seine Angewiesenheit auch auf therapeutische Leistungen „auch Kombinationsleistungen“.[330] Soweit die Auslassungen die heilpädagogischen Befugnisse und Grenzen in der Behandlung von Heranwachsenden betreffend.

Wir können also von einem legitimen Auftrag heilpädagogischer Praxis ausgehen. Über diese Legitimation verfügt auch die sozial- und heilpädagogische Arbeit mit jungen Erwachsenen oder erwachsenen Menschen. Sie kann sich nicht nur auf SGB IX § 2 berufen, einen Artikel, der Menschen mit seelischer Beeinträchtigung von länger als sechs Monaten – und davon können wir bei PTSD-Patienten ausgehen – eine Behinderung zuspricht und dafür eintritt, dass sie wieder am gesellschaftlichen Leben teilnehmen können und zum Bezug der dazu dienenden Leistungen berechtigt sind. Vor allem aber ist es § 37a SGB V, der regelt, dass Menschen, „die wegen schwerer psychischer Erkrankungen nicht in der Lage sind, ärztliche oder ärztlich verordnete Leistungen selbstständig in Anspruch zu nehmen“, das Recht auf Inanspruchnahme sozialtherapeutischer Leistungen haben. Solche Leistungen werden von öffentlichen aber auch von privaten freien Trägern der Wohlfahrtspflege beziehungsweise der Kommunen angeboten.

Vor allem ist es der sozialpsychiatrische Dienst, der Teil des Gesundheitsamtes ist, aber auch von einem Träger der freien Wohlfahrtspflege oder einem eigenständigen Verein verantwortet werden kann. In den verschiedenen Bundesländern regeln Unterbringungsgesetze beziehungsweise „Gesetze für Hilfe und

[326] Ebd., 140.
[327] Vgl. Möller u. Nix 2006
[328] Ebd., 172.
[329] Ebd., 168 f.
[330] Ebd.

Schutzmaßnahmen“ (PsychischKG) die Betreuung von betroffenen Personen. Der schon genannte sozialpsychiatrische Dienst führt zwar die Gruppe der posttraumatisch belasteten Menschen i.d.R. nur als kleine Gruppe auf, aber unter dem Aspekt der sogenannten Komorbiditätsstörungen werden PTBS-belastete Menschen häufig unter anderen Diagnosen (z.B. Borderline-Störung, manisch-depressive, schizophrene oder affektiv-psychotische Störung[331]) in multiprofessionellen Teams von ärztlichen und psychologischen Psychotherapeutinnen, von Ärztinnen, psychiatrischen Pflegekräften, Sozialarbeiterinnen, Ergotherapeuten und eben auch von Heilpädagoginnen geführt. Die unscharfe diagnostische Zuordnung rührt aus den sowohl der PTBS wie der Psychose eignenden dissoziativen Störungen: Amnesien (Erinnerungslücken), Absorptionen (geistige Abwesenheit), Derealisationen (Nicht-Zugehörigkeit und Verzerrungen der Körper- und Gegenstandswahrnehmung), Konversionssymptome (körperliche Manifestationen psychisch-unverarbeiteter Belastung) sind wie die Dissoziation insgesamt Reaktionen der psychischen Abspaltung und in beider Symptomatiken zu finden.[332]

Auch wenn das klinische Erscheinungsbild der von einer PTBS Betroffenen sich erst langsam klärt[333]; auch wenn die klinischen Phänomene einer PTBS mit den

[331] Anm.: Angesichts der möglichen genetischen Faktoren der angeführten Erkrankungen sagt Markus Nöthen, Direktor der Humangenetik der Uniklinik Bonn, in einem Zeitungsinterview: „Viele genetischen Faktoren, die mit der Schizophrenie assoziiert sind, scheinen auch bei der Entstehung der Manie, der Depression oder des Aufmerksamkeitsdefizitsyndroms eine Rolle zu spielen“. (vgl. https://www.ukb.uni-bonn.de/42256BC8002AF3E7/vwWebPagesByID/C7E727EB331C0C97C1257C9800 5B4443; abgerufen am 28.7.2015) Und sein Kollege Ludger Tebartz van Elst, leitender Oberarzt der Abteilung für Psychiatrie und Psychotherapie der Uniklinik Freiburg, kommentiert: „Die Schizophrenie ist ein Sammelbecken für alles Mögliche“; in: M. Brendler: „Weg mit der Schizophrenie! Hinter der Diagnose können sich viele Krankheiten verbergen.“ Badische Zeitung, 27.7. 2015, 18. Der Beitrag erwähnt Thomas Insel, Direktor des US-amerikanischen *National Institute of Mental Health* (NIMH), der unlängst ankündigte, sein Institut werde in Zukunft nur noch solche Forschungen finanzieren, die den von der Psychiatrie antizipierten medizinisch-biologischen Ursachen sogenannter psychischer Erkrankungen auf den Grund gehen (vgl. http://www.meinungsverbrechen.de/tag/thomas-insel/; abgerufen am 28.7.2015).

[332] Vgl. G. Breitenbach, H. Requardt (2003): Traumatherapie mit EMDR bei Menschen mit Psychosen in der Vorgeschichte. Veröffentlichung des Instituts für Traumatherapie Berlin. In: http://www.traumatherapie.de/users/breitenbach/hydra.html (abgerufen am 28.7. 2015).

[333] Vgl. in diesem Zusammenhang die Hinweise auf die Abgrenzungsschwierigkeiten von psychosozialen und genetischen Faktoren der individuellen Reaktion: Mühleisen, Leber, Schulze et al., Genome-wide association study reveals two new risk loci for

dissoziativen Störungen einer Psychose durchaus korrelieren können[334], bedarf es deren Begleitung aufgrund einer gesicherten Diagnose. Diese wird sicher durch den Umstand erschwert, dass die zitierten Fachgruppen, unter ihnen die Gruppe der HeilpädagogInnen, die keine medizinischen Diagnosen stellen und auch nicht medizinisch behandeln dürfen, zwar massgeblich an den Sozialanamnesen, an der Vermittlung mit den klinischen Einrichtungen, direkt in der Arbeit mit den Bezugspersonen beteiligt sind, aber sich mit der derzeitigen Erkenntnis abfinden müssen, wohl den psychosozialen Anlass der posttraumatischen Reaktion, nicht aber deren genetischen Implikate gesundheitsgesetzlich befugt einschätzen und in den Focus der Behandlung stellen zu können. „Nur wenn wir die biologischen Grundlagen dieser Erkrankung kennen, können wir auch Ansatzpunkte für neue Therapien identifizieren“, sagt hingegen Prof. Nöthen, Direktor der Humangenetik der Uniklinik Bonn hinsichtlich des psychotischen Verhaltens, unter welchem Krankheitsbild viele der Betroffenen geführt werden – wohl um die Schwierigkeiten der Verursächlichung und diagnostischen Abgrenzung wissend. „Es sind offenbar sehr viele verschiedene Gene beteiligt, die mit Umweltfaktoren auf komplexe Weise zusammenwirken.“[335]

Angesichts der Verunsicherung von Zuweisungspraxis und diagnostischer Einstufung kann vorerst nur gelten: Die Arbeit der eher pädagogisch orientierten Berufsgruppen hat „Ressourcen erschließenden Charakter“[336] und arbeitet besonders mit all den Einrichtungen zusammen, die spezielle Hilfen anbieten, sodass es den Betroffenen schließlich möglich ist, einen „eigenständigen Umgang mit der psychischen Erkrankung“ zuwege zu bringen.[337] Die AWMF-Leilinien empfehlen: „Bedarfsorientiert Einbeziehung ergänzender Verfahren (z.B. stabilisierende Körpertherapie, künstlerische Therapie)“.[338]

bipolar disorder, Nature Communications, DOI: 10.1038/ncomms4339 (abgerufen am 28.7.2015).

334 Vgl. S-3 Leitlinie ‚Posttraumatische Belastungsstörung‘ der AWMF (Arbeitsgemeinschaft Wissenschaftlich-Medizinische Fachgesellschaften), Abschnitt: Diagnostik, in: http://www.awmf.org/uploads/tx_szleitlinien/051-010p_S3010p_S3_Posttraumatische_Belastungsstoerung_Patientenversion.pdf (abgerufen am 28.7. 2015).

335 Vgl. M.M. Nöthen, Anm. 258.

336 Wendt, in: Dörr 2002, 43.

337 Vgl. Obert, in: Grunwald u. Thiersch 2004, 305.

338 Vgl. Knaevelsrud, Chr. (2013): Posttraumatische Belastungsstörungen und andere Traumafolgestörungen.Vortrag FU Berlin, 5.6. 2013, Folie 36/36; vgl. http://www.bptk.de/uploads/media/20130829_knaevelsrud_gute-praxis-ptbs.pdf (abgerufen am: 29.3.2016)

2.2.3.1 Jugendliche Klienten mit Psychotraumata und PTBS in der heil- und förderpädagogischen Praxis

Folgender Bericht könnte für viele stehen:[339]

Pia (der Name ist geändert) berichtet von all dem, was sie sich antut. Sie berichtet davon, wie sie sich mit dem Feuerzeug verbrennt, davon, wie sie die Zigarettenkippen auf ihrer Hand ausdrückt, wie sie mit ihren Händen gegen die raue Mauer schlägt, bis diese bluten, wie sie sich mit kochendem Wasser verbrennt. Und sie sagt, das sei etwas Intimes. Und deshalb achtet sie darauf, dass man die Wundmale nicht so sieht. Jedenfalls, sagt sie, achtet sie darauf, dass Erwachsene ihre Schnitte und Verbrennungen nicht sehen, – bei ihren Klassenkameraden ist ihr das egal. „Das tun doch viele. Du nimmst die Rasierklinge, setzt sie auf die Haut und ziehst. Und dann blutest du, und dann fühlst du dich wie befreit, – es ist so, als wenn du ein Ballon wärst, in den du stichst, und dann ist die ganze Spannung weg.“ Es fing mit all diesem Stress an, sagt Pia, es fing an mit diesen schrecklichen Szenen zwischen meinen Eltern zu Hause, dann mit diesem Stress in der Schule. Und dann saß ich da in dem Klassenzimmer hinten links an der Wand, und ich brütete vor mich hin, und ich fing an, mich mit dem Zirkel in die Hand zu stechen. „Es war irgendwie wie eine Befreiung“. Und dann habe ich das wiederholt, erzählt sie. „Um mich herum dachten alle nur an sich selbst, da war keiner, mit dem ich hätte sprechen können.“ Doch, fällt ihr ein: Da war dieser Assistenzarzt in der Notaufnahme, „der hat mich irgendwie verstanden... Da habe ich zum ersten Mal über meine Gefühle sprechen können.“ So hockt sie dort in der Ambulanz, und er hockt einfach neben ihr. „Das hat gut getan“, erzählt sie und lächelt vor sich hin. Und sie erzählt, wie sie mit den Eltern Fahrrad gefahren ist, quer durch den Allgäu, und sie auf sich und ihren Körper keine Rücksicht genommen hat, im Gegenteil, wie sie sich ins Zeug gelegt hat, wie ihr alles weh getan hat. Und dann hatte sie sich wieder gut gefühlt. Nur, als sie wieder zuhause waren, kamen wieder diese schlechten Gefühle. „Ich habe das überhaupt nicht verstanden“, sagt sie, „es lief doch alles so super.“ Sie habe sich gefühlt, sagt sie, als wenn sie in einem anderen Film wäre, nein, sie habe sich gar nicht gefühlt, – „so leer, nur so leer“. Und dann hat sie wieder geschnitten, und dann hat sie wieder in ihrem Bett gesessen und vor sich hin gestarrt.

Dieser Bericht könnte in Deutschland millionenfach wiederholt werden: Nach einem Bericht des Berufsverbandes für Kinder- und Jugendpsychiatrie, Psycho-

[339] Anm.: Der folgende Bericht entstammt einer heilpädagogischen Praxisbegleitung und ist anonymisiert.

somatik und Psychotherapie in Deutschland e.V. (BKJPP) „verletzen sich in Europa mittlerweile zwischen 4 und 10 Prozent der 15- bis 16-jährigen“, so der Facharzt für Kinder- und Jugendpsychiatrie, Christian Fleischhaker, BKJPP.[340] Sie schneiden sich (72 Prozent), sie verbrennen sich (35 Prozent), sie schlagen sich selbst (30 Prozent), sie kratzen sich (22 Prozent), sie reißen sich die Haare aus (10 Prozent) und brechen sich sogar selbst die Knochen (8 Prozent). Christian Fleischhaker berichtet: „Auslöser für ‚Ritzattacken‘ sind meist aktuelle belastende Ereignisse, wie Auseinandersetzungen mit Freunden und Eltern, Mobbing bzw. Ausgrenzung in der Schule.“[341] Am Rande der Tagung der Deutschen Gesellschaft für Kinder- und Jugendpsychiatrie erklärt deren Präsidentin, Beate Herpetz-Dahlmann, dass laut einer Studie bei rd. 5500 Neuntklässlern aus dem Rhein- und Neckar-Kreis sich an die 11 Prozent der Jugendlichen ein- bis dreimal im Jahr selbst verletzen.[342] Eine andere „Studie mit mehr als 6000 Schülern im Alter von 15 bis 16 Jahren, zeigte, dass 10.3% Erfahrung mit autoaggressivem Verhalten (über 64% davon sich selbst schneiden) hatten.“[343] „Weltweit“, so Jörg M. Fegert, Ulm (Deutsche Gesellschaft für Kinder- und Jugendpsychiatrie), „wird eine Prävalenz von SVV im Jugendalter von ca. 19% berichtet.“[344]

[340] BKJPP, 7.12.2006. Soweit der Text. Er beruft sich auf die europäische Studie „Child and Adolescent Self Harm in Europe (CASE)”, die von etwa vier bis zehn Prozent der 15- bis 16-Jährigen ausgeht. Befragt wurden über 30.000 Jugendliche in diesem Alter, unter anderem in England, Norwegen und den Niederlanden. (zitiert in: SPIEGEL-Online 10.10.2009; vgl. http://www.spiegel.de/wissenschaft/mensch/selbstverletzungen-online-test-soll-eltern-von-ritzern-warnen-a-653911.html, abgerufen am 31.1.2017). Der Vorsitzende des Bundesverbandes der Kinder- und Jugendpsychotherapeuten Christian Fleichhaker und Eberhard Schulz haben dazu 2010 ein Buch verfasst unter dem Titel „Borderline-Persönlichkeitsstörungen im Jugendalter. Manuale psychischer Störungen bei Kindern und Jugendlichen”, Springer: Wiesbaden. Andere Untersuchungen gehen davon aus, dass 4 Prozent der Jugendlichen *wiederholt* sich selbst ritzen. (vgl. Borderline-Persönlichkeitsstörungen im Jugendalter; Fachberater: Prof. Dr. Jörg M. Fegert, Ulm (DGKJP; Manuale psychischer Störungen bei Kindern und Jugendlichen; abgerufen am 31.1.2017)

[341] A.a.O.

[342] Vgl. dpa-Meldung 18.3.2005; Resch et al. 2013, 131.

[343] Vgl. Web4Health 2015; http://web4health.info/de/answers/border-selfharm-prev.htm (abgerufen am 5.4.2015).

[344] Vgl. Neurologen und Psychiater im Netz (Hrsg.): Was ist selbstverletzendes Verhalten, in: http://www.neurologen-und-psychiater-im-netz.org/kinder-jugend-psychiatrie/warnzeichen/selbstverletzendes-verhalten/was-ist-selbstverletzendes-verhalten-svv/; mit fachlicher Unterstützung von Jörg M. Fegert, Ulm (DGKJP); (abgerufen am 5.4.2015).

2.2.3.2 Was ist ein Psychotrauma und eine PTBS?

Alle Berichte handeln von seelischem Leiden, von traumatischen Erlebnissen in Kindheit und Jugend, von sexuellem Missbrauch, von körperlichen Misshandlungen, von Vernachlässigung, Konflikten und Gewalt in der Familie, vom Verlust eines nahe stehenden Menschen, von chronischen Krankheiten oder mehrfachen Operationen.[345] Wir reden von schweren psychischen Traumata, die in der Folge zuweilen als posttraumatische Belastungsstörung mit Drogenabusus (75 Prozent), mit Alkoholabusus (30 Prozent), mit Promiskuität, d.h. einem verunsicherten sexuellen Verhalten (50 Prozent), und mit Essstörungen (40 Prozent) einhergehen. „Als mein Vater aufhörte mich zu missbrauchen, musste ich den Schmerz ersetzen, der plötzlich nicht mehr da war", hörte ich von einer der Betroffenen, eine der vielen ungenannten, hier nicht Zitierbaren. Und wir werden auf die Fragen gelenkt, was da eigentlich geschieht, worauf Jugendliche (ca. 2/3 der bis zu 18jährigen) und noch junge Erwachsene (zu 1/3 der 18- bis 24-jährigen)[346] dieseswegs reagieren und was sie davon haben? Wir wollen anhand dieser einen Reaktion, der des selbstverletzenden Verhaltens, recherchieren, was ein Psychotrauma ist und wie es sich im Nachhinein auswirkt.

Ulrich Sachsse, einer der in dem Buch ‚Selbstverletzendes Verhalten' (2002)[347] nach Erklärungen sucht, warnt zunächst davor, dass wir zu eindeutig Psychotraumata und selbstverletzendes Verhalten korrelieren, dass wir sehen müssen, „dass ein Viertel bis ein Drittel andere Lebenserfahrungen haben. Auch ein sehr widersprüchliches Familienklima, eine Situation, wo man konfus wird, wo Verhalten und Sprache sich widersprechen, wo Eltern sagen, wir lieben dich, sich aber ganz anders verhalten, oder wo Eltern hochgradig aggressiv sind, aber immer wieder vertreten, bei uns gibt es keinen Streit. Auch das kann dazu führen, dass man ganz wirr im Kopf wird."[348]

Sachsse berichtet gleichermaßen von sich mehrenden Auslösereizen, von zunehmenden unerträglichen Zuständen wie von komplexer werdenden Reaktionen: „Man kann dieses Feld sogar noch weiter fassen und sagen, es gibt eine große Gruppe von selbstverletzenden und selbstschädigenden Verhaltensweisen,

[345] BKJPP, a.a.O.

[346] Vgl. https://de.wikipedia.org/wiki/Selbstverletzendes_Verhalten; abgerufen am 16.3.2016.

[347] Sachsse, U. (2002): Selbstverletzendes Verhalten: Psychodynamik- Psychotherapie. Das Trauma, die Dissoziation und ihre Behandlung.Vandenhoek & Ruprecht: Göttingen.

[348] „Schneiden, Schnippeln, Ritzen ...". Selbstverletzendes Verhalten – Ein Gespräch zwischen Wilfried Schneider und Ulrich Sachsse. Interview am 10.12. 1998 in Göttingen; vgl. http://ulrich-sachsse.de/entw4/archiv05.html (abgerufen am 2.4.15); vgl. http://www.psyke.org/articles/de/selbstverletzung/ (abgerufen am 2.4.2015).

die nicht so offensichtlich sind, von exzessivem Sport über ungesunde Ernährung bis hin zu wenig Schlaf", sagt er in einem Interview.[349] Und er meint, dass die zunehmend unerträglichen Zustände des Lebens fremd- (bei Männern) und selbst-aggressiv (bei Frauen) beantwortet werden. Er macht die Gruppe der Hauptbetroffenen zwischen 16 und 30 Jahren aus, wobei er von einer Art Ansteckung, einer Symptomatik mit Ansteckungscharakter für Jugendliche ausgeht, die schließlich in Schulklassen, Heimeinrichtungen und dergleichen auszumachen sei.[350] Und Sachsse kommentiert: Es sei „eine Form von Selbstfürsorge, eine sehr seltsame Form vom Umgang mit Druckgefühlen, mit Spannung, mit nicht aushaltbaren Erregungszuständen und Stress"[351] und das selbstverletzende Verhalten wirke „dann besser als Medikamente oder Gespräche oder andere Vorgehensweisen."[352] Aber es sei auch ein Signal nach außen, dass die Welt um mich herum sich nicht um mich kümmere, „die Welt [...] mich nicht gut bemuttert."[353] Sachsse schildert, wie seine so betroffenen Patientinnen ihn in diesem Augenblick hilflos machen, und genau dieses auch beabsichtigen, und er erklärt, welchen Nutzen die Betroffenen aus ihren selbstschädigenden Versuchen haben: „die Mädchen haben insofern etwas davon, als bei sehr vielen nach einer halben bis einer Minute der Kopf frei ist, die Gedanken klar sind, die Gefühle herunterreguliert sind, der Druck weniger ist, und sie wieder klarer denken, reden, mit sich umgehen und sich kontrollieren können."[354]

Sachsse warnt uns, zu schnelle Schlüsse da zu ziehen, wo wir nach Ursachen suchen: „Alle Zahlen weisen darauf hin, dass zwei Drittel bis drei Viertel der Patientinnen mit einer häufigen, schweren Selbstverletzungssymptomatik schwere Kindheitstraumata hinter sich haben, das heißt aber, dass ein Viertel bis ein Drittel andere Lebenserfahrungen haben. Auch ein sehr widersprüchliches Familienklima, eine Situation, wo man […] ganz wirr im Kopf wird, ganz durcheinander, mit seinen Gefühlen nicht zurechtkommt, nicht weiß, was körperliche Spannungszustände denn gefühlsmäßig bedeuten, dem eigenen Inneren gegenüber hilflos ist, dann in Erregungszustände kommt und zu Selbstverletzung greift, um den Kopf wieder klarzubekommen. Also, bitte keine einfachen Formeln. In jedem Einzelfall muss genau nachgeschaut werden."[355]

349 Ulrich Sachsse im Interview mit Teresa Lugstein: Selbstverletzendes Verhalten als Bewältigungshandeln junger Frauen, in: http://www.jukas.net/up_sitetool/Downloads/Fachtagungen/Teresa%20Lugstein.pdf (abgerufen am 29.9.2016).

350 Interview Sachsse 1998: „Schneiden, Schnippeln, Ritzen…" (vgl. Anm. 350).

351 Ebd.

352 Ebd.

353 Ebd.

354 Ebd.

355 Ebd.

Wie in dem oben geschilderten Bericht eines sich selbst verletzenden Mädchens berichtet er, welche Kämpfe um diese Selbstregulierungsgefühle geschehen: „Meine Patientinnen haben mir [...] geschildert, nämlich dass sie manchmal halbe Tage oder mehrere Tage gekämpft haben gegen den Impuls, sich zu verletzen, dann irgendwann mal aufgegeben haben und dann ihre Handlung mechanisch, fast automatisch in einer Art Alltagstrance, etwas weggetreten, so wie beim Autofahren, wo wir auch nicht ans Autofahren denken, manchmal auch neben sich stehend vollzogen haben, eben gerade nicht mit den Fingerspitzen, dem Daumen die Rasierklinge gespürt haben. Wenn sie das könnten, diese Rasierklinge spüren, dann wären sie wahrscheinlich gar nicht so depersonalisiert. Wenn sie spüren würden, wie die Rasierklinge die Hautgrenzen verletzt, dann bliebe es bei 1-2 mm, ganz oberflächlich, und dann würden sie das lassen. Wir machen diese Erfahrungen bei Patientinnen, die wir behandelt haben und die dann wieder ihr normales *Körpergefühl* entwickeln. Denen fällt es dann zunehmend schwerer, sich zu verletzen, weil der Körper sich anders anfühlt, weil er nicht mehr *depersonalisiert* ist, weil das Symptom einerseits nicht mehr nötig ist, andererseits dann aber auch nicht mehr wirkt. Das kann vorübergehend sogar etwas beunruhigend sein, dass eine Möglichkeit, sich abzuregen und sich zu steuern, plötzlich nicht mehr zur Verfügung steht."[356]

„Sich zu steuern […]", – diese beiläufige Bemerkung verdeutlicht, was ein Autorenteam (Resch et al. 2013) neuerdings hervorhebt: „Diese selbst-schädigenden Verhaltensweisen stehen […] im Dienste des Selbst" und sind im Sinne der „Erhaltung der Selbstfunktionen zu interpretieren."[357] Was in der Regel den Betroffenen misslingt, dem Impuls des Sich-Verletzens zu widerstehen, darf hier salutogenetisch als *Wunsch zu mehr Selbstkontrolle* verstanden sein und wird im Vorliegenden auch als Therapieziel begriffen werden.

Halten wir also noch einmal Grundzustand und -befindlichkeit der Betroffenen fest:

1. Ein Psychotrauma ist ein Zustand, der mit überhohen psychischen Druckgefühlen, emotionalen Spannungszuständen, kognitiver Verwirrtheit und Phänomenen von Depersonalisation einhergeht, dieses alles in einer Häufung, die hilflos und ohnmächtig macht. Ein Definitionsvorschlag: Ein Trauma ist ein vitales Diskrepanzerlebnis zwischen bedrohlichen Situationsfaktoren und individuellen Bewältigungsmöglichkeiten. Es geht mit Gefühlen von Hilflosigkeit und schutzloser Preisgabe einher und bewirkt so eine Erschütterung von Selbst- und Weltverständnis.

[356] Ebd.
[357] Resch, Parzer, Haffner, Brunner 2013, 129.

2. Die nach dem Belastungsereignis sich einstellende, in der Regel mindestens über mehrere Wochen anhaltende Belastungssituation sucht

   a) all die Reize zu vermeiden, die mit dem Ereignis assoziiert sind,

   b) erlebt dennoch immer wieder Rückblenden, *flash backs*, die an das Ereignis erinnern,

   c) erlebt sich als ständig übererregt, reizbar, schlaflos und schreckhaft,

   d) reagiert durch sozialen Rückzug, um die Reizsituation einzudämmen,

   e) reagiert mit selbstdestruktiven Entlastungsaktionen.

3. Der Impuls, sich angesichts der gesteigerten Spannungsgefühle zu entlasten, wird von den Betroffenen zuweilen als versagend, kann aber auch positiv selbst-rekonstruktiv, kann als Wunsch nach Selbstkontrolle begriffen werden.

4. Was bei Menschen mit geistiger Behinderung, die sich oft stereotyp selbst verletzen, als auto-aggressiv verstehbar ist, kann also durchaus unter dem Aspekt verstanden sein, die hochgradig verwirrende Belastungssituation zu entspannen, sie zu entwirren.[358]

Versuchen wir, die Stadien von der akuten zur posttraumatischen Belastungssituation zusammenzufassen: Das was am Ende unbewältigbar scheint, begann in einer akuten Belastungssituation. Zittern-Schwitzen-Frieren-Übelkeit waren symptomatisch vorherrschend. Die persönliche und die soziale Situation erschien so unwirklich (Depersonalisation, Derealisation), das psychisch überfordernde Ereignis wurde so gut es ging weggeblendet (Dissoziation). Vielleicht gelang es sogar, es ganz aus dem Gedächtnis zu verbannen (Amnesie). Aber die Angst, das Gefühl der ständigen Abwehr, die Aggression (vor allem gegen sich selbst), die Verzweiflung, auch die Leere blieben. Und das gesamte Verhalten, vom Umgang mit sich selbst, beispielsweise der Nahrungsaufnahme, bis zu den sozialen Begegnungen, veränderte sich. Da war schließlich eine Situation durchgehender Erschöpfung, da war ein ständiger Kampf um und gegen die sich einspielenden Gedanken. Vergesslichkeit, psychosomatische Erschwernisse (Kopfschmerz, Magen-Darm-Störungen), vor allem aber die Zweifel an dem eigenen Selbstwertgefühl wurden vorherrschend.[359] Und da war immer eine Frage: „Was ist mit mir, was ist nur mit meinem Kopf los?“

[358] Vgl. Resch, F. (2001): Der Körper als Instrument zur Bewältigung seelischer Krisen: Selbstverletzendes Verhalten bei Jugendlichen. Dtsch Arztebl 2001; 98(36): A-2266 /B-1954 / C-1819, 2267.

[359] Vgl. ICD-10: F 43.

2.2.3.2.1 Neurologische, neurobiologische und genetische Grundlagen des Psychotraumas und der PTBS

Das psychotraumatische Ereignis, das andauern kann, ist ein Stress-Ereignis. Im Augenblick von Stress sind im Verbund die Hirnareale von Amygdala, Hirnstamm, Hypothalamus, Hypophyse und Nebennieren miteinander aktiv verschaltet. Es ist ein sich selbst regulierendes System, das dafür sorgt, dass wir auf Stresssituationen reagieren, um diese zu bewältigen. Dieses System von anregenden und hemmenden Signalen (erregende Neurotransmitter wie Noradrenalin und Glutamat einerseits, wie GABA und die rezeptorkanalverengenden Chlorid-Ionen andererseits, Hormone wie Noradrenalin und Cortisol) ist für eine angemessene Reaktion bei psychischer Übererregung zuständig.

Aber dieses sich selbst regulierende System kann gestört sein. H.-J. Markowitsch[360] nennt dieses Phänomen ein „mnestisches Blockadesyndrom" und umschreibt es als *eine psychisch bedingte Abrufstörung*, wenn „eine biochemisch geänderte Empfänglichkeit für einkommende oder wegführende Signale [...] durch die Belegung der dort befindlichen neuronalen Rezeptoren durch die ausgeschütteten Stresshormone statt durch normale Überträgerstoffe" eingetreten ist. Dann ist der Betroffene nicht mehr in der Lage, die dem Ereignis zugehörigen, zutreffenden Erinnerungen abzurufen.

Dieses System kann auch gestört werden infolge der möglicherweise andauernden Belastung:

Traumatisch-fortdauernde Kindheitserfahrungen, die zu erhöhter Cortisol-Konzentration in Verbindung mit dem erregenden Neurotransmitter Glutamat führen, können die Umwandlungskapazität von Noradrenalin in Cortisol, genauer: die Bereitstellung des Hormons Cortisol angesichts von Stressreaktionen behindern. Die Nebennieren, die dazu abgestellt sind, werden mit andauernder Belastung überfordert und Cortisonmangel stellt sich ein, der Stresssituation kann nicht mehr entsprochen werden.[361] Dieser Vorgang kann sich sogar genetisch-prägend niederschlagen.[362] „Diese durch Stress ausgelöste Unempfindlich-

[360] Markowitsch 2002, 147.

[361] Vgl. Lam, M.: Nebennierenschwäche - Eine unerkannte Erkrankung mit schlimmen Folgen; vgl. http://www.biologischemedizin.net/index.php/krankheiten/cortisol-mangel (abgerufen am 2.2.2013).

[362] Nehls, V. (2012): Stress, Cortison und Sarkoidose; in: http:immunendokrinologie.de/html/stress_und_cortison.html (abgerufen am 28.7. 2015); Vgl. Forschungsbericht des Max-Planck-Institut für Psychiatrie, Hausch, F. (2009 FKBP51 – ein neues Zielprotein zur Behandlung von Depression). In: http://www.mpg.de/310396/forschungsSchwerpunkt (abgerufen am 28.7. 2015): „Durch humangenetische und funktionelle Studien der letzten Jahre wurde zunehmend klar, dass FKBP51 –

keit gegenüber Cortison (Cortisonresistenz) kann je nach Stärke des Stressors Monate oder Jahre andauern, möglicherweise sogar über epigenetische Mechanismen an die nächste Generation weitergegeben werden." (Miller et al., 2009)[363] Das Stressprotein FKBP51 bestimmt in Zukunft die Reaktion auf überstarke psychische Belastungen – bis in die epigenetische Regulation d.h. Steuerung der Reaktion auf Stress.[364]

Die angemerkten andauernden Kindheitserfahrungen können also auch die für diesen Vorgang zuständige Genregulation verändern: Die Gen-Abschnitte, die für die Cortisolrezeptoren und damit für Stressbewältigung verantwortlich sind, werden weniger aktiv. Sie werden methyliert, d.h. blockiert im Verlauf der Zell-Reproduktion (Translation).[365] Die beispielsweise psychisch andauernden Stresssituationen haben die Genregulation aus dem Takt gebracht und die DNA epigenetisch verändert. Jetzt sind die Betroffenen den auf sie zukommenden Stresssituationen ohne den Schutz der körpereigenen Stressregulation ausgeliefert[366].

Die psychotraumatischen Situationen, von denen wir reden, können also, sofern sie andauern, die beschriebenen neurobiologischen und -genetischen Konstellationen bewirken. Sie lassen die Betroffenen buchstäblich nicht nur psychisch, sondern auch biologisch leer sein, ohne die notwendigen Cortisole, die zur traumatischen Stressbewältigung notwendig sind. Apathische, kraft- und energielose, depressive Befindlichkeiten stehen den erforderlichen psychischen und physiologischen Reaktionen hilflos gegenüber.

Wir wollen eine psychotraumatisierende Situation simulieren und verfolgen, wie die Mandelkerne (die Amygdalae) als Erstinstanzen bei Alarm den erregenden Neurotransmitter Glutamat auszuschütten veranlassen, wie infolge die Alarmzentren des Hirnstamms die Stressgene des Hypothalamus einschalten, wie es dort zur Ausschüttung von Noradrenalin kommt und der ganze Körper (Herz, Kreislauf, Muskulatur, Psyche) in Bereitschaft versetzt wird und wie infolge

vermutlich über eine Beeinflussung der hormonellen Stressregulation – zum Verlauf affektiver Krankheiten beiträgt."

363 Vgl. Miller et al. (2009): Chronic interpersonal stress predicts activation of pro- and anti-inflammatory signaling pathways 6 months later. Psychosom Med. 2009 Jan;71(1):57-62. In: http://immunendokrinologie.de/html/stress_und_cortison.html

364 Rein, Th., Schmid, M. et al., in: Pressemitteilung des Max-Planck-Instituts München: Ohne Stressprotein wirken Antidepressiva nicht; vgl. Informationsdienst der Wissenschaft, 11.11.2014; vgl. http://www.mpg.de/stressprotein_antidepressiva (abgerufen am 4.4.2015).

365 Vgl. http://www.uni-ulm.de/home/uni-aktuell/article/psychotherapie-gegen-trauma-bedingte-dna-schaedenbrnarrative-expositionstherapie-wirkt-auch-auf-mo.html (4.4.2015)

366 Vgl. Grabe u. Spitzer, 2012, 55; Menzen 2013a, 70.

über die Nebennierenrinde das Stresshormon Cortisol gebildet wird, um der Situation zu begegnen. Aber wenn die Situation anhält, so haben wir erfahren, können die Gene für die Rezeptoren zur Stressverarbeitung angesichts der Überforderung sogar abgeschaltet werden, also ausfallen. Tatsächlich hat der kanadische Forscher Moshe Szyf entdeckt, dass ein wichtiges Gen in den Zellen des Hippocampus (wir erinnern uns: der Hippocampus ist u.a. für die Gedächtnisleistungen zuständig) bei hohem Stress abgeschaltet war. Angesichts der genetisch verstärkt methylierten und somit ausgeschalteten Stresshormon-Rezeptoren konstatierte er: „Die Erlebnisse in früher Kindheit markieren das Gehirn“[367] und lassen das misshandelte oder missbrauchte, infolgedessen oft psychotraumatisierte Opfer, erkranken. Der Wissenschaftsautor Jörg Blech fasst zusammen: „Traumatische Erlebnisse im Kindesalter können das Erbgut im Gehirn dauerhaft verändern. Der erschreckende Befund schürt das Interesse am jungen Feld der Epigenetik: Erfahrungen hinterlassen chemische Spuren, die womöglich sogar vererbt werden.“[368] Dem pflichtet der Direktor des Max-Planck-Instituts für Psychiatrie, Florian Holsboer, bei: Diese Erlebnisse lassen es angesichts der darauf sich einstellenden genetischen Defizite beispielsweise depressiv, angstkrank oder suizidal werden.[369]

Im Folgenden sehen wir, in welche Zuständlichkeit das Gehirn gerät: Während die traumatischen Informationen Teile des Gehirns übererregt haben und weiter überaktiv halten (die sinneswahrnehmungsbewertende Amygdala, den die lebensnotwendigen Funktionen garantierenden Hirnstamm, den die psychovegetativen und -somatischen Funktionen verantwortenden Hypothalamus, die neurotransmitterausschüttende Hypophyse), schalten andere Teile des Gehirns infolge von Überlastung z.T. ab (der handlungsentwerfende und -bewertende mediale frontale Cortex, soweit nicht in der ‚Kontextualisierungsphase‘ des Ereignisses befindlich; der handlungs-gefühls-vermittelnde Vordere Cinguläre Cortex ACC in der Symptom-Provokationsphase; das narrativ-, d.h. erzählerisch-aufzeichnende Broca-Areal; der gefühls- und erinnerungsorientierte Hippocampus). Wir haben also sehr aktive und sehr passive Hirn-Areale infolgedessen, dass ein Mensch einerseits übererregt, andererseits apathisch, dazu gezwungen, die Erregungen zu blockieren, geworden ist. Wir haben das Trauma als ein Diskrepanzerlebnis bezeichnet, und diese Diskrepanz zeichnet sich im Gehirn ab. Der ganze Mensch, nicht nur sein Gehirn, befindet sich im totalen Widerspruch.

[367] Szyf, M., zit. in: Blech, J. (2010): Gene sind kein Schicksal. Wie wir unsere Erbanlagen und unser Leben steuern können. S. Fischer: Frankfurt a.M., 41.; vgl. ders.: Gen-Forschung: Bruch des bösen Zaubers. Spiegel-Online 32, 2008; vgl. http://www.spiegel.de/spiegel/a-569871.html (abgerufen am 29.7. 2015).

[368] Blech, J. 2010, 41.

[369] Blech, J. 2010, 41.

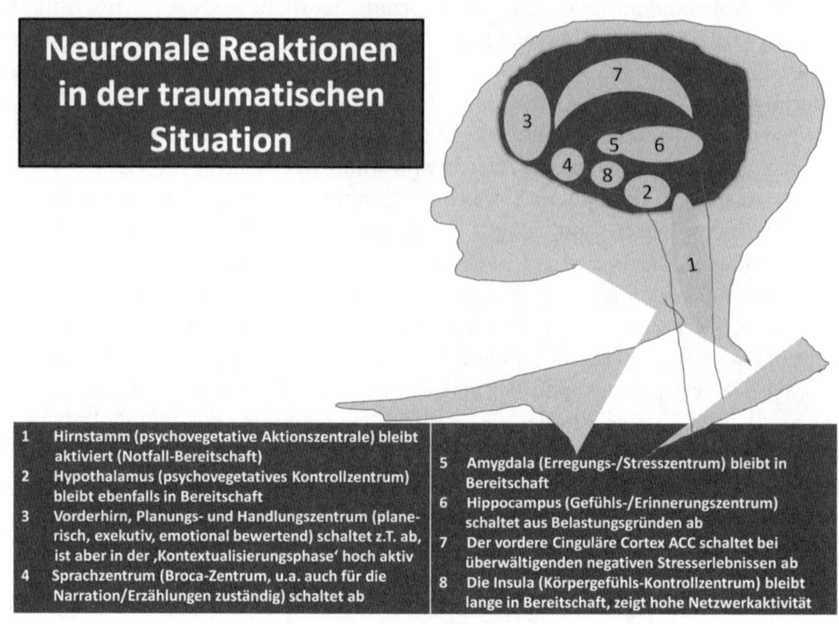

Abb. 15: Die in traumatischen Situationen aktivierten oder blockierten Hirnareale (Schema: K.-H. Menzen).

Zur Erinnerung: Amygdala, Hypothalamus, Hypophyse und Hirnstamm bleiben im Fall des Psychotraumas weiterhin aktiv. Und auch die Eindrücke der Sinne haben ihre Spuren, sensorische Informationen, hinterlassen, die zwar „nicht im autobiografischen Gedächtnis integriert sind"[370], kontextlos und unverbunden schwer abrufbar sind[371], aber umso mehr unkontrolliert und flashbackartig sich wieder einspielen können.

In einem solchen Zustand können schon die geringsten Gedächtnisspuren die erlittene Situation erinnern, können sie triggern. Es ist eine unkontrollierbare Belastung, der der menschliche Organismus nur durch Flucht oder durch Erstarrung begegnen kann, es sei denn, dass die beruhigende, vertrauens- und bindungsstiftende Wirkung eines anderen Hormons, das im Hypothalamus gebildet wird – es heißt Oxytocin – motivational die so genannte traumatische Zange

[370] Gerngroß 2015, 17.

[371] Ebd.; vgl. http://www.brain-maps.com/posttraumatic-stress-disorder.html; 28.3.2016.

wieder öffnet. Im Falle des psychotraumatischen Betroffenseins heißt dies: Falls das Opfer über starke sog. Resilienzen, sprich über innerpsychisch starke Referenzen verfügt, z.B. über einen starken Rückhalt bei Eltern, Freunden, dem Lebenspartner, dann kann das Hormon Oxytocin durchaus den Freeze-Zustand erleichtern, vielleicht sogar auflösen. In diesem Fall starker Resilienzen werden den Alarm-Bildern von Übererregung, Hilflosigkeit und Vernichtungsangst stressphysiologisch-beruhigende Bilder von sicherer Bindung und Geborgenheit korreliert. Ein altes Areal des Hirnstamms, das periaquäductale Grau – man nennt es auch das Höhlengrau –, kann mit seinen sog. *'disstress vocalisations'* (DV's genannt) in diesem Fall kompensierend wirken. Wir sehen, der psychotraumatisierte Mensch wird nach dem entsprechenden Ereignis nicht in jedem Fall ein Psychotrauma erleiden; er kann es durchaus kompensieren, – was für unsere anschließenden heilsamen Überlegungen wichtig ist.

2.2.3.3 Kunsttherapie mit psychotraumatisierten Menschen – Erste Annäherungen

Die Verarbeitung von Affekten verlangt in der Regel der traumatisierten Person dreierlei ab:

1. eine psychische Stabilität, sich auf Erfahrungen einlassen zu können, die psychisch erschwerend an die erlittene, traumatische Situation erinnern, 2. die gefühlsmäßige Einlassung auf jene belastenden traumatischen Erfahrungen, die sich ins Bewusstsein drängen, 3. die erinnerungshafte, psychosomatisch sich auswirkende Auseinandersetzung mit der bedrohlichen, als hilflos machend erfahrenen Situation.

Kann die kunsttherapeutisch eingeleitete, in den inklusionären Einrichtungen oft herausgeforderte heil-, sonder- oder förderpädagogische Maßnahme leisten, was nunmehr erfordert ist? Die heilpädagogische Fördersituation hat nach den spezifisch bundesdeutschen Heilmittelrichtlinien des SGB V keinen psychotherapeutischen Auftrag, wiewohl der Kommentar zum § 27 SGB VIII wie erwähnt unter dem Aspekt der „Hilfen zur Erziehung“ durchaus die „Gewährung pädagogischer und damit verbundener therapeutischer Leistungen“ vorsieht.[372] Erst recht sind kunsttherapeutische Methoden nur in Ausnahmefällen als Heilmittel der sog. „besonderen Therapierichtungen“ im SGB V genannt und nur ausnahmsweise vom Bundessozialgericht als Maßnahmen der alternativen Leistungserbringung zugelassen worden.[373] Sofern das heilpädagogische Angebot zur Stabilisierung der Betroffenen beiträgt und dazu verhilft, dass sich wieder Gefühle von Selbstwert und psychischer Stärke, von einer gewissen Kontrolle über

[372] Möller u. Nix 2006, 139.
[373] Urteil des BSG vom 22.3.2005; Az: B1 A1/03 R.

sich selbst und von Sicherheit einstellen, handelt es m.E. im Sinne des Gesetzgebers.

In diesem Abschnitt zielsetzender Überlegungen befindet sich die heilpädagogisch-orientierte Kunsttherapeutin noch immer in einem psychotherapeutischen Graubereich, es sei denn, sie handelt im eng gesetzten und wie wir gesehen haben: nicht eindeutig geregelten Rahmen der sozialen Gesetzgebung, es sei denn weiterhin, sie handelt im Rahmen eines Delegationsverfahrens, d.h. mit klarem Auftrag einer klinischen Einrichtung. Ohne jeden Zweifel sind hier in der Betreuung, Begleitung und Behandlung eines psychotraumatisierten Menschens aus dessen Perspektive vier Zielsetzungen maßgebend:

1. sein Wunsch nach Kontrolle und Sicherheit,
2. seine Bestimmung der eigenen räumlichen, körperlichen, psychischen und verbalen Grenzen,
3. seine Reflektionsfähigkeit in Fragen von Schuld,
4. seine körperliche Reaktivierung.

Eine der ersten Reaktionen der Betroffenen, sich in Passivität und somatische Bewegungsstarre angesichts der Gefühle von Machtlosigkeit zurückzuziehen, lenkt das Augenmerk in der Liste der wünschenswerten anzustrebenden Ziele der Heil- und Förderpädagogik auf die Verfügung über den eigenen Körper, auf das wiederzugewinnende Körpergefühl. Immer wieder werden wir nicht nur im Vorraum psychotherapeutischer Behandlung auf die körperlichen Gefühle des Ausgeliefertseins verwiesen, werden wir angeleitet, die Reaktivierung des Betreffenden dahingehend einzuleiten, dass er erste Schritte zur Aufgabe der innerpsychischen und körperhaften Bewegungs-starre unternimmt. Diese Reaktivierung kann durchaus auch psychisch-motivational bildnerisch-methodisch geschehen. Ulrich Sachsse deutete es an, was vonnöten ist, wenn er sagt: *„Körpergefühl entwickeln“*. Darauf wollen wir im Abschnitt 3.6 (Kunsttherapie mit psychotraumatisierten Menschen) besonders achten.

3 Handicaps, ins Bild gesetzt – Künstlerisch-Therapeutisches

3 Künstlerisch-Therapeutisches: Handicaps – ins Bild gesetzt

3.1 Kunsttherapie – Von Bildern und Inszenierungen

Wir haben im Zurückliegenden nach Diagnosen und deren Begründungen gesucht. Haben diese zumeist im Feld von Neurologie und Neurobiologie gefunden, zugegebenermassen in Terrains, die von KunsttherapeutInnen nur selten betreten aber aus das therapeutische Handeln legitimierenen Gründen immer mehr aufgesucht werden. Wir haben möglicherweise eine Erwartung enttäuscht, die darauf aus war, über wissenschaftliche Zusammenhänge von neurologischen Begründungen hinaus mehr und schneller als im Fortgang des hier Vorliegenden Methodisches zu erfahren. Die Methoden des bildnerischen Zugangs zu schwer beeinträchtigten Menschen, diese standen weiterhin und unausgesprochen gefordert im Mittelpunkt; standen und stehen bis zu diesem Diskussionspunkt aber in einer Pflicht, wie ‚methodos', das griechische Wort auferlegt: Zugänge zu den von Gestalt-Zerfall und -Verlust bedrohten Menschen in deren Beeinträchtigungen zu suchen, Menschen, die sich, wie Prinzhorn sagt, darin schwer tun, ihre „Werke von ihrem Symbolgehalt […] her auszuschöpfen"[374] (Bader, Navratil 1976) Die Auflage heisst in einem solchem Fall, alle unsere sensorischen, emotionalen, mentalen und körperhaften Organe zu aktivieren, um diesen Zugang zu erstellen. Bislang haben wir jeweils auf einer phänomenalen Ebene beschrieben, wo und wie ein solcher Zugang möglich sei. Beispielsweise haben wir erarbeitet, wie nicht viele, sondern wenige und detaillierte Signale, Informationen, den Menschen mit Autismus erreichen sollten; dass ihn zu viele und zu verwirrende Konnotationen desinformieren, buchstäblich überrollen. Wir haben Ähnliches auch beim Menschen mit ADHS analysiert. Eine Gruppe von HeilpädagogInnen hat diese Ebene der Informationen, Signale und Zeichen, die wir in der praktisch-heilpädagogischen Arbeit angesichts des über einen symbolisch nicht oder nur eingeschränkt verfügenden Klientels zuweilen nur beschränkt zur Verfügung haben, aufgesucht, hat ein Buch über die semiotischen, d.h. zeichentheoretischen Grundlagen dieser Arbeit zu schreiben versucht.[375]

Das hier vorliegende Buch kann nicht anders als davon auszugehen, dass die dies lesende Praktikerin, in ihren Ausbildungsgängen emotional den bildnerischen Eröffnungen immer wieder nachspürend und darin gut geschult, diese ihre ge-

[374] Bader, Navratil 1976, 22.
[375] Vgl. Greving, Mürner, Rödler 2004.

wonnenen Kompetenzen im Umgang mit Menschen mit Behinderung einsetzen möchte. Das Buch möchte aber auch einladen, aus den eher gefühlsorientierten Erfahrungen – wir nennen sie ‚Selbst-Erfahrung' und meinen mit ihr eine Form der Selbstgewissheit, die gebräuchlicherweise eine Weise des unmittelbaren Fühlens darstellt – zwar nicht auszubrechen, aber nach den Wegen, den ungewohnten Kontaktstellen, quasi den Tentakeln zu suchen, die ggfs. diesen von uns in Augenschein genommenen Menschen erreichen. Es möchte einladen, wie Angela von Arnim (2002) sagt, die infolge von psychischer oder mentaler Beeinträchtigung beschädigte oder nie erlangte Symbolisierungstätigkeit wieder in Gang zu bringen.[376] Dazu kann das folgende Modell der psychosomatischen Medizin anleiten, dem von Arnim sich verpflichtet fühlt.

3.1.1 Die Notwendigkeit eines Ausflugs in die Zeichentheorie

Eine Gruppe von Psychoanalytikern um Thure von Uexküll hat sich unter dem Label der ‚Biosemiotik' daran gemacht, die Kommunikations-, hier in unserem Zusammenhang: die Signalstrukturen des nicht nur psychisch, sondern auch somatisch und mental eingeschränkten Menschen genauer zu analysieren. Sie hat mithilfe der Theorie von einem der führenden Zeichentheoretiker des vorletzten Jahrhunderts entdeckt, was es heisst, den mental beeinträchtigten Menschen u.U. emotional nicht erreichen zu können.

Die sich der Psychoanalyse verpflichtet fühlende Gruppe hat nach neuen Wegen (Methoden) gesucht und sich in den Zustand des gefühlsmässig Blinden (*emotional thumbness* nennt die amerikanische Neurologie diesen Zustand) versetzt. Hierbei fand sie bei dem Zeichentheoretiker Charles Sanders Peirce (1839-1914) eine Antwort auf ihre Frage. Diese lautete: Wie erreiche ich den psychosomatisch und/oder mental schwer beeinträchtigten Menschen, der sich nicht symbolisch auszudrücken weiss? Beispielsweise in einem der Fälle wie dem folgenden, den uns Bader und Navratil (1976) schildert: „Das Gegenständliche tritt zurück, die Zeichnung wirkt unklar, beängstigend und lässt ein Gefühl des Unheimlichen aufkommen."[377]

Die Antwort hiess: Indem ich mich den vorsymbolischen Ausdrucksgebungen zuwende. In der Darstellung Baders und Navratils (1976) hiess diese: „Wir erkennen geometrische Kategorien, eine Tendenz zur Physiognomisierung und eine rätselhafte Symbolik darin."[378] Ob wissend oder unwissentlich, – die beiden Psychiater verwendeten zeichentheoretische Zuordnungen, die wir in der Peirce'schen Zeichentheorie wiederfinden und die Uexküll (1979) als Grundlage

[376] Arnim 2002, 279.
[377] Bader, Navratil 1976, 101.
[378] Bader, Navratil, ebd.

der Entschlüsselung mental gestörter Patienten entdeckte. Wenden wir uns dieser Antwort, die der biosemiotische Ansatz einer „integrierten Medizin" (Uexküll et al. 2002), zuweilen auch bio-psycho-sozial genannt, erläuterte, zu.[379]

Gottfried Fischer (2007) hat in seinem Buch ‚Kausale Therapie' auf diesen Ansatz verwiesen.[380] Er suchte zunächst die Faktoren im Feld der Zeichen zu benennen, erläuterte das Zeichenmodell nach Peirce, das die drei Elemente ‚Zeichen', ‚Objekt' und ‚Interpretant' ins Verhältnis setzt. Ihre Verbindung beschreibt den Interpretationsprozess eines Zeichens. Peirce definiert diesen Prozess, bei dem ein Zeichen eine bestimmte Kognition eines Interpreten anspricht, als *Semiose*. Das biosemiotische Modell des therapeutischen Handelns orientiert sich an Peirce' Zeichentheorie. Es hat in das organismische Therapiemodell von Uexküll et al. (1979; 2002) und in das der „Kausalen Therapie" von Fischer (2007) Eingang gefunden. Wir stellen es im Folgenden vor. Wir werden es bes. im Hinblick auf die schwer decodierbaren Bilder von Patienten, die in ihrem symbolischen Ausdruck gehandicapt sind, gebrauchen können.

3.1.2 Die Zeichentheorie von Peirce, Uexküll und Fischer

Ein *Zeichen* steht für etwas anderes, es repräsentiert dieses. Es unterscheidet sich vom Zeichenträger, der in der Regel physikalisch-chemisch greifbar ist, während das Zeichen auf einer biologischen oder psycho-sozialen Ebene eine Beziehung zwischen einem Repräsentanten, einem Interpretanten und einem Objekt setzt.

Das *Objekt* stellt den Bezugspunkt für das Zeichen dar. Es wird von ihm repräsentiert. Es kann einen Gegenstand, aber auch ein gedankliches Konstrukt, eine Idee oder Vorstellung sein.

Der *Interpretant* stellt die kognitive, spezielle Bedeutung des Zeichens dar, die beim Interpreten ausgelöst wird. Stellt eine Art der Bedeutungserteilung, der elementaren Zuordnung dar, die das Zeichen erst zum Zeichen macht.[381] Fischer-

[379] Engel, G. L : The clinical application of the biopsychosocial model. Am J Psychiat 1980; 137: 535-544. Nachdruck in: Frankel, R. M. , Quill, T. E., McDaniel, S. H. (eds.): The Biopsychosocial Approach. Past, Present, Future. University of Rochester Press, 2003, pp.1-20.

[380] Fischer G. (2007): Kausale Psychotherapie. Manual zur ätiologieorientierten Behandlung psychotraumatischer und neurotischer Störungen. Asanger: Kröning.

[381] Fischer (2007, 16) beschreibt in den ersten Kapiteln seines Buches den Zusammenhang des zeichentheoretischen Modells und seiner Elemente. Vgl. Fischer-Lischte 1979, 20 f.

Lischte (1979) sagt: „Bedeutung ist das Ergebnis bzw. Produkt des Zeichenprozesses."[382]

Uexküll (1979) hatte dies schon in einer der ersten Auflagen seines Lehrbuches der Psychosomatischen Medizin beschrieben.[383] Er verortete die semiotische Perspektive, die sich mit lebenden Organismen beschäftigt, auf drei Systemebenen[384]:

Er unterschied

1. Systeme für aussersprachliche Kommunikation, die wir nicht wahrnehmen (innerhalb von Zellen und Organen),
2. Systeme für vorsprachliche Kommunikation, die wir ‚erfühlen' und ‚erspüren' (Körpergefühle und Körperschema, aber auch unwillkürliche Wahrnehmung und Gestik unserer Mitmenschen), und schliesslich
3. Systeme der verschiedenen sprachlichen Kommunikation[385].

Er ordnete im Sinne von Charles Sanders Peirce diesen Systemebenen unterschiedliche Zeichentypen zu: ikonisch (1), indexikalisch (2) und symbolisch (3):

- Der Zeichentyp des *Ikon* hatte mit einem Gegenstand gewisse Züge gemeinsam, verwies auf zusammenhängende, ähnliche Qualitäten der Wahrnehmung: „Ähnlichkeiten im Sinne von angenehm, unangenehm, Lust, Unlust [...] Mischungsprofile von Affekten und Verlaufsgestalten von Intensität, Mischung und Abfolge, d.h. Rhythmus-Phänomene";[386]
- der des *Index* stand mit diesem Gegenstand in eindeutiger Beziehung, verwies durch seine hinweisende und unmittelbare kausale Wirkung auf diesen (z.B. Anstrengung – Widerstand; Rauch – Feuer); d.h. wollte emotional hinweisend sein: „fern = sicher und nah = Gefahr"[387]; integrierte affektive und handlung-aktivierende Muster zur Regulierung von Nähe und Distanz;
- der des *Symbols* repräsentierte mehrere Bedeutungen des Gegenstandes, stand aber für eine konventionelle Übereinkunft, die durchaus ikonische

[382] Fischer-Lichte 1979, 22.

[383] Uexküll, Th.v. (1979): Psychosomatische Medizin – Modelle ärztlichen Denkens und Handelns. Herausgegeben von R.H. Adler, J.M. Herrmann, K. Köhle, W. Langewitz, O.W. Schonecke, Th von Uexküll, W. Wesiak. 1. Aufl. München – Jena: Urban & Fischer, Kap. 3.6: Zeichen und Information; vgl. Uexküll et al. 2002, 10.

[384] Uexküll 2003 (6.A.), 52.

[385] Ebd., Ed. 1981 (2.A.), Kap. 3.8.

[386] Geigges 2002, 31.

[387] Ebd.

und indexikalische Zeichen integrieren konnte im Rahmen von sozialen Bedeutungszusammenhängen.[388]

Wo es Uexküll vor allem ging – und dies gehört zu einem der zentralen Themen des in unserem Buch Vorliegenden –, waren die hypertrophen, d.h. alle mögliche Differenziertheit zurückdrängenden Körpersensationen, die er als eine „vor-ikonische Ebene vegetativer Zeichen“[389] schon bei den beiden Analytikern Michael Balint (1955) und René A. Spitz (1983) beschrieben sah, – beim letzterem in dessen *coenästhetischen*, d.h. noch undifferenzierten, also nicht-diakritischen Beschreibung frühester kindlicher, basal-körperlicher Erfahrungen, die er mit Balint (1955) in folgenden Bereichen sich ausdrücken sah: „Wärmegefühl, rhythmische Geräusche und Bewegungen, gedämpftes, undefinierbares Summen, die unwiderstehlichen und überwältigenden Wirkungen von Geschmack und Geruch, nahem Körperkontakt, taktiler und durch Muskeln ausgelöster Empfindungen besonders in den Händen, und die unleugbare Kraft jedes einzelnen und aller dieser Sinneseindrücke als verursachende und lindernde Aspekte von Angst und Verdachtgefühlen, glückseliger Zufriedenheit und furchtbarer, verzweifelter Einsamkeit.“[390]

Thure von Uexküll begleitete dieses Zitat, als er es seiner Arbeitsgruppe vortrug, mit den Worten: „Das geht unter die Haut.“[391] Und es ist kein Zweifel, dass er an all jene psychisch traumatisierten, psychiatrieauffälligen, mental retardierten oder geistig behinderten Menschen dachte, die nur noch eben dieses ikonisch-reduzierte Ausdrucksrepertoire zur Verfügung haben, die im Mittelpunkt des hier Vorliegenden stehen.

Die Zeichen-System-Ebenen explizierte er wie folgt:

- Der *ikonischen Ebene* ordnete er das Vegetative der Pflanze, aber eben: auch das vegetative Nervensystem des Menschen zu, wie wir es oben beschrieben haben.
- Der *indexikalischen Ebene* ordnete er das Animalische des Tiers, speziell dessen Befähigung als lebendem Organismus die Fähigkeit zu, seine Umwelt zum Lebensraum zu gestalten, auf Grund seiner neuromuskulären Bewegungsfähigkeit selbst aktiv zu werden und im weitesten Sinne auf der Handlungsebene Einfluss zu nehmen, sensu-motorisch kompetent kausale Zusammenhänge herzustellen, – wobei die ikonische Ebene hinter dieser indexikalischen, z.B. der gestischen, verschwinden kann.

388 Uexküll 2003 (6.A.), 55.

389 Uexküll, in: Uexküll, Geigges, Plassmann 2002, 15.

390 Schütz, Plassmann, in: Uexküll, Geigges, Plassmann 2002, 241.

391 Uexküll, ebd.

- Der *symbolischen Ebene* ordnete er die spezifisch menschlichen Eigenschaften zu, mit Metaphern, d. h. sprachlichen, bildnerischen performancehaft-theatralischen oder musikalischen Ausdrucksformen zu kommunizieren und sich innerhalb der symbolischen Sprachebene auch ikonischer bzw. indexikalischer Elemente gleichermassen zu bedienen. Ein Affekt beispielsweise, vorgetragen in einem Gestus als einem vorwiegend indexikalisches Zeichen, konnte auf dieser Ebene verbal umschrieben werden, bedurfte allenfalls einer reduzierten Körperhaftigkeit. Schütz und Plassmann (2002)[392] weisen darauf hin, dass es auf dieser Ebene möglich wird, Sinnzusammenhänge in inneren Repräsentanzen, in Narrativen zu entwerfen und zu speichern.

In der Praxis des therapeutischen Handelns und „auf der Suche nach der verlorenen Kunst des Heilens“[393] haben sich diese Betrachtensebenen in der Tradition der psychosomatischen Theoriebildung Uexkülls (gest. 2004) durchgesetzt. Der Medizintheoretiker verstand sein grundlegendes Modell der Interpretation der Zeichen als Zwischenstadium des ‚Merkens‘ und ‚Wirkens‘ von Sinneswahrnehmungen, als eine Form des Austauschs, der ‚Passsung‘, die wir auf allen Ebenen situitiv vollziehen, nannte es ‚Situationskreis‘. Im Nachruf zu seinem Tod (Albers 2005) wurde dieses Modell wie folgt beschrieben: „Aus sensorischen Merkzeichen an Rezeptoren werden durch Übersetzung (Interpretation) verschiedenste Wirkzeichen an motorischen, hormonellen, immunologischen und anderen Effektoren:“[394] Und im Nachgang wurde immer deutlicher, dass es darum gehe, die Äusserungen der Klienten und Patienten im Hinblick auf deren jeweiligen Zeichen-Passungs-Ausdrucksebenen zu betrachten.

Thure von Uexküll begründete mit der zeichentheoretischen Betrachtung der Interpreten und der Interpretation von sich ergebenden und zeigenden Beeinträchtigungen des Lebens in vielen Bereichen des Gesundheits- und Rehabilitationswesens, auch der klinischen Heilpädagogik, eine neue Sicht.[395]

392 Schütz, Plassmann, in: Uexküll, Geigges, Plassmann 2002, 241.

393 Plassmann R., von Uexküll, Th. (2013): Die Konstruktion von Wirklichkeit in der Arzt-Patienten-Beziehung – Modell und klinische Anwendung. In: Hontschik, B., Bertram, W., Geigges, W. (Hrsg.). Auf der Suche nach der verlorenen Kunst des Heilens. Bausteine der Integrierten Medizin. Stuttgart: Schattauer-Verlag, 2013:189-201.

394 Albers, L. (2005): Thure von Uexküll zum Gedächtnis. Wie die Arbeitsgemeinschaft Ethnomedizin von seinen Konzepten profitieren könnte. In: Curare. Ztschr f Ethnomedizin und transkulturelle Psychiatrie, Heft 28/1, 3.

395 Vgl. von Uexküll, Th., Wesiak, W.: Integrierte Medizin als Gesamtkonzept der Heilkunde: ein bio-psycho-soziales Modell. In: Uexküll Psychosomatische Medizin –

Und eröffnete unausgesprochen eine, sich von den Zeichnungstheorien des Jahrhundertbeginns – die eher eine historisch-entwickelnde Betrachtensweise einnahmen und sich nur „zögernd mit [...] den Beziehungen zwischen Signifikant (Trägermaterial, Form) und Signifikat (Sinn, Bedeutung)“ auseinandersetzten,[396] – absetzende strukturanalytische, den jeweiligen Bedeutungsebenen der Bilder sich verpflichtende Bildinterpretation, besonders der der Ikonologie A. Warburgs (1866–1929)[397], welche phänomenologisch, psychoanalytisch und formalästhetisch schon früh eine umfassende, integrale Begründung für die therapeutische Arbeit mit Bildern hätte abgeben können, aber von der Therapeutik wenig bemerkt blieb.

3.1.3 Bildnerisch-therapeutischer Nutzen des biosemiotischen Ansatzes

Das weiterführende biosemiotische Modell der ‚Kausalen Therapie‘ (Fischer 2007) eröffnete in den letzten Jahren der bildnerisch orientierten Therapie die Möglichkeit, die verschiedenen Formen des Ausdrucks im Bild einzubeziehen. Das, was schon Sartre in seinem Buch ‚Das Imaginäre‘ (1971) aus phänomenologischer Sicht und im Rückgriff auf den Schema-Begriff Jean Piagets vorschlug – schon Thure von Uexküll hatte sein Modell auf den Schemabegriff Piagets aufgebaut [398] –, die verschiedenen Modalitäten des Ausdrucks unter phänomenologisch-formalästhetischen Hinsichten diagnostisch wie therapeutisch einzubeziehen, machte den konkreten Nutzen des Uekküllschen Modells einer integrierten Medizin aus, die die Anzeichen der Krankheit in ihrem gesamten Kontext zu erfassen suchte. Sartre erläuterte: „Im symbolischen Schema wird ein abstrakter Gedankengehalt dadurch erfasst, dass die ihn konstituierenden, ideellen Beziehungen in anschaulicher Weise erlebt werden, und zwar, soweit ich es gefunden habe, immer als räumliche Gegebenheiten.“ Und er setzte fort: „Die räumlichen Bestimmungen und Gestaltungen sind nicht nur vorhanden, sondern sie sind geradezu *die Träger und wesentlichen Versinnlichungen der abstrakten Beziehungen.* Durch die Verräumlichung dieser Beziehungen [...] durch blosse Abgrenzung, Verdichtung, Richtungsbestimmt-heit, oder dadurch, dass ein

Modelle ärztlichen Denkens und Handelns. Herausgegeben von R.H. Adler, J.M. Herrmann, K. Köhle, W. Langewitz, O.W. Schonecke, Th von Uexküll, W. Wesiak. 6. Aufl. München – Jena: Urban & Fischer, 2003: 3-42.

396 Richter 1984, 31.

397 Ebd. 32; Anm.: Die *Ikonologie* beschreibt die unterschiedlichen Bedeutungsebenen des Bildes in deren Was (Semantik), Wie (Syntax) und Bedeutungshaftigkeit (Pragmatik).

398 Vgl. Uexküll 1981, 45f.

bestimmter Rhythmus in eine Raumgegend eingeht, findet ein abstrakter Gedankengehalt eine sinnliche Darstellung.“[399]

Jean-Paul Sartre ging phänomenologisch-psychologisch dem symbolischen Schema noch weiter auf den Grund und sagte, da komme „in einem synthetischen Akt ein kinästhetisches Analogon [eine Anspielung auf die Körperbefindlichkeiten, Anm. d. V.] zusammen, mit dem sich manchmal ein affektives Analogon [eine Anspielung auf das entsprechende Gefühl, Anm. d. V.] verbindet.“[400] Sartre trug zur Integrierung der verschiedenen Anschauungs- und Wahrnehmungsweisen im Bild bei. Und stellte – für den Bildtherapeuten höchst bedeutsam – die implizite Frage, wo und wie diese Integration sich neurologisch vollzöge?

Der Entwicklungspsychologe und Psychoanalytiker D.N. Stern (2011) gab die Antwort: Er hat ähnlich wie Sartre, aber neurologisch und neurobiologisch spezifischer, die auf- und absteigenden Erregungssysteme des zentralen Nervensystems beschrieben.[401] Hat in Zusammenarbeit mit seinem Freund und Neurologen A. Damasio im Hirnstamm die Arbeit dieser Aktivierungssysteme detailliert, die darin besteht, ankommende molekulare Informationen sensueller, motorischer, emotionaler oder kognitiver Art *unspezifischer* Natur (z.B. Wachen – Schlafen) oder *spezifischer* Natur (z.B. Angst oder Aggression) zu beurteilen bzw. zu bewerten. Hat gezeigt, wie diese Bewertung geschieht, wenn Signale mit dem jeweiligen Neurotransmitter-Molekül ausgestattet werden (z.B. Serotonin oder Noradrenalin für eine je spezifisch emotionale Verhaltensweise),[402] damit sie, wieder in die höheren Zentren zurückgesandt, besser eingeschätzt werden können, sodass jene Areale, von denen der Impuls an den Hirnstamm ausging, in ihren erforderlichen Reaktionen auf die Umwelt besser agieren können. D.N. Stern hat den Bildtherapeuten zum erstenmal systematisch und neurobiologisch spezifisch gezeigt, wie die psycho-vegetative Systemebene des Hirnstamms mit den höheren Systemebenen der affektiven (Amygdala, Hippocampus) und motorischen Areale (Basalganglien, Kleinhirn, motorische Steuerzentrale) kooperiert. Hat deutlich werden lassen, dass wir als Bild-Therapeuten – beispielsweise im Umgang mit einem psychotraumatisch beeinträchtigten Menschen – alle Ebenen in dessen Äusserungen im Blick haben und besonders die unspezifischen, sich nicht indexikalisch oder symbolisch ausdrückenden Signale beachten müssen (Tempo, Intensität, Kraft, Dauer, Amplituden und Frequenzen eines rhythmischen Signals, Gerichtetheit oder räumliche Ausrichtung des bildnerischen Ausdrucks).

[399] Sartre 1971, 171 f.; Kursivsetzung v. V.
[400] Sartre 1971, 174
[401] Stern 2011, 79 f.
[402] Vgl. Stern 2011, 84.

Was die Psychiater Bader und Navratil (1976) gleichermassen angedacht hatten im Blick auf ihre mental gestörten Patienten, diese als geometrisierend und physiognomisierend beschreibend[403], suchte die vorsymbolischen Formen des Ausdrucks auf. Im Folgenden sehen wir am Beispiel von Alex, wie er das eindrücklich Erlebte gliedert, immer wiederholt, es leicht schematisch abändernd (AugenPunkte, -Kreuze, -Schraffuren). Und es kommt ein Wort des leitenden Psychiaters Ludger Tebartz van Elst auf der Freiburger Tagung der Wissenschaftlichen Gesellschaft Autismus-Spektrum (WGAS) in den Sinn: „Aber sie [die Auffälligkeiten im Autismus-Spektrum, Anm. d. V.] verstecken sich unter psychiatrischen Begleiterkrankungen wie […] Zwangs- oder Persönlichkeitsstörungen."[404] Alex greift auf das Schema des Kreises, das ihm ein mengendidaktisches, immer wieder zwangshaft umrundetes Klötzchen liefert, weil „der Kontext nicht in ausreichendem Maße zur Disambiguierung herangezogen" werden kann, folglich die symbolische Mehrdeutigkeit des Symbolischen nicht zur vollen Verfügung steht, um zum Verstehen zu kommen.[405] Ist das, was er formuliert, eine kontextual ungebundene, „eine autistische Bilderschrift, zu der nur er selbst den Schlüssel besitzt", fragt Prinzhorn?[406] Äussert sich in seinen zeichnerischen Formulierungen, wie Prinzhorn im Sinne van Elst' sagt, „ein zwangsmässiges So-denken-Müssen, ein Gehetztsein, um unerträglichen Erlebnissen durch Systematisierung wenigstens einen Sinn zu geben"?[407]

Was könnte der Sinn des auch seitens des Therapeuten zwanghaften Tuns von Alex sein, fragt sich der Therapeut, der dem folgenden Bild in seinem Werden beiwohnt? Und fängt an, das Bild zu containen, d.h. im Sinne Winnicotts, ihm innerlich, d.h. gegenübertragungsgemäss, eine psychische Form zu bieten, es in sein Körpergefühl, in ein Körperbild zu übersetzen, ihm in der noch unausgesprochen Form eine indexikalische Heimat zu geben.

403 Bader, Navratil 1976, 112 f.

404 Ludger Tebartz van Elst, These auf der Freiburger Tagung der Wissenschaftlichen Gesellschaft Autismus Spektrum (WGAS), 10.–11.3. 2016.

405 Riedel, A. (2015): Sprachpragmatik bei Autismus-Spektrum-Störungen. In: Newsletter der Wissenschaftl. Ges. Autismus Spektrum 8 (Mai 2015), 5.

406 Prinzhorn, zit. in: Bader, Navratil 1976, 22.

407 Prinzhorn, zit. in: Bader, Navratil 1976, 23.

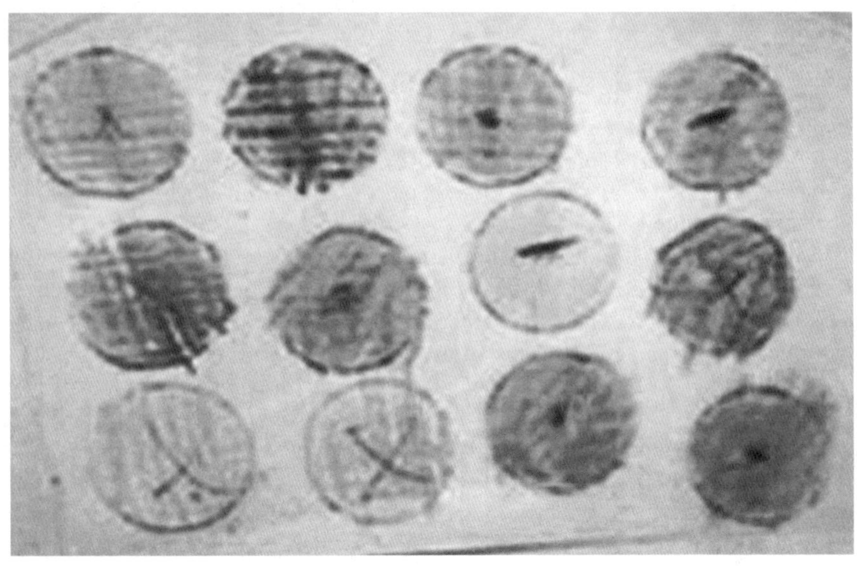

Abb. 16: Alex, ein Junge mit autistischer Beeinträchtigung, zeichnet mit Farbstiften wie im Takt (die Augen der Tiere, die er vor dem Fenster sieht = spätere Erkenntnis d. V.)

Wir erfahren, wie die zeichentheoretische Betrachtung der Systemebenen des Ausdrucks sowohl die ikonischen, hier: psycho-vegetativen (gerichtet – rhythmisch – getaktet – verdichtet – zentriert u.a.), als auch die raum-zeitlich-indexikalischen, hier: die körperlichen, wie die symbolischen, hier: affektiven Aspekte, einzubeziehen haben. Und wir erfahren, dass der in der Regel in der bildnerischen Therapie allein betrachtete und kunsttherapeutisch genutzte symbolisch-bildnerische Ausdruck, beispielsweise eines Gefühls, eine wertvolle diagnostische wie therapeutische Ergänzung findet, aber sich nicht genügt. Wir werden infolge sehen, wie die Taktung der informationellen Nervenreiz-Signale beim Kind mit ADHS, wie die übererregte Rhythmisierung, die Aufeinanderfolge dieser Signale beim Mensch mit Autismus, wie die ungehemmte, aber durchaus z.B. indexikalisch durchmischte Reizverschaltung bei der traumatisierten Heranwachsenden immer wieder auf die psycho-vegetative Verstörung der zeichentheoretisch ersten Systemebene verweist; uns nahelegt, eben dieser psycho-vegetativen bewusst nicht verfügbare Ebene der Betrachtung gleichermassen die handlungsgesteuerte indexikalische Ebene der zweiten Systemebene zuzuordnen; letztlich den am ehesten im Bild greifbaren symbolischen Ausdruck der dritten Systemebene nicht ohne die beiden erstgenannten Aspekte anzugehen und diese letztere in das symbolische Verhalten als nicht bewusste, d.h. nicht ohne weiteres verfügbare Faktoren, in das therapeutische Handeln zu integrieren. „Es geht“, so Arnim (2002)[408], „um eine Bedeutungsverknüpfung von körperlichen Wahrnehmungen, d.h. ikonischen (und, darauf aufbauend, indexikalischen) Erfahrungen mit wieder erinnerten biografischen Episoden, die zuvor nur im Symptom ‚sprechen‘ konnten“. Es geht therapeutisch darum, das bloss ikonisch Angedeutete mit indexikalischen und/oder symbolischen Konnotaten zu verbinden. So dass sich ein Sinn-Zusammenhang einstellt.

Solche, alle Informationsebenen integrierende Wahrnehmungen der Bilder, so Nurit Bird-David (2012) von der University of Haifa in Bezug auf den Wahrnehmungstheoretiker J.J. Gibson (1982), „versetzen den Beschauer in die Szene“[409] und ermöglichen ihm „das Verstehen von Bezogenheiten“.[410] Sie ermöglichen, so der Semantiker S.L. Hayakawa (1967), den Zugang in die „vorsymbolischen Verwendungen der Sprache“ jener Menschen, die mental eher weniger entwickelt oder gestört sind.[411] Sie können aber auch, so die Psychotherapeutin A. v. Arnim (2002)[412], durch eine vorsymbolische, raumzeitlich-verortende Indexikalisierung, zu einer „Konfrontation mit dem selbst gemalten Bild“ und ggfs. „zu erneuten Affektüberschwemmungen im Sinne einer Re-Traumatisierung führen.“ (Arnim 2002)[413]

In einem Projekt mit demenzkranken Menschen erleben wir, wie ein betroffener alter Mann das Foto (eine Landschaft mit Luftballons) schematisch auflöst und sich aus der möglichen symbolischen Mehrdeutigkeit der Bildvorlage in die für ihn hilfreiche, schematische Eindeutigkeit eines Bildelements begibt. Im Sinne des Uexküllschen Modells gilt es, seinem Entwurf zu antworten, zur inneren oder äusseren sog. Passung beizutragen. Zwei Heilpädagogen nehmen erste Stellung: Malls (2001) „Was von diesen Menschen kommt, passt zu uns“, und Fröhlichs (2001) Satz: „Sprachlos bleibt nur der, dessen Sprache wir nicht beantworten“[414], - beide Statements fordern auf, ‚Passung‘ im Sinne Uexkülls als Aufforderung zu begreifen, die passende Ebene des kommunikativen, im illustrierten Fall: des vorsymbolischen Austausch zu suchen.

408 Arnim 2002, 285.
409 Nurit Bird-Davis 2012, 36.
410 Nurit Bird-Davis 2012, 43.
411 Hayakawa 1967, 94.
412 A.v. Arnim 2002, 279.
413 Ebd.
414 Mall, W. und Fröhlich, A., in: Orientierung 2, 2001, 17ff. und 20 ff.

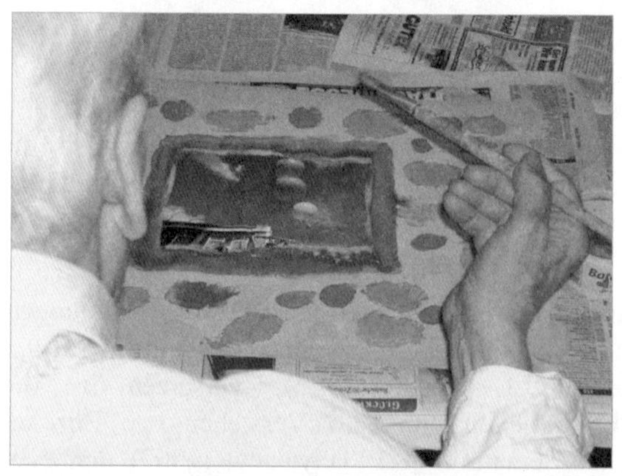

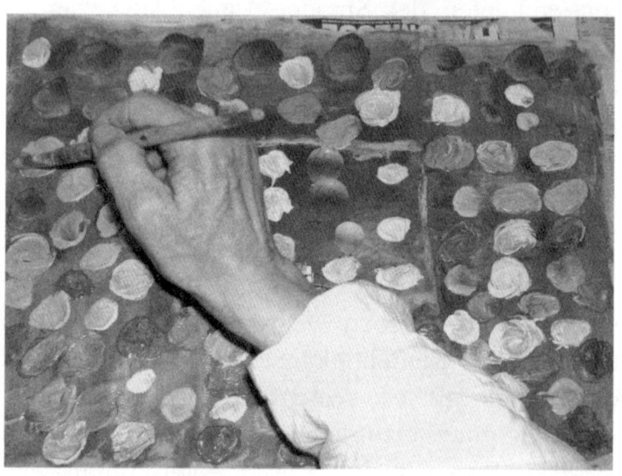

Abb. 17: Projekt mit Demenzkranken – Sehen und Abmalen (Fotos: K.-H. Menzen).

Wir sehen, dass wir vom Symbolgehalt des Wahrgenommenen zuweilen absehen können, dass wir infolge der defizitären Wahrnehmungskompetenz der kognitiv wie emotional Betroffenen vielleicht sogar davon zunächst absehen müssen. Unsere kunsttherapeutischen Überlegungen gehen nach langen Jahren der Arbeit mit mental Beeinträchtigten dahin, mittels ästhetisch-basal stimulierender Vorlagen selbst bei an Alzheimer, Schlaganfall oder Schädel-Hirn-Traumata erkrankten und ihrer grundlegenden Wahrnehmungen kaum mehr mächtigen Menschen zu versuchen, mit bildnerischen Mitteln die Farben, Tönungen, Akzente, Formgebungen, auch die Stimmungen und Anmutungen des Lebens auszuskizzieren – und auf eine vorsymbolisch rhythmisierende, taktende, raum-ausgerichtete, zeichen-verdichtete Weise den Gehandikapten zu einem angemessenen, d.h. befriedigenden Ausdruck zu verhelfen; im Sinne D. W. Winnicotts (1951) darauf zu vertrauen, dass die Bilder der Klienten übergangshaft, d.h. im Sinne des kindlicherseits ausgedrückten Übergangsobjekts als hilfreiches Teilobjekt der Mutter „nicht die Aufgabe" haben, „die äussere Realität völlig anzunehmen", sondern dazu da sind, „den Prozess der Annäherung an die objektive Erfahrung zu vollziehen"[415], – auch wenn sie nur form-bildhaft Ängste abwehren oder körperlich-taktil ein Gefühl der Wärme (z.B. mittels eines Fetzen weichen Stoffes, den der Betroffene von einem zum anderen Ort mitnimmt[416]) übermitteln. Unsere Überlegungen gehen dahin, uns in die „Not-Symbolisierungen"[417] des Klienten zu versetzen, in dessen Szene buchstäblich einzutauchen, um seine „Passungsstörung" (Uexküll 2002)[418] als eine auf allen Ebenen des Austauschs zu begreifen.

Im Folgenden wollen wir die künstlerisch-therapeutischen Herangehensweisen genauer betrachten:

- Kunsttherapie mit ADHS-Kindern
- Kunsttherapie mit spastischen Menschen
- Kunsttherapie mit geistig behinderten Menschen
- Kunsttherapie mit autistischen Menschen
- Kunsttherapie mit Demenz-, speziell: Alzheimer-Kranken
- Kunsttherapie mit psychotraumatisierten Menschen

[415] Stork 1976, 25f.
[416] Winnicott 1978, 207.
[417] Arnim 2002, 285.
[418] Uexküll 2002, 24.

3.2 Kunsttherapie mit ADHS-Kindern

Wir haben im zweiten Kapitel festgestellt, dass die von ADHS betroffenen Kinder in ihren kognitiven, emotionalen und sozialen Wahrnehmungsmustern solchermaßen gehandicapt sind, dass sie zu unangemessenen Deutungen und Reaktionen kommen. Da sie sich schlecht konzentrieren können, ist ihr Einfühlungsvermögen betroffen, und dieser Umstand stellt eine erzieherische und therapeutische Herausforderung für ihre soziale und emotionale Entwicklung dar.[419] Wenn die betroffenen Kinder bei unkontrolliertem Bewegungsdrang und fehlender Impulskontrolle eine permanente Zuwendung und Aufmerksamkeit erfordern, dann zeigen sie, dass sie viele der früher gemachten Wahrnehmungs- und Handlungsmuster im Sinne einer jetzt erforderlichen Transferleistung nicht zur Verfügung haben und im Hier und Jetzt der Anleitung bedürfen. Eine solche Anleitung muss die kurze Konzentrations- und Aufmerksamkeitsspanne berücksichtigen und ein Setting von geringstmöglicher Ablenkbarkeit und klaren (Muss-, Kann-) Regeln mit einem angemessenen Belohnungssystem herstellen.[420] Solche für sie ungewohnten, da verhaltenstherapeutischen Hinweise mag die praktizierende Kunsttherapeutin verwundern, diese sind aber unerlässlich angesichts der inneren und äußeren Hilflosigkeiten, denen das ADHS- Kind ausgeliefert ist.

Versetzen wir uns beispielsweise in die Arbeit der Kunsttherapeutin Brigitte Umbach-Woborny, die unter dem Titel ‚Muster und Bilder – und ADHS‘ ihre kunsttherapeutische Konzeption beschreibt. Und vermerken wir, wie viel Mühe sie aufbringt, um „ein festgelegtes, konstantes Setting. Regeln und Rituale“[421] zu etablieren.

Hören wir ihre Anweisung:

„Das Kindermalen für Jungen und Mädchen findet regelmäßig ein Schuljahr lang einmal pro Woche zur gleichen Zeit und im selben Raum statt. Es dauert eine Schulstunde lang und hat ein festgelegtes, konstantes Setting. Regeln und Rituale werden etabliert. Das Elternmalen als aktives Einbeziehen der Eltern in die kunsttherapeutische Betreuung beginnt im zweiten Schulhalbjahr. Die Eltern malen wie die Kinder in der Gruppe, einmal pro Monat etwa drei Zeitstunden lang. Der Themenkatalog für die Eltern orientiert sich an den Themen der Kinder. Das Malen stellt eine andere Art von Verbindung zwischen Eltern und Kindern her und stärkt nachweislich die Beziehung [...] Zum Ende des Schuljahres findet eine gemeinsame Schlussbesprechung mit Eltern und Kindern in der Schule statt. Die entstandenen Bilder werden betrachtet, Gemeinsamkeiten und

[419] Vgl. Blakemore, Frith 2006, 158.

[420] Vgl. Strobel 2005, 95 f.

[421] Umbach-Woborny 2011, 389.

Unterschiede werden sichtbar. Eltern und Kinder werden über die mögliche Fortsetzung der kunsttherapeutischen Betreuung in einer zweiten Phase informiert und beraten. Die zweite Phase setzt die Betreuung der Kinder und Eltern fort und wird als freies Malen für Jungen und Mädchen an der Schule angeboten […]. Durch Probehandeln bei künstlerischem Tun wird verstärkt das Verhalten in der Gruppe trainiert, mit bildnerischen Mitteln beim dialogischen Malen, bei gemeinsamen gestalterischen Projekten und bei Gruppenbildern, wobei Themen und Techniken variieren. Eltern können am monatlichen Elternmalen teilnehmen […] ADHS wird Nebensache.“ [422]

Und jetzt kann es beginnen:

Brigitte Umbach-Woborny beschreibt es: Wie Julian (Name anonymisiert) mit sechs Jahren nach dem Tod seiner Großmutter vermehrt auffällig und bei ihm ADHS diagnostiziert wird. Und er, emotional, psychosozial, verhältnismäßig auffällig, er sitzt jetzt mit seinen elf Jahren da auf der Schulbank und malt Bilder. 33 Bilder wird er im Laufe des Jahres malen. Nach Anweisung muss man dafür nicht viel können, In seiner Gruppe malt Julian jenen gelben großen Stern da, der seinen Vater darstellen soll. Und in einer Reihe daneben ein Dreieck, ein Rechteck, ein Herz – seine Familie. Er findet es gut, dass seine Mutter zum Malen mitkommt. „Da kann sie mal sehen, wie ich mich da fühle“, sagt er.[423] Für diese Art des Malens braucht er, braucht man keine großen Kompetenzen, man fängt einfach an zu malen, diese geometrischen Muster, diese Bilderreihe beispielweise von seiner Familie. Beim Elternmalen hat der Vater auf der anderen Seite zusammen mit den andern Eltern gesessen. Und da haben sie auch gemalt. Und dann kamen die Kinder und haben geschaut, was die da machen. Und im Gespräch bricht es aus dem Vater heraus, dieser Satz von der „totalen Leere“, als die Großmutter starb. „Sie fehlt uns so sehr“, sagt er. Und während Julian das Bild des Vaters sieht, die Worte des Vaters hört, ist da Gemeinsames im Raum, ist gar nicht da jene psychosoziale, emotionale Instanz, von der wir oben bei der Beschreibung des ADHS geredet haben. Und genau darauf zielt die Arbeit der Kunsttherapeutin. Und diese notiert seinen Satz, wie er sagt: „die Leere, das ist mein Leben“. Und dann sieht sie, merkt sie auf: Er beginnt, die weiße Fläche auszumalen, - mit Gelb. Und dann malt er mit Rot seine Frau, mit Blau Julian, mit Grün seine Tochter. Und er sagt: „meine kleine Welt […].“ Und dann malt er den Hintergrund – in Gelb. Das ADHS scheint gar nicht mehr so wichtig in diesem familiären Zusammenhang. Der Satz „meine kleine Welt“, der ist wichtig. – Die Therapeutin hat gelernt, die Leere der auszumalenden Fläche (wie wir oben forderten: die psycho-vegetative Systemebene der Betrachtung) zu erspüren, in

[422] Umbach-Woborny 2011, 389 f.
[423] Julian, zit. in: Umbach-Woborny 2011, 390.

den Blick zu nehmen und mit indexikalischen (das Fehlen der Grossmutter) und affektiven Bedeutungen (des Verlustes) zu füllen.

Nach einem Jahr der bildnerisch angeleiteten Arbeit wird Julian von sieben Personen seiner näheren Umgebung in seinem Verhalten eingeschätzt. Das Urteil lautet, er habe sich in seinem unkonzentrierten Verhalten *„signifikant verbessert“*.[424]

3.3 Kunsttherapie mit spastischen Menschen

Paraphrase eines Protokolls:

Er sitzt wie immer in seinem Rollstuhl. Die Beine unterschiedlich, das eine lang gestreckt, das andere angewinkelt. Die Kunsttherapeutin, von Beruf Künstlerin und derzeit kurz vor dem Ende ihrer kunsttherapeutischen Ausbildung, hat einen Auftrag vom Fachreferat des Bezirksamtes zur Begleitung dieses Menschen mit schwerer Behinderung angenommen. Sie weiss noch nicht, was auf sie zukommt, da sie keine weiteren Informationen erhalten hat. Das was sie u.a. interessierte, die Bezahlung dieses Einsatzes, wird nach § 29 SGB IX Hilfe für seelisch, geistig und/oder körperlich Behinderte gewährleistet. Nicht weiter erläutert steht da: „Behandlung und Bewältigung von Krankheiten und Behinderungen“[425]. Sie hat zuerst einmal im Sozialgesetzbuch SGB IX (Sozialhilfe) nachgeschlagen: „Menschen sind behindert, wenn ihre körperliche Funktion, geistige Fähigkeit oder seelische Gesundheit mit hoher Wahrscheinlichkeit länger als sechs Monate von dem für das Lebensalter typischen Zustand abweichen und daher ihre Teilhabe am Leben in der Gesellschaft beeinträchtigt ist.“ (§ 2, Abs. 1, S. 1 SGB IX)[426] Diese Zuschreibungen treffen wohl alle zu. Sie hat auch im „Berufs- und Leistungsrecht für künstlerische Therapien“ (2008)[427] nachgeschlagen, um bei der mündlichen Antragsstellung mitreden zu können. Und das ist offenbar gelungen.

Jetzt sitzt sie neben ihm, der ihr zugeteilt worden ist, – neben Jens. Sie tut sich schwer, die ersten Worte zu finden. Zumal Jens nur Laute von sich geben kann, die sie nicht versteht. Sie hat die Begründung ihres Einsatzes im § 4, Abs. 1 SGB IX noch vor Augen: „um […] die Behinderung abzuwenden, zu beseitigen, zu mindern, ihre Verschlimmerung zu verhüten oder ihre Folgen zu mildern“ , hiess

[424] Ebd. (kursiv v. A.)

[425] Vgl. Nomos Fachredaktion (Hg.) (2011): Gesetze für die Soziale Arbeit. Nomos: Baden-Baden, 1830).

[426] Ebd., 1821.

[427] Vgl. Flach 2008, Kap. 3.2.

es da.[428] Die beiden letzten Begründungen könnten hier greifen, denkt sie. Sie definieren die Massnahmen einer Eingliederungshilfe.

Sie sucht sich an die Hinweise der Lehrbücher, die sie zu Rate gezogen hat[429], stichwortartig zu erinnern: Infantile Cerebralparese (ICP), Störung der zentralnervösen motorischen Signale und somit der frühkindlich motorischen Entwicklung, relativ ungesteuerte archaische Bewegungsmuster, nach Geburtstrauma (Sauerstoff-Unterversorgung des Gehirns), zuweilen Mehrfachbehinderung wie zusätzliche Störungen der Sinnesorgane, besonders die Wahrnehmung des eigenen Körpers betreffend, vermehrte Muskelspannung, aber unterschiedlich gelähmte Gliedmaßen (hier offenbar: hemiplegisch, halbseitengelähmt, denkt sie), nicht mehr aufeinander abgestimmte Bewegungsmuster, die eine Umstrukturierung in den dafür zuständigen Hirnarealen notwendig machen, muskulär bedingte Sprach-Laut-Verzerrungen, die eine Kommunikation mühselig machen, stossweise hervorzuquellen scheinen, so ungesteuert und ruckartig wie die Bewegungen der gesamten Körperglieder. Ist sie als Künstlerin, Kunsttherapeutin nicht fehl am Platz, denkt sie, ist hier nicht ausschliesslich eine Physiotherapeutin gefragt?

Die Mutter, bisher in überfürsorglich-zugewandter Haltung und schräg rechts hinter ihr sitzend, steht auf, legt ihr einen Kaufhauskatalog in den Schoss mit den Worten: „Das mag er gerne", zieht sich wieder auf ihren Beobachtungsplatz zurück. Wo soll ich diesen Katalog nur hinlegen, denkt sie? Er wiegt schwer in ihren Händen, lässt diese absinken. Und da hat sie eine Idee: Wie kann er, Jens, mit seinen muskulären Beeinträchtigungen, ihn nur halten, denkt sie. Und nimmt sich vor, ihm beim Nächstenmal eine Stützhilfe fürs Buch zu bauen, die sie vorne an den Griffen des Rollstuhls befestigen kann.

Die nächsten Stunden, hier abgekürzt beschrieben, sind angefüllt mit Bauen, Staunen, das-Buch-Durchblättern, einer rhythmisch wie im Takt sich wiederholenden Leidenschaft des Blätterns, Immer-wieder-Zeigens, ab und zu stossweise lautierend die Wichtigkeit einer Abbildung hervorhebend. Sie merkt, dass sie eine Art von Kommunikationshilfe entdeckt hat. Stellt diese in der Supervision vor. Wird bestätigt in ihrem Bestreben, nicht nur einen Kontakt aufzunehmen, sondern eine Verständnisebene aufzubauen, die die fehlende Verständigung ersetzen kann.

Aus der Supervision nimmt sie einen Satz mit: Dass Sprach- und Bewegungsentwicklung, Mimik, Gestik, Gebärde und Ausdruck miteinander verschränkt sind. Sie hat eine Idee: Die entsprechenden Ausdrucksformen in den Bildern des

[428] Vgl. Nomos Fachredaktion (Hg.) (2011), 1821.
[429] Hülshoff 2005, 245 f; Strobel 2005, 156 f.

Kataloges zu suchen, zu kommentieren, vielleicht – angesichts von Jens' zwar beeinträchtigten aber beweglichen rechten Körperhälfte (er kann die Katalogseiten blättern) eine Illusion – diese nachzuzeichnen. Und sie beginnt gleich damit: Blättert, deutet hin, kommentiert, macht neugierig.

Und es stellt sich etwas bisher Ungeahntes ein: Jens zeichnet vor, malt plakativ, erkundet die Farben und deren Wirkung. Fordert immer wieder auf, Papier und Farben zu kaufen, malt geradezu manisch an seinen Objekten, die er vor sich im Katalog findet und reproduziert: Menschen, die laufen, sich bewegen, auf fremden Planeten spazieren gehen. Und fordert fast gleichermassen manisch die Kommentare unserer Kunsttherapeutin ein. Es entstehen Bilder, die zuweilen ‚die Sprache verschlagen': Es sind Bilder von Menschen, die andere Planeten betreten, diese erkunden. Es sind Bilder von ungewöhnlich farbkomlementärer, expressiver Gestaltung.

Immer wieder seine schriftlichen, da lautlich-gehandikapten Kommentare, versetzt mit seinen Versuchen, sich selbst ins Bild zu setzen: *„Hab Lust – stop – will weiter malen – stop – Leinwand besorgen"*

Am Ende der Betreuungszeit werden viele seiner Bilder in einer Ausstellung gezeigt, einige zur grossen Überraschung aller Betreuenden – und zum Beleg, wie gut die Kunsttherapeutin Annette Schultze, vom Beruf Künstlerin, gearbeitet hat.

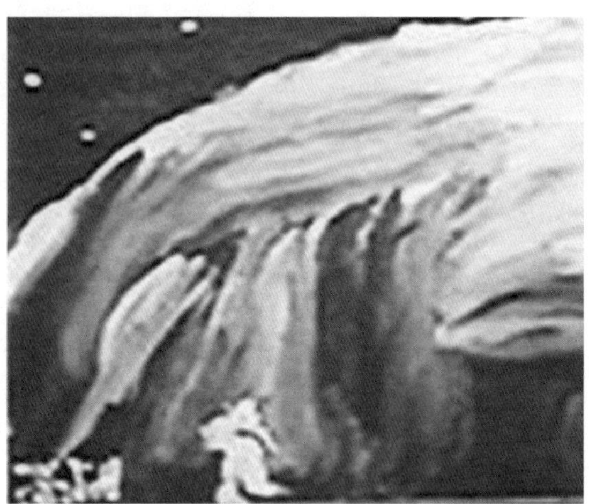

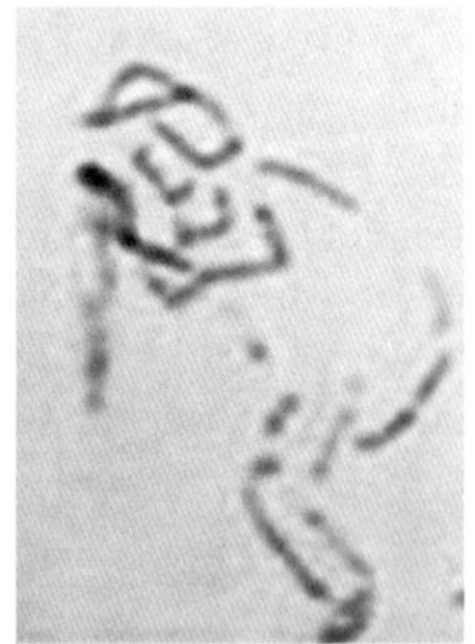

Abb. 18: Jens malt unter Anleitung der Kunsttherapeutin den Mann auf dem Mond
(Fotos: Annette Schultze).

Versuchen wir, den hier paraphrasierten Entwicklungsprozess des Jungen noch einmal stichwortartig zu benennen:

- seine anfänglich manische Sucht, zu blättern, Seiten motorisch zu wenden, hierbei zufällige Eindrücke aufzunehmen;
- seine zunehmend kontrollierten, da diskutierten und kommentierten Bildeindrücke; der Ethnologe Lévy-Strauss spricht von „flottierenden Signifikanten", die ihren Ort finden[430];
- der Wahrnehmungs- als Bild-Erkundungsprozess des Jungen, der lernt, mithilfe der Therapeutin die Bedeutung der Bilder zu erfragen, ihren Bild-Ort zu bezeichnen (oben – unten – links – rechts; Vordergrund – Hintergrund etc.) und diese seine Bildeindrücke vom bloss Ikonischen zum Indexikalischen zu führen, also den Zusammenhang der Bild-Elemente herzustellen;
- Erzählstrukturen zu erfinden, quasi Narrationen anzulegen, mit sich selbst als der agierenden Hauptperson auf dem anderen Planeten, also symbolisch sich auszudrücken.

Die Kunsttherapeutin hat vor allem eines gelernt: Da zu beginnen, wo die Entwicklung des Jungen stornierten infolge der Einschränkung seiner Bewegung. „Motorik ist die Basis der Kommunikation", hatte sie bei der Heilpädagogin Gudrun Kesper gelesen. Welche darauf hingewiesen hatte, dass gegen die „eingeschränkten Bewegungsmöglichkeiten", die nur „zu unangemessenem Verhalten und unangepassten Handlungen (führen)"[431], nur eine integrative Bemühung hilft: „die Gesamtheit von Bewegung, Gestik, Mimik, Haltung, Sprache"[432] zu Ausdruck zu bringen, eben auch zu ermalen. Die Arbeit mit und an den vorgefundenen und die inneren Bilder auslösenden Bewegungsmustern hat sie mit dem Jungen zum Erfolg geführt, der in einer Freien Kunstausstellung der Stadt auch gewürdigt wurde, als drei seiner Bilder angekauft wurden.

Die sich in ihn einfühlende Kunsttherapeutin erlebt, wie Jens, geradezu ein vorzeigbares Beispiel für die im Abschnitt 3.0 skizzierten Systemebenen des beeinträchtigten Ausdrucks, die Verstörung der ikonischen (Beeinträchtigung des gegenstandsangemessenen Ausdrucks), der indexikalischen (Verzerrung in der Ausführung der Körper- und Rauminformationen) und der affektiven Signale (Verzweiflung angesichts des häufigen Scheiterns) in kommunikativ vorzeigbare, bildnerische Bewegungs- und Handlungsmuster überführt. Seine Dörfer,

430 Lévy-Strauss, zit. in: Descombes 1981, 115.
431 Kesper 2002, 22.
432 Ebd., 21.

Landschaften, die er malt, werden zu indexikalisch farbräumlich-verbundenen, konkreten Orten.

3.4 Kunsttherapie mit geistig behinderten Menschen

Im Vorfeld der Arbeit mit dem oben geschilderten geistig und körperlich behinderten Jungen mit Fragilem-X-Syndrom haben wir uns nochmals vergegenwärtigt, wie beeinträchtigt die fein-, gleichgewichtskoordinative-, die visuo- und sprachmotorische, insgesamt: die Handlungs-Kompetenz des Jungen war. Und wir beschlossen, wie erwähnt, dass ein auf ihn zugeschnittenes Förderprogramm gerade jene sinnes- und körperhaften Kompetenzen zu beachten hätte, um die grundlegenden Erfahrungen seines Selbsterlebens zu stärken. Also legten wir fest, dass die Fördersettings gegen seine Tendenz, auszubrechen und sich immer neuen Reizen zuzuwenden, *geschlossene Handlungssequenzen* anbieten und ihn, wenn solches lustvoll erlebt, animieren sollten, aus diesem Settings nicht auszubrechen. Das Vorhaben gelang.

Ein Vogelhäuschen, fertiggestellt mit Holz, Hammer, Säge und Nägeln, entstand und wurde in dem Garten seiner Familie aufgehängt. Der Junge wurde dafür allseits gelobt. Die Themen der folgenden Fördersequenzen fielen uns sozusagen in den Schoß: Der Junge war ob seiner allseits gelobten handwerklichen Fertigkeiten so begeistert von der plastischen Arbeit, dass er anfing, eine Figur aus Hasendraht zu formen. Wir wissen alle, wie schwer dies ist, aber es gelang. Es war eine weibliche Figur, die er, natürlich angeleitet, mit Pappmaché umformte. Es zog sich über mehrere Sitzungen hin, bis sie da stand und schließlich angemalt wurde. Ein langes blaues Kleid und eine Art Weste kleideten sie, unverkennbar, wen sie repräsentierte: Die Studierende, die ihn anleitete, berichtete berührt, wie er auf die Figur deutend das Wort „Mama“ stammelte, eher echolalierte, bemerkte sie. Und wir in der Supervision hatten Grund genug, über das Körperbild des Jungen zu reden, über das, was in seiner unverschuldet defizitären Selbst-Ausdrücklichkeit selten angemessen kommentiert worden war.

In jenen Tagen haben wir noch einmal die Sätze von Karen und Mark Kaplan-Solms, den beiden Neuro-Psychoanalytikern gelesen: „Das Ich beginnt [...] genetisch und topographisch, an der Körperperipherie mit den sensorischen Endorganen, die kodierte Information aus der Außenwelt an den Kortex weiterleiten [...] durch die graue Substanz des Rückenmarks, die Hirnnervenkerne im Hirnstamm und die modalitätsspezifischen Bereiche des Thalamus zu den unimodalen Rindenfeldern [...]“.[433] Wie hat der Junge, so haben wir damals gefragt, die kodierten Informationen aus der Außenwelt nur lernen können angesichts seiner

[433] Kaplan-Solms, Solms 2005, 259.

autistischen Züge, seiner Ablehnung von körperlichem Kontakt? Und wie hat er, so haben wir weiter gefragt, seine basalen emotionalen Bedürfnisse nur befriedigen können?

Die Zeilen der beiden Neuro-Psychoanalytiker haben uns bestärkt, weiter an dem sich eröffnenden Körper-Projekt zu bleiben. Und wir haben die gebräuchlichen neurophysiologischen Therapien angeschaut, die uns weiterhelfen und neue Aspekte zu unserer Arbeit liefern hätten können: beispielsweise die Methoden von Bobath, Vojta, Doman, die eher neurophysiologischer Natur sind, auch die psychomotorischen Aspekte der Arbeit von Kiphard und die Konduktive Förderung nach Petö.[434] Am meisten haben uns imponiert die Vorschläge jener, die danach fragten, wie wir unser Selbstbild im Kontext unserer Bezugspersonen ausbilden. Wir erinnern uns an den einführenden obigen Exkurs 'Zur Schädigung der frühkindlichen neurosequentiellen Strukturen', der auf die Parallelität von neuronaler Entwicklung, Körperkontakt und Körpervermögen hinwies.

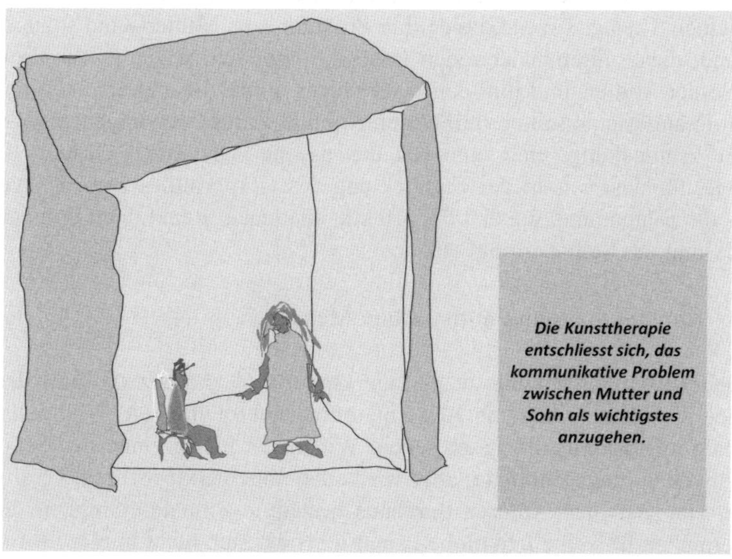

Abb. 19: Eine psychodramatisch explizierende, um eine verbesserte Kommunikation bemühte Situation zwischen Mutter und Kind (Schema: K.-H. Menzen).

434 Vgl. zu den Fördermassnahmen die Zusammenfassungen von Dosen, A. (2010), Kesper, G. (2002) und Danielczyk, M. (2003).

Also haben wir weiter den Jungen darin unterstützt, Figuren zu bauen, haben nach der Fertigstellung der zweiten Figur einen Tisch auf den anderen versetzt und ein schwarzes Tuch auf den obersten gelegt, sodass ein kleines Theater entstand, in dem die beiden Figuren sich spielerisch auf der Bühne und in ihren sprechen könnenden Protagonisten vor der Bühne begegnen konnten.

Die Kunsttherapie entschliesst sich, das kommunikative Problem zwischen Mutter und Sohn als wichtigstes anzugehen. In der Folge entsteht eine weibliche Figur, die er, angeleitet, aus einer Flasche, mit Pappmaché umformt, erstellt. Und eine zweite Figur, die des Sohnes, entsteht. Und beide, er und die in Ausbildung befindliche Kunsttherapeutin, bauen eine kleine Bühne aus einem umgedrehten Stuhl und einem langen schwarzen Tuch, unter dem sich bewegende Gesprächsszenen abspielen. Er, der Protagonist des Sohnes, sie die Protagonistin der Mutter, unterhalten sich.

Es war eine Art Entdeckung von psychodramatischem Puppenspiel, das sich nunmehr entwickelte. Figuren, die sich begegneten, woraus sich Szenen entwickelten. Und sie, die heilpädagogische Kunsttherapie Studierende, mit ihm vor dem kleinen Theater sitzend, beide ihre Protagonisten Mutter-Kind sozusagen an der Hand, diese miteinander reden lassend, nahm sich wahr, in der Protagonistenrolle der Mutter, und ihn, den bisher nicht immer Beachteten, als ‚dabei', – ein Erfolg angesichts seiner vielfältigen Kontakt-Zurückweisungen. Es war auch eine Art Entdeckung, eher eine Art des psycho-vegetativen Gespürs für das Fehlende, für das, was in der Entwicklung des Körperbildes zuweilen vermisst wird, – die Begegnung, die erst die affektiv adäquaten Reaktionen und damit die Entwicklung des Selbst ermöglicht.

3.5 Kunsttherapie mit autistischen Menschen

Im Kapitel 2 hatten wir die zu geringe kognitive Kohärenz des autistisch Betroffenen diskutiert, d.h. seine zu gering entwickelte Fähigkeit, Wahrnehmungsmerkmale in Zusammenhang zu sehen. Wir hatten hierin einen der Gründe für seine zuweilen eingeschränkte, aber wir hatten angemerkt: nicht zu verallgemeinernde, von manchen Autoren durchaus bestätigte Empathiefähigkeit gesehen, gleichermaßen für seine Irritationen angesichts der sich nicht immer im Einklang befindenden Informationen, sprich: Ausdrucksgebungen, seitens seiner Bezugspersonen. In diesem Abschnitt wollen wir eine solche Szene analysieren, in der ein von mir betreuter Junge namens Alex die wütenden Äußerungen seines Vaters nicht versteht und sich in seinen folgenden Skizzen zeichnerisch mit diesen auseinandersetzt.

Es ist ein Tag wie viele andere. Ich sitze mit Alex am Tisch, und wir beide kritzeln, zeichnen vor uns hin. Ich sehe noch heute Alex neben mir, mit welcher

Geschäftigkeit, ab und zu Andacht, er seine Zeichnungen geradezu hinwirft, heißt: diese mit einer ungewöhnlichen Schnelle skizzenhaft aufs Papier bringt. Ich habe gelernt, ihn nicht anzuschauen, wenn es nicht sein muss. Ich weiß, dass ihn dies in Verlegenheit, ggfs. sogar in Angst versetzen kann. Ich habe dafür gesorgt, dass der Bauerntisch vor uns geräumt ist. Wir schauen hinaus auf die Wiese, betrachten die Kühe, Schweine und zwei Katzen, die sich auf der Wiese tummeln. Alex hat vor sich Farb- und Filzstifte liegen, die er blitzschnell einsetzt. Es ist 11:58 Uhr, und wir müssen dringend aufräumen, weil seine Mutter den Tisch decken will. Alex kann nicht aufhören, und ich weiß nicht, wie ich ihn stoppen soll. Es ist 12:02 Uhr, die Mutter setzt Teller, Schüsseln und Besteck auf den Tisch. Alex ist augenblicklich irritiert, springt auf, rennt ziellos durch den Raum, mal hierhin mal dahin, verschwindet im Nebenraum, während seine Mutter den Tisch deckt und die Zettel beiseite räumt. Es ist 12:10 Uhr. Der Vater erscheint, die Mutter tischt auf, Alex sitzt noch immer nicht an seinem Platz. Dann erscheint er, setzt sich hin. Sein Vater, ihm gegenübersitzend, stemmt sich mit beiden Armen auf den Tisch und sagt infolge von jenes Unpünktlichkeit etwas schärfer als gewohnt: *'Das machst Du nicht noch mal!'* Für uns nicht interessant, was danach geschieht, wohl aber das, was Alex kritzelnd nach dem Essen äußert. Es entstehen Zeichnungen, hier Vater, da Sohn. Hier Schwarz, da Gelb. Hier Mensch, da Schwein. Alex entwirft die Konfliktszenen auf dem Papier – immer wieder. So entwirft er mindestens eine halbe Stunde lang Skizze über Skizze, indexikalisiert, d.h. verleiht der Szene raum-zeitlich-konkrete Züge. Wir wollen uns die gemalten Szenen anschauen.

Die Bilder auf der folgenden Seite zeigen Alexs Versuche, mit der emotional hoch aufgeladenen Konfliktszene sinnlich-ästhetisch umzugehen, vor allem die Farbimpressionen zu kontextualisieren:

Wir wollen aus dieser Aktualszene nicht aussteigen, die Abbildungen Alex‘ aber versuchen zu theoretisieren: Francis Tustin (1972), die für die psychoanalytisch-autistische Forschung maßgebend geworden ist, geht von einem kindlichen Selbst-Objekt aus, das noch nicht von sich selbst differenziert ist. Es ist sozusagen etwas, das zu seinem eigenen Körper gehört, das es nicht als von ihm selbst getrennt wahrnimmt. Tustin spricht von einem noch-nicht-bezogenen embryonischen Selbst. Nach Tustin gibt es tatsächlich im Anfang des Lebens so etwas wie eine containende, d.h. haltende, bergende Situation, und diese besteht in einer Art „Konkordanz zwischen innerem Muster und externer Realität“.[435] Offenbar gibt es schon in diesen Anfängen erregende Zustände, die jene containende, bergende Situation gefährden und das kleine Kind in einen unerträglichen Zustand von Hilflosigkeit versetzen können.

[435] Strauss 2009, 48.

Abb. 20: Alex' Konflikt mit dem Vater (Zeichnungen: Alex, Fotos: K.-H. Menzen).

Offenbar, so nimmt Tustin an, kann es jetzt zu einem Bruch zwischen Ich-Selbst und Selbst-Objekt kommen, der als eine Art Leblosigkeit erfahren wird und einen Suchmodus initiiert, der die „empathic reciprocity"[436] wiederherstellen soll. Winnicott (1963) hat diesen Zustand „primäre Depression" genannt, jenen Zustand, „in dem das Subjekt nicht in der Lage ist, ‚jemanden zu finden, der ihn

[436] Bion 1961, 1963, 1972.

halten kann‘.“[437] Es ist eine traumatische Stresssituation, über die wir nicht viel wissen, eine nicht zu definierende Bedrohung („nameless dread“, sagt Tustin 1990), die letztendlich das Kind unfähig macht, seine schon in Entwicklung sich befindenden Exekutivfunktionen zu benutzen. Der Bruch der psycho-physischen Beziehung zwischen Mutter und Säugling bewirkt eine Art *non-attachment* (Bowlby) einer sich entwickelnden und jetzt unterbrochenen Zwei-Personen-Psyche (Stern 1977), die, da nicht wirklich getrennt, sondern von einer traumatischen Trennung bedroht, sich nicht wirklich differenzieren kann. In der Folge, so Strauss[438], wird das Objekt „als eine sensitive Kontinuität des eigenen Körpers erlebt“[439] und das autistische Kind, psychisch noch nicht geboren, in jenen hilflosen Suchmodus versetzt.

Das Erleben von absoluter Hilflosigkeit, so der von Strauss zitierte Säuglingsforschung Meltzer (1975), führt zu einem Zerfall des entstehenden Selbsts durch die beschriebene Desintegration und lässt – hier ein von Strauss zitiertes treffendes Bild – den psychischen Apparat erscheinen, als würde er ‚nackt im Wind‘ stehen[440], also durchlässig, permeabel gegenüber Sinneseindrücken, die ungefiltert auf das Subjekt-Objekt treffen. Strauss zitiert Meltzer da, wo ein sensorisches *attachment* (Anbindung) auf ein Objekt trifft, „das die größte sensorische Erregung verursacht“[441] (ebd.) und eine Art „sensorisches Kleben am Objekt“ bewirkt.

Die Zeichnungen dieser Kinder – und dies war einer der Gründe dies zu zitieren – zeigen “keine perspektivische oder innere Dimension“.[442] Statt einer kommunikativen, d.h. projektiv-introjektiv sich vollziehenden Entwicklung klammert sich das Kind an sensorisch dominierte vorsymbolische – Strauss zitiert Meltzer: ‚Objekte ohne Inneres‘[443] – Erlebnisbereiche, bleibt in einem Modus, der seine Objekt-Beziehungen auf einer sensorischen Oberfläche erfährt, „der dem paranoid-schizoiden und dem depressiven Modus gleichgestellt wird“.[444]

Wie die schon zitierte autistische Landwirtschafts-Professorin Temple Grandin, die nicht nur im Rahmen ihrer Viehzuchtmassnahmen, sondern auch für sich selbst eine Art mechanischer „Quetsch-Maschine“ zur Beruhigung (ihrer Kühe/ihrer selbst) entwickelt hat, suchen die autistisch Betroffenen ihre uner-

437 Strauss 2009, 51; Tustin 1972, XX.
438 Diess. 2009, 56 f.
439 Ebd.
440 Meltzer 1975; Strauss 2009, 55.
441 Ebd.
442 Strauss 2009, 56, in Bezug auf Meltzer, 1975, und Sacks, 1995.
443 Vgl. Strauss 2009, 56
444 Vgl. die frühkindlichen Positionen bei Melanie Klein; Strauss 2009, 57.

trägliche Sehnsucht nach Nähe und Berührung stimulativ-gewaltsam zu kompensieren. Die Autoren sprechen von einem „harten autistischen Objektbeziehungsmodus“[445], von einer „autistischen Einkapselung“[446], um die Suche des autistisch Betroffenen nach einer gewissen Selbstkohärenz und nach Schutz vor psychosomatischer Erkrankung zu illustrieren. Ogden[447] spricht davon, dass schon früh ein unbewusster erfahrungsbildender Modus im Gange ist, der ähnlich dem, was Melanie Klein (1946) in den frühen Ängsten und Abwehrmechanismen des Kindes als paranoid-schizoid und depressiv beschreibt, erfahrungssuchend sich zu identifizieren sucht und erst in der so genannten ‚projektiven Identifizierung‘ die frühe Beziehung des Kindes zu seinen Bezugspersonen mentalisiert. Hiernach erscheint es notwendig, dass sich die somatisch-sensorischen Erfahrungen des Kindes sozusagen psychisieren[448], – Hinweis auf eine therapeutische Begleitung, die dem Kind helfen will, seiner sinneseindrücklichen Ausgeliefertheit zu entkommen. Hinweis auf das, was Thure von Uexküll nahelegt: die Ebene der psycho-vegetativen Einfühlung, worüber Mütter zuweilen ‚von Natur‘ verfügen, stärker in die bildtherapeutische Methodensuche einfliessen zu lassen. Vielleicht lassen sich die folgenden Bilder Alexs so besser verstehen.

Der Autor sieht in den Bildern Alex‘ einen Versuch, auf einer sinnlich greifbaren Ebene seinen inneren Konflikt auszufechten, seine Verlorenheit, seine emotionale Hilflosigkeit sinnesausdrücklich zu kompensieren. Immer wieder aber gestaltet und zeichnet er eine Art der Hoffnungslosigkeit dieses Versuchs – und kommt an die Objekte seiner Wahl nicht heran. Die Informationen der Welt gehen förmlich durch ihn hindurch, können sich nicht in seinem Erleben integrieren.

Es hat lange gedauert, lange Zeiten des Nebeneinandersitzens und -malens bedurft, um Alex ein Gefühl des Beisammenseins zu vermitteln. Erst als Serien ähnlicher Bilder wie die folgenden von ihm gemalt werden konnten, ohne die Figuren voneinander trennen zu müssen, entstand eine Ahnung davon, dass er seinen Objekten näher gekommen war:

445 Vgl. Strauss 2009, 57.
446 Tustin 1986; Ogden 1989.
447 Ogden 1989, 2006.
448 Vgl. Strauss 2009, 64; Meltzer 1975.

Abb. 21/22: Bilder des autistischen Jungen Alex
(Zeichnungen: Alex, Fotos: K.-H. Menzen).

3.6 Kunsttherapie mit Demenz-, speziell mit Alzheimerkranken

Bevor wir auf die Suche danach gehen, was eine künstlerisch-therapeutisch orientierte Arbeit im Fall des an Alzheimer Erkrankten ausrichten kann, wollen wir einen Blick in die Praxis tun, ohne den Anspruch zu haben, ein allgemein gültiges Bild von dieser Praxis widerzugeben.

3.6.1 Der Einsatz der Kunsttherapie in einer Wiener Klinik

Die entsprechende Studie von Gebharter, Murg und Oder (2009) fasst die langen Jahre der Arbeit mit Demenz-PatientInnen einer Wiener Unfallklinik zusammen. Walter Oder, Primarius des Meidlinger Rehabilitationszentrums und Mitglied des Vorstandes des Internationalen Rehabilitations-Kreises, und sein ärztlich-kunsttherapeutisches Team, Monika Murg und Elisabeth Gebharter, untersuchen die Wirksamkeit kunsttherapeutischer Arbeit vornehmlich bei Schädel-Hirn-Trauma vor, wobei sie typische neurologische-/neuropsychologische Symptome wie z.B. visueller Neglect, visuokonstruktive Störungen, Agnosie etc. in den Mittelpunkt ihrer Untersuchung stellen (EbM-Level 3). In ausgewählten Fallbeispielen zeigen sie, wie es ihnen gelingt, jeweils betroffene rezeptive neuronale Felder der Farb-, Form-, Bewegungserkennung oder beispielsweise des dorsalen Bereichs des Gyrus fusiformis (Gesichtserkennung) zu stimulieren. Patienten mit Kritikstörungen gegenüber ihrem eigenen Krankheitsbild (Anosognosie) werden aufgrund ihrer bildnerischen Arbeiten mit ihren Feinmotorikstörungen, Ataxien, Paresen, Neglects, visuokonstruktiven Störungen, Agnosien etc. konfrontiert und zur rehabilitativen Übung angehalten. In einem Vergleich werden physio-, ergo- und logotherapeutische, neuropsychologische und orthoptische Verfahren mit den Ergebnissen der künstlerisch-therapeutischen Bemühungen (sowohl musik- wie bildnerisch-therapeutische) konfrontiert. Der Erfolg in den visuellen Kompetenztrainingsverfahren, in die alle SHT-PatientInnen einbezogen sind, wird offensichtlich.

3.6.2 Der Einsatz der Kunsttherapie in einer Freiburger Klinik

In der Freiburger Universitätsklinik für Geriatrie und Gerontopsychologie bieten wir ein Projekt an, das das Wahrnehmungsvermögen der an Alzheimer Erkrankten verbessern soll. In einer der Projektphasen erhalten die Patienten die Aufgabe, ihre Wahrnehmung an einem Bild des Expressionisten Wassily Kandinsky, *Murnau*, zu erproben. Sie werden aufgefordert, das Dargestellte im Bild richtig zu erkennen und entsprechend zu reproduzieren.

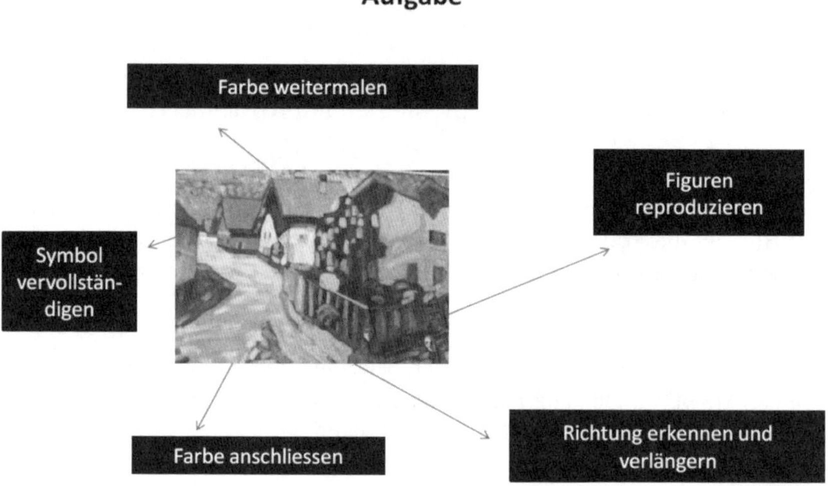

Abb. 23: Projekte mit Demenzkranken – Aufgabenstellung und Anweisung anhand eines Bildes von Wassily Kandinsky, *Murnau* (Projekt: K.-H. Menzen 2015).

Um den Tisch herumsitzend, betrachten sie das vorliegende Bild Kandinsky, werden gesprächeshalber angeleitet, darüber zu diskutieren, um anschließend die Farb- und Formgebungen des Bildes nach allen Seiten hin zu verlängern, die angedeuteten Symbole zu vervollständigen, die Richtung der vorgegebenen Figur zu erkennen, die Figur des Bildes zu reproduzieren, um sie, die Farben-Formen-Figuren, an anderer Stelle in das zu extrapolierende große Gesamtbild, das sich über den ganzen Tisch erstrecken soll, malerisch hinein zu kopieren.

Abb. 24: Versuch einer Patientin, das Bild weiterzumalen, zu extrapolieren (Foto: K.-H. Menzen).

Wenn sich etwa nach einer Stunde des Schaffens Müdigkeit breit macht, das Ergebnis bei einer Tasse Kaffee lustvoll betrachtet wird, dann ist aus ganz anderer, nämlich neurologischer Sicht etwas Wesentliches passiert: Ein Bild, das sich anbot, ist in seinen Konturen, Linien, in seinem Bildaufbau und in den Farbgebungen erkannt und reproduziert worden, und der Vorgang ist lustvoll, d.h. emotional immer wieder durch Zuspruch des Anleitenden verstärkt worden.

Und sollte vielleicht einer der Teilnehmer mit seinem Beitrag signalisieren, dass er gerade in diesem Prozess der Linien-, Kontur- und Farbwahrnehmung stärker als andere beeinträchtigt ist, werden wir diesen Hinweis aufnehmen, um in dem nächsten Projekt eben diese Hinsichten zu stärken. In der Folge sehen wir die Kopierversuche dreier Teilnehmer. Alle zeigen ihre Bemühung, einer ikonischen Präzision der Wahrnehmung näher zu kommen. Alle (bis auf die zweite Person) illustrieren aber auch in unterschiedlicher Weise eine Hilflosigkeit, aus der eine Haltung erwächst, den einfachsten Zeichencode im Bild wahrzunehmen (Strich, Winkel, Welle z.B.) und zu reproduzieren.

Abb. 25: Projekte mit Demenzkranken
anhand eines Bildes von Wassily Kandinsky, *Murnau*
(Projekt: K.-H. Menzen 2015).

Nachdem wir festgestellt haben, dass einige der Teilnehmer in ihrer abbildenden Kompetenz beeinträchtigt sind, aber durchweg fähig sind, Linien, Konturen und Farben wahrzunehmen, machen wir den Vorschlag, gradlinige Skulpturen aus vorgegebenen dünnen Holzlatten zu erstellen, zusammenzukleben und anzumalen. Im Folgenden zeigen wir einige der Ergebnisse:

Abb.26: Skulpturen
(Fotos: K.-H. Menzen).

3.6.3 Begründete bildnerische Praxis mit Demenzkranken

Die Teilnehmer haben sich in den eineinhalb Stunden entspannt. Sie sollten dies angeleitet immer wieder tun, wie wir aus neueren Forschungen wissen. Eine Meldung über Stressentstehung kann Aufschluss geben: Deutsche und portugiesische Forscher setzten gezielt Nagetiere unter Stress. Das Resultat könnte eine neurobiologische Erklärung für die Demenzentstehung sein: „Die ausgeschütteten Stresshormone verursachten eine Hyperphosphorylierung des Tau-Proteins: Im Hippocampus und in der präfrontalen Hirnrinde ließen sich erhöhte Werte des veränderten Proteins messen." Die Folgen: „Das Erinnerungsvermögen der gestressten Nager war beeinträchtigt, und die Tiere verhielten sich deutlich unflexibler – ein Hinweis auf Schäden in der präfrontalen Hirnrinde. ‚Die Ergebnisse zeigen, dass Stresshormone und Stress das Tau-Protein wie bei Morbus Alzheimer verändern können'", sagt einer der Forscher, Osborne Almeida. [449] Die Bestätigung: In einer früheren Studie hatten die Forscher bereits nachgewiesen, dass Stresshormone die Bildung des demenzverursachenden Beta-Amyloid-Protein beschleunigen und so zu Gedächtnisverlust führen können. Dieses Protein bildet Ablagerungen im Gehirn, an denen Nervenzellen zugrunde gehen, – so die Forschergruppe des Max-Planck-Instituts für Psychiatrie.[450]

[449] Forscher des Max-Planck-Instituts für Psychiatrie in München und der Universität von Minho in Braga (Portugal), vgl. http://www.rp-online.de/leben/gesundheit/ psy chologie/stress/stress-verstaerkt-alzheimer-aid-1.1300713; doi: 10.1523/JNEUROSCI. 0730-11.2011.

[450] Vgl. http://www.netdoktor.de/News/Alzheimer-Stress-koennte-Ri-1135065.html (abgegerufen am 3.1.2014/5.4.2015).

Die Stress-Hypothese wird von Joachim Bauer (2002b) am Klinikum Freiburgs wie folgt bestätigt: „Relativ kurze Zeit, etwa sechs Monate bis zwei Jahre vor Beginn erster klinischer Zeichen der Demenz fand sich bei allen Erkrankten ein schweres Belastungsereignis. Bei den meisten Erkrankten kam es dadurch entweder zu einem Wegfall des Partners, z. B. durch Tod, oder – wie in der Mehrheit der von uns untersuchten Fälle – zu einer Zuspitzung der Partnerschaftsproblematik mit einem schweren Konflikt, der eine nicht-beherrschbare Stress-Situation und einen Wegfall der bislang vorhandenen Unterstützung bedeutete. Oft hatten sich parallel auch interpersonelle Probleme am Arbeitsplatz zugespitzt." Bauer kommt zu dem Schluss, dass „psychodynamisch sich die Demenzerkrankung als Ausweg aus einer für die Patienten anders nicht lösbaren Konfliktsituation verstehen (lässt)."[451]

Eine Meldung: Laut einer Studie der Universität von Chicago, in deren vieljährigen Verlauf fast 1000 alte Menschen in einem Heim in regelmäßigem Abstand auf ihre sozialen Kontakte befragt wurden, stellte sich heraus, dass zu Beginn der Studie niemand an Demenz erkrankt war, im Laufe der Erhebung allerdings ca. 10 Prozent, und hierbei hauptsächlich diejenigen, die sich einsam fühlten. Die Gruppe der Erkrankten zeigte eine signifikant schlechtere geistige Leistungsfähigkeit als die Gruppe der nicht-Erkrankten.[452]

Alleine mit seinen Erinnerungen sein, – das betrifft viele der Menschen, die derzeit in unseren Alten- und Pflegeheimen leben. Zwei Drittel der Menschen, die den zweiten Weltkrieg erlebt haben, haben traumatische Erfahrungen gemacht, durchlitten sexuelle oder gewaltmäßige Übergriffe, haben auch selbst unter Befehlszwang solche Übergriffe verantwortet. Von den Folgen solcher traumatischer Erfahrungen hat eine Tagung der APA (American Psychiatric Association) 2001 berichtet:[453] Rachel Yehuda, Donald Klein, Jeremy Coplan und andere zeigten, wie verheerend sich Erfahrungen in neuronale Strukturen eingraben können: PTSD-Betroffene erleiden nicht nur psychische Symptome (Intrusionen, Hyperarousal, Angst, Schlafstörungen etc.), sondern leiden auch an neurobiologischen Folgeschäden (Volumenverminderung des Hippokampus, massive endokrine Dysregulation der hypothalamisch-hypophysären-adrenalen Achse). Angstauslösende Stimuli erzeugen bei PTSD-Patienten eine exzessive

451 Bauer 2002 b, 174.

452 R.Wilson et al. 2007, zit. in: Stachura, E. Allein. Geist & Gehirn 10, 2009, 50.

453 Vgl. Yehuda 1998, bezugnehmend auf: M. A. Oquendo, G. Echavarria, H. Galfalvy, M. F. Grunebaum, A. Burke, Barrera, T. B. Cooper, K. M. Malone and J. John Mann: Lower Cortisol Levels in Depressed Patients with Comorbid Post-Traumatic Stress Disorder. In: Neuropsychopharmacology (2003) 28, 591-598. Doi:10.1038/sj.npp. 1300050.

Aktivierung der Amygdala, gefolgt von einer massiven Freisetzung von Noradrenalin. Auch *masked fearful stimuli*, d. h. Angstauslöser, die vom Bewusstsein des Betroffenen nicht wahrgenommen werden, führen zu dieser Aktivierung des Mandelkerns: nebenbei ein eleganter neurobiologischer ‚Nachweis' des Unbewussten und seiner dynamischen Kräfte, hat Joachim Bauer, der Neuroimmunologe, angesichts der auftretenden Beschwerden der Traumapatienten kommentiert.[454]

Schwere psychische Traumata überlasten die Verarbeitungskapazität des Hippocampus[455], eben die schon angesprochenen „‚Ankerplätze' für ankommende Überträgerstoffe"[456], und wir können mit Markowitsch (2002) schlussfolgern: Sie werden schließlich dann krankmachend virulent, stresshormonell unheilvoll, wenn die psychischen Abwehrkräfte nachlassen. So erzählt der Leiter eines Wohn- und Pflegeheimes nahe Freiburg, wie besonders nachts die Erinnerungen einer alten Frau an ihre traumatischen Erlebnisse im KZ wach werden: „Sie wollte, dass unser Pflegeheim mit Sicherheitskräften gut überwacht wird, sah sich jedoch überall von Vergewaltigern umzingelt."[457] Infolgedessen haben die Leitenden der Einrichtung beim Einzug der alten Menschen ins Pflegeheim begonnen, deren Biografie genau zu recherchieren.

Manche Lebensbilder sind so eindrücklich, so prägnant, dass sie sich nicht nur belastend auswirken, – sie können auch positiv in einer Art Bild-Erinnerungs-Training eingesetzt werden, wie ein Forscherteam um H.-J. Markowitsch berichtet.[458] Bilder mit positiver Wirkung können trainiert werden. Markowitsch berichtet von einem Patienten, dessen Bild-Erinnerungsleistungen sich täglich um 11 Prozent verbesserten.[459] Bei fehlender kognitiver und psychischer Begleitung jedoch bleibt das belastende Konfliktpotential erhalten. So gesteht der Kunstprofessor William Utermohlen, dessen lebendige, plastische Selbstportraits sich langsam in die von stereotypen Strichmännchen zurückwandeln: *„[...] could not figure out how to correct them",* – heißt, dass er bei sich einen Prozess eines zunehmenden Verlustes von Perspektive, Raumtiefe und Farbe bemerkt und sich dieser Verluste durchaus bewusst ist. Seine Gesichter, seine Gestalten zerfallen

454 Vgl. Bauer 2002 a, 191; vgl. Yehuda et al., 1998; Yehuda 2001, in: Bauer 2002 a, 264.

455 Vgl. Gerngroß 2015,17.

456 Markowitsch 2002, 152.

457 Bericht der Badischen Zeitung, Freiburg, 10.2.2011: Juden in Freiburg – Das versteckte Leben; vgl.: http://www.badische-zeitung.de/freiburg/juden-in-freiburg-das-versteckte-leben-41105634.html (abger. am 28.3.2016).

458 Markowitsch 2002, 127.

459 Ebd.

buchstäblich vor den eigenen Augen. Wir erinnern uns an Cassirers Versuch einer Erklärung der Vereinfachung und Partikularisierung des bildhaft Vorgestellten.

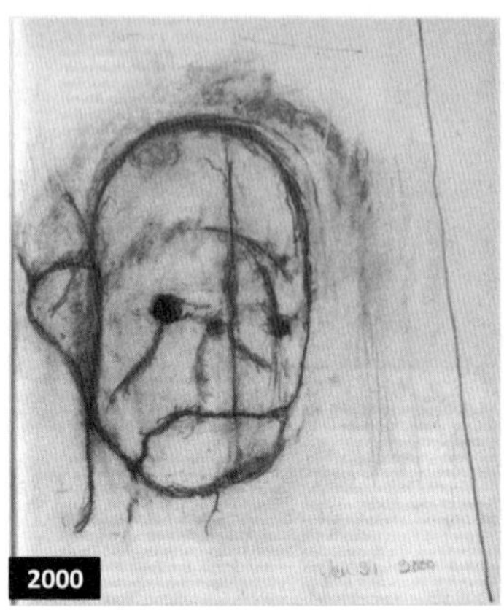

Abb. 27: William Utermohlens Demenzentwicklung.[460]

Wo unaufhaltsam der kognitiv-neuronale und psychische Zerfall eingesetzt hat und die im Gehirn einlaufenden Signalelemente nicht mehr synchron-, d.h. zeitgleich zu einer Gestalt zusammengefasst werden können[461], entsprechend die gestalttheoretisch fassbaren Wahrnehmungsmuster nicht mehr abgerufen werden können[462], da kann eine bildnerische Praxis durchaus noch eine Weile des Lebens stabilisierend wirken, da können auch positiv-verstärkende Vorstellungsmuster abgerufen und trainiert werden, die uns im Laufe unseres Lebens vertraut

[460] William Utermohlen's website by Jenny G. Zhang (11.8. 2014): Powerful Self-Portraits Reveal Artist's Descent Into Alzheimer's Disease; vgl. http://www.mymodernmet.com/profiles/blogs/william-utermohlen-alzheimers-self-portraits; abgerufen am: 26.03.2016.

[461] Vgl. Engel & Singer 1997, 69.

[462] Vgl. Ramachandran, 2005.

geworden sind. Solchermaßen bildhaft stabilisierend wirken eben nicht nur zeichnerische, malerische, plastische Reproduktionen; auch handwerklich und hauswirtschaftlich lebenslang geprägte Bilder können jetzt abgerufen und reproduziert werden. Dem Vorwurf, dem der Autor jahrelang ausgesetzt war, solche handwerklich und hauswirtschaftlich geprägten Bilder, Vorstellungsmuster, hätten mit Kunsttherapie nichts zu tun, muss deutlich widersprochen werden: Immer geht es um Vorstellungsmuster, um ehemalige Wahrnehmungsbilder, die wir erfahren, erlebt haben und jetzt wieder abrufen. H.-J. Markowitsch (2002) hat den Effekt dieses Bild-Abrufs und folgenden Trainings nachgewiesen.[463]

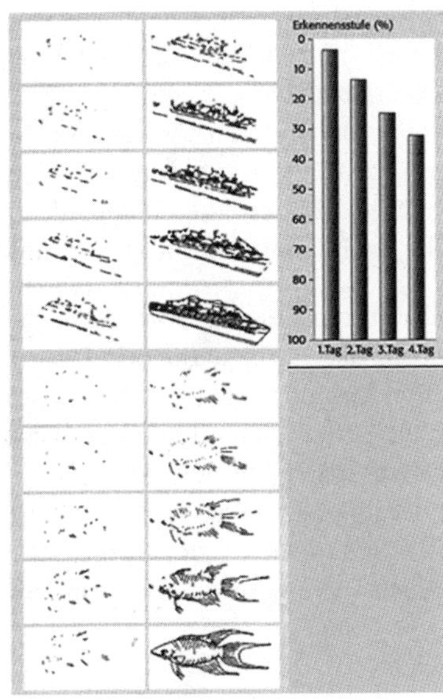

Abb. 28: „Beispiele für Primingbilder (links) und die Gedächtnisleistung eines Patienten über einen Zeitraum von 4 Tagen. Die Ordinate zeigt, dass der Patient sich jeden Tag um über 11 % in seiner Leistung verbesserte.“ (H.-J. Markowitsch 2002, 127).

Wir werden aus solchen Forschungsergebnissen keine falschen Schlüsse ziehen wollen, aber immerhin gemahnt, die Verbesserungsmöglichkeiten des Gehirns nicht unterzubewerten.

[463] H.-J. Markowitsch 2002, 127.

Greifen wir ein Beispiel psychotraumatischen Erlebens heraus: Wer im Falle gewaltmäßiger und/oder sexueller Übergriffe sozusagen mit seinem Körper hat bezahlen müssen – das Sprichwort drängt geradezu ein inneres Motiv, dasjenige der Schuld auf, und viele der Betroffenen fragen sich, ob sie schuldhaft in die Enteignung ihrer selbst verwickelt sind –, der muss zunächst von seinen scheinbaren Schulden erlöst werden und Autonomie, die Verfügung über die eigene Person, wieder lernen.

Der Vorgang ist mit dem wieder zu erlangenden Gefühl des Selbstwerts verbunden, das sich aller Abhängigkeiten frei weiß und sich der eigenen Fähigkeiten und Kompetenzen wieder inne ist. Angesichts der destabilisierten Selbst- und Objektbilder (der inneren Repräsentanzen von sich selbst und von den anderen) ist es im Leben des psychotraumatisierten Menschen zu Verlusten, zu sog. Deprivationen gekommen, die zu sog. 'desorientierten Bindungen' (Ainsworth) zum Entzug der im Leben notwendigen Grundlagen des Gefühls geführt haben.

Evolutionsbiologisch und entwicklungsneurologisch formen zunächst Areale des Hirnstamms, das periaquäductale bzw. das sog. Höhlengrau, sowie die sog. Insula seitlich der unteren Schläfenlappen die eher psychovegetativ und körperfühlshaft ausgerichteten Areale des Hypothalamus und der Hypophyse, biologiegeschichtlich später formen Amygdala, Hippocampus und vorderer Cingulärer Cortex unser Gefühlsleben. Wir erwähnen dies, weil die vegetativen und körperfühlshaften Sphären zuweilen vergessen werden, also die wirkliche Basis unseres Gefühlslebens, die zutiefst als in fast all den von uns beschriebenen Fällen tangiert ist.

Wenn wir uns nunmehr fragen, was der psychotraumatisierte Mensch von der heilpädagogischen Kunsttherapeutin erwarten kann, dann sollten wir zuerst im Sinne der Erkenntnis, dass die reaktiven Symptome auf die posttraumatische Belastungsstörung ihr symbolisch den Behandlungsweg weisen können, Folgendes fragen: Was tun sie, die Betroffenen, was zeigen sie uns, wenn sie sich in Reaktion auf die traumatischen Erlebnisse selbst schneiden (im Falle des selbstverletzenden Verhalten), wenn sie sich körperhaft nicht nur kontrollieren, sondern zerstören (im Falle der Essstörung), oder wenn sie sich exhibieren (im Falle sexueller Exhibition), sich gegebenenfalls sogar prostituieren (wie wir von den ca. 50 Prozent der Prostituierten nach Missbrauch wissen)?[464]

[464] „Es ist mittlerweile bekannt, dass Opfer von sexuellem Missbrauch Gefühle der Wertlosigkeit, Schuld und Scham entwickeln. Negative Selbstbewertungen können sich so ein Leben lang manifestieren: „was anderes bin ich doch nicht wert“ oder

Zeigen sie, die Betroffenen, uns im Sinne Dahlkes symbolisch in ihren destruktiven Äußerungen, wessen sie bedürfen?[465] Die Antworten verweisen immer und durchweg auf ein zutiefst verstörtes Körpergefühl. Wenn der Psychotherapeut J. Peichl in seiner Arbeit mit den verstörten Anteilen seiner Patienten dieser Verstörung buchstäblich zu Leibe rückt, fragt er in dem ersten meditativ angeleiteten Schritt: „Welche Körpergefühle gehören dazu, welche inneren Bilder?“[466] Der Kunsttherapeut Klaus Lumma hat Äußerungen von Heranwachsenden anlässlich der Hurrican-Katastrophe von New Orleans vor Ort gesammelt. Hat einerseits destruktiv-vernichtende, andererseits konstruktiv-wiederaufbauende, körperbetonende Bildmomente in den Bildern der Kinder gefunden. Wir können daraus unsere Thesen formulieren.

Die Lehre, die wir aus diesen Bildern im Vergleich ziehen können, scheint einfach: Psychotraumata gehen mit körperhaften Vernichtungsgefühlen einher und sind entsprechend körpergefühlshaft wiederherzustellen, indem der Mensch psychisch und körperhaft (eben: nicht nur psychisch) das Gefühl wieder erlangt, der Situation nicht mehr ausgeliefert zu sein. Das ‚Mobile Kunst- & Gestaltungstherapie-Studio‘ des Gestalt Institute New Orleans hat dies damit erreicht, dass sie den Kindern als erstes Besen und Schaufeln zur Säuberung in die Hand gedrückt hat, um dem Gefühl der Hilflosigkeit zu begegnen. Erst später war die malerische Reflexion angesagt. Wie wir sehen, können Bilder und Malaktionen nach dem körperlichen Einsatz die bild-reflexive Grundlage für die Gewissheit verschaffen, die Situation buchstäblich wieder im Griff zu haben.

„wenn ich mich selbst erniedrige, ist alles in Ordnung“. Die Vorstellung, als Person wertlos, moralisch minderwertig und schuldig zu sein, kann mit der Überzeugung verbunden sein, Misshandlung und Strafe zu verdienen. Posttraumatische Folgestörungen äußern sich in vielfältigen Formen: PTBS, Ängsten, Depressionen mit stark gemindertem Selbstwert, Persönlichkeitsstörungen, Sucht, Schmerzstörungen, dissoziativen Störungen und eben auch selbstverletzendes Verhalten, wozu auch Prostitution zählt. Vor diesem Hintergrund ist es nicht überraschend, dass der überwiegende Teil der in der Prostitution arbeitenden Menschen (man spricht je nach Studie von über 60% und mehr) Biografien mit den oben geschilderten Vorbelastungen aufweist. Auch die stereotypen, selbstbeschwichtigenden Aussagen („mir geht es doch gut, ich mach‘ den Job gerne, hier bekomme ich endlich die Anerkennung, die mir sonst verweigert wurde“) indizieren eine gestörte Wahrnehmung der eigenen Gefühle.“ (vgl. Karlsruher Appell für eine Gesellschaft ohne Prostitution, 7.4. 2014, in: http://karlsruherappell.com/ 2014/04/ 07/prostitution-als-reinszenierung-erlebter-traumata/ (abgerufen am 29.7. 2015)

465 Vgl. Dahlke: „Krankheit als Symbol“, 2007.

466 Peichl 2015, 69.

Abb. 29: Bilder einer Trauma-Exposition – Destruktive (oben) und konstruktive (unten) Selbst- und Weltbilder (Bilder: Klaus Lumma, Projekt nach Hurrican).[467]

Der Psychoanalytiker Martin Grotjahn[468] hat in einem grundlegenden Herangehen versucht, die symbolisch-destruktiven Äußerungen des Kindes zu begreifen und sie in dessen weiteren Lebensäußerungen immer wieder aufzusuchen. Seine Analyse lässt sich auf die Befindlichkeiten des psychotraumatisierten, die Innen- und Außenwelt als gespalten erlebenden Menschen übertragen.

[467] Vgl. Klaus Lumma, Art & Graphic Magazine 16, 2006, 39 f.; mit Dank an den Autor. Anm.: Die Arbeit fand im Rahmen des Mobilen Kunst- & Gestaltungstherapie-Studios des Gestalt Institute New Orleans/Arabi Wrecking Krewe statt.

[468] Grotjahn 1977, 216.

Grotjahn hat sich in seiner Analyse auf die Lehre Melanie Kleins berufen: Melanie Klein versuchte, „Prozesse zu verstehen und zu beschreiben, die auf präverbalen Stufen ablaufen, sie versucht, die Welt des Kleinkindes mit seinen frühen, tastenden Objektbeziehungen zu deuten und zu rekonstruieren. Die Welt der präverbalen Symbolbildung in Worte zu kleiden, ist kein leichtes Unterfangen [...]. Nach Melanie Klein beginnt die Symbolbildung, wenn destruktive Triebregungen im Augenblick heftigster infantiler Zerstörungswut in die Außenwelt projiziert werden. Das geschieht in einer von Melanie Klein als *‚paranoide Position'* bezeichneten Phase im Alter von etwa drei Monaten [...] Um mit seiner Enttäuschung und der weltzerstörenden Wut fertig zu werden, spaltet der Säugling das Bild der guten Mutter, die ihn nährt, von dem der bösen Mutter, die ihn verlassen hat. Letzteres wird in die Außenwelt projiziert und gefürchtet... Kehrt eine Mutter [...] zurück, wird sie ihm das Gefühl geben, geliebt zu werden. Allein schon die symbolische Erfahrung [...] leitet über in die *‚depressive Position'* [...] Dankbarkeit des Kindes gegenüber der Mutter, die – symbolisch gesprochen – zurückgekehrt ist, um ihm im Kampf gegen die schrecklichen destruktiven Impulse beizustehen."[469] Der Psychoanalytiker folgert aus diesen Erkenntnissen, dass man therapeutisch das Kind – und er nimmt an, dass die hier besprochenen Betroffenen sich regredierend in einem ähnlichen Zustand befinden – in die Lage versetzen müsse, „solche Symbole zu bilden, die [...] Ängste auszuhalten und nach und nach zur symbolischen Welt eine liebevolle Beziehung herzustellen"[470].

Grotjahn versucht uns mit Melanie Klein zu vermitteln, dass wir, wenn wir die vorliegenden Gedanken in die bildtherapeutische Arbeit mit traumatisierten Menschen übersetzen wollen, die Innen- und Außenwelterfahrungen der Betroffenen wieder integrieren müssen und eingedenk der Übertragungs- und Gegenübertragungsprozesse, sprich: der Beziehungen, die zwischen uns und unseren Klienten sich immer wieder neu herstellen, den Betroffenen helfen müssen, die Abspaltungen, die sie in einem Akt von Destruktion, Wut und Angst wiewohl auch voller Schuld bewerkstelligt haben, wieder zu integrieren.[471] Die Bildarbeit, so Grotjahns Resumée, zielt darauf ab, „den Frieden zwischen Innen- und Außenwelt wiederherzustellen"[472], und so resümieren wir: ein Körpergefühl wieder aufzurufen, das sich nicht mehr hilflos ausgeliefert fühlt.

469 Grotjahn 1977, 216 f.
470 Ebd., 218.
471 Vgl. ebd., 220 f.
472 Ebd.

4 Zusammenfassung

4 Zusammenfassung

Die grundgesetzliche Garantie der *Unversehrtheit des Körpers* findet offenbar in der Natur des Menschen, wo gestört, ihre Grenzen. Was wäre, so fragt dieses Buch, wenn die Gesellschaft, konkret ihre Mitglieder, die bedingt für die Entwicklung dieser Unversehrtheit einstehen, in die Störungen der sich entwickelnden Natur involviert wären? Was wäre, so haben wir in dem Vorliegenden immer wieder gefragt, wenn die Ausdrucksformen eines verstörten In-der-Welt-Seins, wie wir sie bei Menschen mit Behinderung erleben, nicht ohne *die vielen gestörten, oft unverschuldeten sozialen Bezugnahmen* gedacht werden dürften, wenn die beeinträchtigten psychischen und mentalen Verfasstheiten und ihr jeweiliger körperlicher Ausdruck *aufeinander bezogen* seien und zwar an den Schnittstellen, die wir *‚Beziehung'* nennen?

In seinem bemerkenswerten Beitrag „Körperliche Symptome bei affektiven Erkrankungen"[473] schreibt der Leiter des psychotherapeutischen Institutes Cordoba, Carlos Cornaglia, dass i.d.R. „ontogenetisch *die ersten Symptome und Syndrome affektiver Störungen rein körperlich sind*, da psychische Formen und Inhalte noch nicht entstanden sind."[474] Er bestätigt unsere hier immer wieder vorgetragene These, dass die im frühen Kindesalter zu beobachtenden somatischen Befunde in ihrem *körperlichen Manifest und ihrer schrittweise psychischen Metamorphose*[475] – wir haben ergänzt: *auch in ihrer schrittweisen kognitiven Metamorphose* – zu beachten sind.

Wir sind in diesem Buch Menschen begegnet, die hilflos miterleben mussten, wie die von ihnen Betreuten in ihrer körperlichen und mentalen Verfassung grundlegend gestört waren. Und sie, die Helfer, mussten sich gleichermaßen hilflos als Teil dieses Problems empfinden, waren sie es doch, die sich als in der Regel nach den Müttern zweite Ansprechpartner hilflos und irgendwie auch verantwortlich erlebten und sich gefragt haben, ob die Über- oder Untertonisierung des Greifens-Gehens-Sich-Bewegens, der Muskulatur, ob die räumliche Verwirrtheit, die Desorientiertheit in der Einrichtung, auch die Hyperaktivität im alltäglichen Ausdruck – allesamt Ausdrucksformen von körperlicher Gestörtheit –, nicht Resultate früher Entwicklungsschäden, biografisch oft am Anfang des Lebens auszumachender Defizite sein könnten, die unbeachtet geblieben waren; herrührend von Nicht-Gestreicheltwerden/-Berührtwerden, von einem Nicht-Beachtetwerden/-Angeschautwerden/-auf den Arm-Genommenwerden, allesamt

473 Cornaglia 2013, 85 f.

474 Ebd., 90.

475 So auch Nissen 1973, in: Cornaglia 2013, 91.

Formen von körperlicher Ver- und Gestörtheit, die sich zunehmend kognitiv, dann psychisch auswirkten? So haben wir es jedenfalls bis hierhin mit den Kinder- und Jugendpsychiatern Gaedt, Perry, Szalavitz, Nissen oder Cornaglia angemerkt.

Eine ‚Phänomenologische Psychotherapie' (Fuchs 2015) unterstreicht in unseren Tagen diese Hinsicht auf Behinderung[476]: Sie „sucht die Subjektivität des Patienten und besonders die Erlebnisdimension seiner Störung zu erfassen."[477] Sie fragt danach, wie der Patient oder Klient seinen Leib, seinen Raum, seine Welt erlebt. Wie und ob er in dieser ein aktiv Handelnder oder passiv Schauender und Erfahrener, ggfs. bloss Erleidender ist? Sie fragt, ob der Säugling, ob das ehemals kleine Kind ggfs. „durch leiblich-affektive Resonanz […] sich selbst im Anderen kennen" gelernt hat oder ob infolge von Missachtung diese leibhaftige Selbsterfahrung ausgeblieben ist.[478] Die Begleitperson, zuweilen ist es ein Therapeut, muss um diese Schemata, die sich seit früher Kindheit bilden können, wissen, sagt Thomas Fuchs. Er muss diese sensorisch-motorisch-emotional-narrative Modi kennen, *implicit relational knowledge* nennt der Entwicklungspsychologe Daniel Stern sie, jenes ‚implizite Beziehungswissen' von den affektiv-leiblichen Schemata erspüren (*schemes-of-beeing-with*, so Daniel Stern), jenen Beziehungsraum, der implizit das prozedurale Feld organisiert und die Momente des Handelns, den *moment-to-moment-process* prägt, das Handeln überschreibt und das Kind fähig macht, mit den Gegebenheiten des Lebens umzugehen.[479]

Am Ende dieses Buches weist dessen Hauptthema immer wieder und – auch für den Schreibenden – unerwartet oft auf *eine nicht immer sichtbare versehrte Körper-Befindlichkeit* als Ausgang von Beeinträchtigung, auch von kognitiver und sozialer Beeinträchtigung hin. Weisen wir noch einmal auf diesen Zusammenhang und fragen uns, wie die Gesellschaft nicht nur den Betroffenen, sondern auch diesen Menschen angemessen helfen kann, eben jenen, die professionell mit den Erziehungs- und Entwicklungsproblemen ihrer Schutzbefohlenen in den vielen sonder-, heil- und förderpädagogischen Angeboten umgehen. Es ist ein Auftrag an die Ausbildungsstätten für die in Entwicklungs- und Erziehungsbelangen Tätigen, die vielfältigen Störungen im Kontext des Wechselspiels von beeinträchtigter körperlicher und mentaler Verfassung immer neu zu sehen. Das vorliegende Buch möchte anregen und hierfür Informationsgeber sein.

476 Vgl. Thomas Fuchs (2015), 27-41.

477 Vgl. ebd., 32.

478 Fuchs, Vogeley, Heinze 2011, 55.

479 Fuchs 2013, 129; vgl. zu den Zitaten D. Sterns: Stern 1998, 303. Vgl. Fuchs (2003): Learning in Relationships. The development of human communication. Veröff. in: RoSE (Research on Steiner Education): Lernen in Beziehungen. 2014, Vol 5/Special issue/ pp. 18-28.

Wir haben in fast allen hier erzählten Geschichten von Menschen mit Beeinträchtigung gesehen, wie die körperliche und die mentale Selbstgewissheit dann positiv einander bedingten, wenn sie sich der inneren Repräsentanz der Bilder, ihrer Bezugsobjekte, d.h. ihrer Bezugspersonen sicher waren, d.h. ihrer Bezugspersonen als einer Art ‚Container', so der Analytiker D. Winnicott, die angesichts vieler Unwägbarkeiten Rahmen und Halt für sie waren. Wir sahen auch, wie die sich vorstellungs- und bildhaft dokumentierenden sog. Objektbeziehungen einen heilsamen Wandel durchlaufen können, wie die Objektbeziehungsgeschichten als Form von Therapie bildhaft reflektierbar werden können. Was so abstrakt klingt, wollen wir verdeutlichen.

Bei den vorgestellten Geschichten schien hilfreich z.B. die Projektidee eines Vogelhäuschens, das eine feste, wenn auch nur vorübergehende Behausung für ein hin und her flatterndes Wesen ist. Bei diesen Geschichten schien z.B. hilfreich die körperliche Selbst-Gewissheit der dem Hurrikan mit Schaufel und Besen begegnenden, traumatisierten Kinder, die illustrierten, dass diese unsere Selbst-Gewissheit einen Rahmen braucht, dessen diese Kinder sich selbst körperhaft vergewissern konnten. Und auch die angesichts seiner geistigen Einschränkung nicht mehr habbare Mutter des Jungen mit Fragilem-X-Syndrom musste erst körperlich auf einer kleinen Bühne präsent werden, um probe- und szenehalber von ihm angesprochen werden zu können. Wir haben gelernt, dass die Bilder – von sich selbst, vom eigenen Körper, und von denen, die uns gegenüber sind, unseren Kontext bilden – im Störfall verunsichern können, nicht zur Deckung kommen; dass sie aber, wenn ein stressfreies Setting garantiert ist, wieder inszeniert werden können, – um decodiert und umcodiert zu werden, oder wie Anna Freud sagt: um um- und neuzentriert werden zu können.[480]

Wir fanden Parallelen in der Argumentation Melanie Kleins, die oft nur lose mitschwangen: Wie schon das kleine Kind die Aspekte des Anderen, seiner Bezugsperson, lieben und hassen, wie es diese projektiv anreichern und zerstören lernt. Wie es schließlich von dieser anderen Person getrennt beide Sichtweisen zu vereinen und zu seiner eigenen Sicht zu machen hat, und dies in den kindlich paranoiden, depressiven und identifikatorischen Positionen, die es jeweils einnimmt. Wie die Bilder aus und von diesem bildnerischen Prozess des Analysieren-Sezierens-Zerstörens, auch des Überdeckens-Wiederherstellens, die Kinder sozusagen zu *Malern des eigenen Lebens* machten, um den Prozess ihres Leidens- und Wiedererstehens in seinen inneren Repräsentanzen zu verstehen. Wenn die Therapeuten den traumatisierten Kindern in New Orleans gegen ihre destruktiven und depressiven Erfahrungen beistanden, indem sie zeigten, dass wir alle miteinander etwas dagegen tun können, – da war im fantasiegeprägten

[480] Vgl. Anna Freud 1927/1979, 57. 61.

Hintergrund die helfende Mutter am Werk, die über die paranoisch-dissoziative Erfahrung ggfs. hinweghalf.

Was hier so theoretisch klingt, war in den Bild-Lebens-Geschichten oft farblich, formhaft greifbar: Die Puzzle-Bilder des autistischen Jungen erwiesen sich als symptomatisch, waren als Symptom symbolisch im Sinne seiner Desorientiertheit zu verstehen. Das Vogelhäuschen, das der Junge mit dem Fragilen-X-Syndrom schuf, stand für seine Flatterhaftigkeit, die sich jetzt ggfs. verorten konnte. Es waren fantastische Geschichten, Geschichten aus der Fantasie, die ihres Realen harrten. Und dabei der kunsttherapeutisch geschulten Heil-, Sonder- und Förderpädagogin bedurften.

Es schien bisher kein Zweifel zu bestehen, dass die Dokumentierung des Leids im Bild zuweilen lebenspraktisch, zuweilen therapeutisch hilfreich sei. Zweifel sind aber am Ende unserer Erörterung da angebracht, wo unwiderruflich neurodegenerative Effekte infolge schwerer *Störung der Bindungserfahrung* zu vermerken sind und diese Störungen nicht nur psychisch-depressive, sondern auch zellulär-metabolische[481] und folglich ggfs. neuronal-dysfunktionale Folgen haben: Wir wissen, dass frühkindliche affektive Störungen sich *neurodegenerativ* auswirken können. Wir wissen dies seit den Studien M. A. Hofers (1987), der recherchierte, dass die Anwesenheit der frühen Bezugsperson an die 15 Körpervorgänge reguliert, den Schlaf-Wach-Rhythmus, den Blutdruck, die Körpertemperatur, die Herzfrequenz und die Wärme-Einstellung des Körpers, dass aber die nicht-nachvollziehbare und unwiderrufliche Abwesenheit der frühen Bezugsperson u.a. das Wachstum der Heranwachsenden zum Erliegen bringt.[482] In unseren Tagen hat der Psychiater Helmut Vedder diese These bestätigt und hat sie spezifiziert: Die hier angedeuteten, infolge schwer gestörter affektiver Erfahrungen eintretenden Funktionsbeeinträchtigungen haben, so Vedder, „zumindest dysfunktionale, wenn nicht sogar neuro-degenerative Effekte“ zur Folge.[483] Ein gewichtiger Mitspieler in diesem Prozess, so Vedder, ist das Stresssystem, das hormonell Einfluss auf die Transmitterausschüttungen nimmt und dieseswegs auch strukturell den Untergang ganzer Zellareale mitverantwortet.[484] In unserem Kapitel *„Neuro-logische, neurobiologische und genetische Grundlagen des Psychotraumas und der PTBS“* haben wir dies näher expliziert. Ein „therapiebegleitendes Stressmanagement“, so Vedder, sei u.a. sicher hilfreich.[485] Aber die vorgeschlagenen Stressreduktionsmaßnahmen kämen zunächst nicht umhin, die

481 Zellulär-metabolisch: Aufnahme, Transport und Umwandlung von Signalen, sprich: Transportproteinen, in den Zellen betreffend.

482 Vgl. Hofer 1987, 633 f.

483 Vedder 2013, 95.

484 Ebd. 97.

485 Ebd. 96. 99

„strukturellen, möglicherweise neuro-degenerativen Veränderungen u.a. auch im serotonergen System“ zu konstatieren.[486] Wir müssen also davon ausgehen, dass vielen unserer Interventionsmaßnahmen Grenzen gesetzt sind.

Wir, auch der hier Schreibende, haben unumkehrbar gelernt, dass wir die psychoanalytischen, neurologischen und genetischen Hinsichten nicht voneinander trennen dürfen. Sie gehören im Blick auf die psycho-sozial beeinträchtigen und zerrissenen Lebensphasen zusammen. Wir haben gelernt, dass wir in der Betreuung von Menschen mit Behinderung diese Aspekte nicht mehr ausschließen dürfen, dass wir nicht nur über das Wohnen und Arbeiten des Menschen mit Behinderung reden sollten, dass wir uns in die Klienten versetzen müssen, in die „1-Person-Perspektive“[487], um ihnen, die nur noch flüstern können: *„Eigentlich ist meine Identität verloren“*[488], zu helfen, ihren Ort im Leben wieder zu finden.

[486] Ebd. 101

[487] Fuchs 2015, 32.

[488] Ein anonymer Patient; zit. in: Fuchs 2015, 34.

5 Glossar

5 Glossar

Acetylcholin: Neurotransmitter mit langen, weite Hirnareale überbrückenden Fortsätzen, die die Erregungsübertragung zwischen Nerv und Muskel an der neuromuskulären Endplatte sowie die Übertragung von der ersten auf die zweite der beiden hintereinandergeschalteten Nervenzellen im vegetativen Nervensystem, also sowohl im Sympathikus als auch im Parasympathikus, vermitteln.

Anteriorer Cingulärer Cortex: Abkürzung: ACC; neuronales Areal im vorderen bis mittleren oberen Cortex, das für gefühls- und aufmerksamkeits-orientierende Aufgaben zuständig ist

Amygdala: Areale des vorderen Cortex, die alle Sinnesinformationen, bes. die negativen gefühlshaft bewerten

Anosognosie: griech. nosos ‚Krankheit', gnōsis ‚Erkenntnis', bezeichnet das krankhafte Nichterkennen einer offensichtlichen Halbseitenlähmung, einer kortikalen Blindheit, einer Hemianopsie oder Taubheit

Apallisches Syndrom/Wachkoma: Hierbei handelt es sich um eine schwere Hirnschädigung, bei der die Funktion des Großhirns stark beeinträchtigt, teilweise ausgefallen oder sogar ganz erloschen ist. Daher wird sie auch als apallisches Syndrom („ohne Hirnrinde") bezeichnet. Die Lebensfunktionen werden – wie normalerweise auch – durch den Hirnstamm aufrechterhalten, die Patienten erlangen aber mangels kognitiver Funktionen nicht das Bewusstsein. (vgl. Koma)

Aphasie: zentrale Sprachstörung

Apraxie: aus dem griech. *ἀπραξία* „Untätigkeit": Störung der Ausführung willkürlicher zielgerichteter und geordneter Bewegungen bei intakter motorischer Funktion; zuweilen Unfähigkeit zu sinngerichteter Bewegung bezeichnend

Arousal: Erregungspotentiale des Gehirns

Art brut: Kunstgattung, die die Werke geistig behinderter, spez. autistischer, auch psychotischer Menschen unter diesem Namen einer sog. rohen, unverbildeten, d.h. nicht klassischen Kunst (Malerei und Plastik) versammelt

Assemblies: Wahrnehmungscluster, die dann entstehen, wenn Signalelemente zeitgleich, d. h. synchron im Takt zu einer Gestalt zusammengefasst werden

Assimilation/Akkommodation: Bezeichnung für den Prozess der Sinnesreizaufnahme (Ass.) und der dadurch bedingten neuronalen Neustrukturierung der Wahrnehmungsrezeption (Akk.)

Ataxie: vom Griech. *ataxia* ἀταξία ‚Unordnung' oder ‚Unregelmäßigkeit': Störung der Muskel- und Bewegungskoordination

Athetosen: unwillkürliche langsame Drehbewegungen, ausfahrende und überschießende Bewegungen bei schlaffer Kopf- und Rumpfhaltung; bes. bei Spastik auftretend

Basalganglien: Zellkomplex unterhalb der Großhirnrinde, für Bewegungs- und Verhaltensprogramme zuständig

Beta-Amyloid-Protein: Ablagerungen in Gehirn und Blutgefäßen von Alzheimerkranken und Down-Syndrom-Patienten

Broca-Aphasie: Sprachproduktionsstörung

Chlorid-Ionen: Chlorverbindungen, die den Austausch von Nervenzellen über das Öffnen oder Schließen der sog. Chlorid-Kanäle ermöglichen bzw. regeln

Cortisol: Hormon, das für Körperenergie zuständig ist

DAT: Demenz vom Alzheimer-Typ

Dendriten: feinverästelte Fortsätze der Nervenzellen, worüber Informationen weitergeleitet und aufgenommen werden

Echolalie: Beschränkung des sprachlichen Ausdrucks auf das Nachsprechen von vorgesagten Wörtern

Epigenese: Entwicklung des Organismus auf Strukturen hin, die genetisch in Samen und Ei nicht vorgegeben waren (vgl. Methyle/Methylierung)

Gustatorisches System: Verbund von Nervenzellen, die auf geschmackliche Veränderungen reagieren

Formatio reticularis: Nervenzellsystem des Stammhirns, das Erregung, Wachheit, Aufmerksamkeit, Bewusstheit steuert

Fragiles-X-Syndrom: genetische Veränderung des Chromosoms X mit schwerer kognitiver, sozialer und sprachlicher Beeinträchtigung

GABA: Neurotransmitter mit hemmender Funktion

Glia-Zellen: Stützgerüste für die Nervenzellen, die zuständig sind für die elektrische Isolation der Nervenzellen, für Stoff- und Flüssigkeitstransport sowie für Informationsverarbeitung, -speicherung und -weiterleitung

Gyrus fusiformis: Gehirnwindung am hinteren seitlichen Schläfenlappen, für die Gesichtserkennung zuständig

Hemianopsie: vom Griech. *hemi* „halb“, *a* „nicht“ und *ops* „sehen“; bezeichnet einen halbseitigen Gesichtsfeldausfall beider Augen, eine Halbseitenblindheit

Hemiplegie: Halbseitenlähmung

Hippocampus: Areal des sog. Limbischen Systems mit zentralen Gedächtnis- und Gefühlsfunktionen

Höhlengrau, zentrales-: im Hirnstamm liegend, neben Hypothalamus und Amygdala wichtigstes frühes Areal für affektive Zustände und Verhaltensweisen

Hospitalismus: psychosoziale Isolation, die enorme biologische, psychische und Folgeschäden zeitigt

Hyperkinesen: vom Griechisch *hyper* ὑπέρ ‚über‘ und *kinēsis* κίνησις ‚Bewegung‘; Synonyme: Hyperkinesie, Hyperkinesis, ist ein Sammelbegriff für eine Vielzahl unwillkürlicher, z.T. dranghafter Extrabewegungen

Hypothalamus: im Zwischenhirn gelegene Struktur, die die psychovegetativen Zustände bes. des Stammhirns reguliert und weitergibt

Insula: ein wenig beachteter Hirnkomplex in der Nähe der Schläfenlappen, der wesentlich für das Fühlen, spez. für das Körpergefühl zuständig ist

Kohärenz: lat. co-haerere = zusammenhängen; Antonovsky: „sense of coherence“; sich andeutende Zusammenhänge, Kohärenzen, die sich symbolisch erschließen lassen

Komorbidität: Begleiterkrankung zu einer Grunderkrankung

Koma: Zustand tiefster Bewusstlosigkeit; *Koma* (griechisch κῶμα, „tiefer Schlaf“): die schwerste Form einer quantitativen Bewusstseinsstörung; vollständig unweckbare Bewusstlosigkeit ohne jegliche verständliche Sinnesäusserung auf Reize; Augen bleiben geschlossen, keine verständlichen verbalen Äußerungen, keine gezielte Abwehr auf Schmerz; ungezielte motorische Reaktionen aber möglich

Limbisches System: an der Grenze von Zwischenhirn und Großhirn gelegen, ein Dispatcher für Gefühle und Erinnerungen

Lipide: Strukturkomponenten in Zellmembranen, als Energiespeicher oder als Signalmoleküle gebraucht (Untergruppe: Fett)

Locked-in-Syndrom: Zustand, in dem ein Mensch zwar bei Bewusstsein, jedoch körperlich fast vollständig gelähmt und unfähig ist, sich sprachlich oder durch Bewegungen verständlich zu machen

Mentalisierung: Fähigkeit, das eigene oder fremde Verhalten durch Zuschreibung psychischer Zustände zu erklären

Methyle: Kleine Moleküle, sogenannte Methylgruppen aus einem Kohlenstoffatom und drei Wasserstoffatomen bestehend, die an den DNS-Strang ankoppeln und auf diese Weise verhindern, dass die nachfolgende Gensequenz abgelesen und in ein Protein übersetzt werden kann

Mnestisch: die Mneme, die Erinnerung, das Gedächtnis betreffend

Motoneuronen: efferente Nervenzellen, die die Muskulatur des Körpers innervieren

Neglect: Als Neglect (von lateinisch: *neglegere* = nicht wissen, vernachlässigen) wird in der Neurologie eine Störung der Aufmerksamkeit bezeichnet, die durch eine halbseitige Schädigung im Gehirn (Hirnläsion) hervorgerufen wird und die dadurch charakterisiert ist, dass der Betroffenen eine Hälfte seiner Umgebung bzw. des eigenen Körpers nicht oder nur schlecht wahrnimmt bzw. missachtet.

Neocortex: der evolutionsbiologisch jüngste Teil der Großhirnrinde

Neurexine/Neuroligine: Proteinmoleküle, die sich an den Synapsen befinden und die die Aktivität von Kalziumkanälen in der Zellmembran beeinflussen, die für die Informationsweitergabe entscheidend sind

Nucleus Accumbens: Hirnareal (nucleus = Ansammlung von Hirnzellen), das wesentlich für die Empfindung von Glück zuständig ist

Objektperseveranz/-konstanz: Objektkonstanz liegt vor, wenn das Kind eine Vorstellung von seiner Bezugsperson auch dann hat, wenn sie außer Sichtweite ist; Objektseveranz liegt vor, wenn diese Vorstellung nur zeitweise überdauert

Okzipitallappen: Hinterhauptlappen, für die visuelle Wahrnehmung zuständig

Olfaktorisches System: Verbund von Nervenzellen, die auf geruchliche Veränderungen reagieren

Oxytocin: im Hypothalamus gebildetes Hormon, das als eines der wichtigsten Motivationsverstärker gilt

Parietallappen: oberer seitlicher Scheitellappen, für die Raumrekonstruktion zuständig

Parkinsonsche Erkrankung: Erkrankung der extrapyramidalen Zentren des Gehirns mit den Symptomen Tremor (Zittern), Rigor (Steife) und Akinese (Bewegungsarmut)

Pars opercularis: Hirnwindung, lat. *inferior frontal gyrus*, neuroanatomisch ober-/außerhalb der Insula verortet

Plaques: Ablagerung im Gehirn bei der Alzheimerschen Erkrankung

Postpartale Depression: beschreibt einen depressiven Zustand im Zeitraum von ca. 2 Jahren nach der Geburt

Präfrontaler Cortex: Vorderhirn, das als Arbeitsspeicher aller Vorgänge eine sog. „gating-Funktion" besitzt, also quasi Türöffner besonders für Handlungsprozesse ist, auch die emotionale Tönung der Handlungen verantwortet

Priming: Teil des menschlichen Gedächtnissystems, das eine höhere Wiedererkennung von Reizen bewirkt

Projektive Identifikation: unbewusster Abwehrmechanismus, der Teile des Selbst abgespaltet und auf eine andere Person projiziert

Propriozeption: Verbund von Sinneszellen, die auf Bewegungen und Lageveränderungen des Körpers reagieren

Proteine: aus Aminosäure aufgebaute Eiweißmoleküle

PTSD/PTBS: engl./dt., Posttraumatische Belastungsstörung

Rett-Syndrom: chromosomaler Defekt mit Verlust erlernter Fähigkeiten (z.B. Hand-, Sprachfunktion)

Ribosomen: Zell-Komplexe aus makromolekularen Proteinen und RNA (Gen-Informationen), die für den Informations-Haushalt des Körpers zuständig sind

Rötelembryopathie: virus-bedingte Schädigung von Innenohr, Herz, Auge und anderen Organen, die zu schweren Behinderungen führt

SAB: Subarachnoidalblutung; sie ist eine Blutung unterhalb der Hirnhaut, die Arachnoida heißt

Salutogenese: salutogenetisches Modell von Aaron Antonovsky, das seit 1970 den Blick der professionellen Helfer auf den Umstand lenkt, dass Symptome sich immer auch symbolisch auf die sich andeutenden Zusammenhänge/Kohärenzen (lat. *cohaerere* = zusammenhängen; Antonovsky: „sense of coherence"), auf Heilung hin zu lesen sind

Sensorisch-integratives Training: heilpädagogisch oder therapeutisch initiierte Koordination gestörter unterschiedlicher Sinnesqualitäten und -systeme

SHT: Schädel-Hirn-Trauma

Spiegelneuronen: Nervenzellen, die im Gehirn beim Betrachten eines Vorgangs die gleichen Aktivitätsmuster aktivieren

Stammganglien: die Basalganglien werden oft so bezeichnet

Stresshormone: biochemische Botenstoffe, die den Körper bei Stress energetisch unterstützen, Kampf- oder Flucht-Reaktionen auslösen

Stroke: engl.: Schlaganfall

SVV: Selbstverletzendes Verhalten

Synapsen: Verbindung zwischen den Fortsätzen der Nervenzellen

Synchronisation: Modus der gleichzeitigen Verschaltung von Nervensignalen

Taktiles System: Verbund von Nervenzellen und Muskeln, die auf Berührungsreize reagieren

Telomere: die aus DNA und Proteinen bestehenden Enden der Chromosome

Temporallappen: seitliche Schläfenlappen, für die Sach- und Personerkennung zuständig

Thalamus: im Zwischenhirn gelegen, schaltet er sensorische, emotionale, auch motorische Signale um und gibt sie weiter

Theory of Mind: die Fähigkeit, sich in die Bewusstseinslage anderer Personen hineinzuversetzen oder diese in sich zu erkennen

Transkription/Translation: Vorgang der genetischen Überschreibung von DNA zu RNA/Synthese von Proteinen in den Zellen anhand der auf mRNA-Moleküle kopierten genetischen Informationen

Vasopressin: dem Oxytocin strukturell ähnelndes Hormon, das für das Ausschütten von Corticotropin und die Antwort auf Stress zuständig ist

Vegetatives Nervensystem: unwillkürliches Nervensystem, aus Sympathicus-Strang (zuständig für Leistung, Flucht, Stress) und Parasympathicus-Strang (zuständig für Ruhe, Entspannung, Geborgenheit) bestehend

Ventrales Tegmentales Areal: oberster Teil des Hirnstamms, in dem Dopamin produziert wird (Ort: Substantia Nigra)

Vestibulärsystem: Verbund der Nervenzellen, die auf Veränderungen des Gleichgewichts reagieren

Veszikelproteine: Proteine, die eine informationsgestalt-bündelnde Funktion in den Synapsen haben

Visuomotorisch: Korrespondenz von Sehen und Bewegen, deren Störung auf diejenige bestimmter Hirnareale zurückzuführen ist (Auge-Hand-Koordination)

Wernicke-Aphasie: Sprachverstehensstörung

Zellulär-metabolisch: Aufnahme, Transport und Umwandlung von Signalen, sprich: von Transportproteinen, die Funktion der Zellen betreffend

6 Literatur

6 Literatur

Ahrens, S. (1997): Lehrbuch der psychotherapeutischen Medizin. Schattauer: Stuttgart.

Andersch, N. (2014): Symbolische Form und psychische Erkrankung. Königshausen & Neumann: Würzburg.

Arnim, A. von (2002): Integrierte Medizin und körperbezogene Psychotherapie. In: Uexküll, Th.v., Geigges, W., Plassmann, R. (Hg.) (2002): Integrierte Medizin. Modell und Klinische Praxis. Kap. 15. Schattauer: Stuttgart.

Assmann, J. (2000): Religion und kulturelles Gedächtnis. Beck: München.

Attali, J. (1999): Wege durch das Labyrinth. Europäische Verlagsanstalt: Hamburg.

Augustin, A. (1986): Beschäftigungstherapie bei Wahrnehmungsgestörten. 4. Auflage. Modernes Lernen: Dortmund.

Ayres, A. J. (1975): Sensory Integration: A Foundation of Learning by Mary G. In: Vezie Academic Therapy 3.

Ayres, A. J. (1984): Bausteine der kindlichen Entwicklung. Springer: Berlin.

Bach, H. (2001): Pädagogik bei mentaler Beeinträchtigung – sogenannter geistiger Behinderung. UTB/Haupt: Bern.

Bader, A., Navratil, L. (1976): Zwischen Wahn und Wirklichkeit. Bucher: Luzern.

Bardmann, T. M. (1994): Wenn aus Arbeit Abfall wird. Suhrkamp: Frankfurt a. M.

Bauer, J. (2002a): Das Gedächtnis des Körpers. Wie Beziehungen und Lebensstile unsere Gene steuern. Frankfurt: Eichborn.

Bauer, J. (2002b): Psychobiologie der Alzheimer-Krankheit: Wirklichkeitskonstruktion und Beziehungsgestaltung. In: Uexküll, Th. v., Geigges, W., Plassmann, R. (Hrsg.): Integrierte Medizin. Modell und klinische Praxis. Kap. 8. Schattauer: Stuttgart.

Bauer, J. (2005): Warum ich fühle, was du fühlst. Intuitive Kommunikation und das Geheimnis der Spiegelneurone. Hoffmann und Campe: Hamburg.

Bauer, R. (Hrsg.) (1992): Lexikon des Sozial- und Gesundheitswesens. 2 Bde. Oldenbourg: München.

Beck, C. (2013): Zur Bedeutung der postpartalen Depression für die kindliche Entwicklung und die Mutter-Kind-Beziehung. In: Fuchs, Th., Berger, M. (2013): Affektive Störungen. Klinik – Therapie – Perspektiven. 121-128. Schattauer: Stuttgart.

Beck, U., Beck-Gernsheim, E.: Riskante Freiheiten: Individualisierung in modernen Gesellschaften. Suhrkamp: Frankfurt a. M. 1994.

Beims, H. (1992): Stichw. Rehabilitationsmassnahmen. In: Bauer, R. (Hrsg.): Lexikon des Sozial- und Gesundheitswesens. 2 Bde. München.

Bernd, Adam (1738/1973): Eigene Lebens-Beschreibung (Leipzig). Winkler: München, 1973.

Bienstein, C. (1997): Stand der Forschung in der Anwendung des Konzepts „Basale Stimulation in der Pflege". In: Fröhlich, A., Bienstein, C, Haupt, U. (Hrsg.): Fördern – Pflegen – Begleiten. Verlag Selbstbestimmendes Leben: Düsseldorf.

Bienstein, C., Fröhlich, A. (1994): Basale Stimulation in der Pflege. Verlag Selbstbestimmendes Leben: Düsseldorf.

Billig, S., Geist, P. (2013): Des Wesens Kern. Über den Mythos der Persönlichkeit. Sendung: ‚Wissenschaft im Brennpunkt'. In: www.dradio.de/dlf/sendungen/wib/2211326/, 11.8.2013.

Bird-David, N. (2012): Animismus revisited: Personenkonzept, Umwelt und relationale Epistemologie. In: Albers, I., Franke, A. (Hg.): Animismus. Revisionen der Moderne. 2. A. Diaphanes: Zürich.

Blakemore, S.-J., Frith, U. (2006): Wie wir lernen. Was die Hirnforschung darüber weiß. DVA: München.

Blech, J. (2010): Gene sind kein Schicksal. Wie wir unsere Erbanlagen und unser Leben steuern können. S. Fischer: Frankfurt a. M.

BMFSFJ/Bundesmin. f. Fam., Sen., Frauen u. Jug. (2009): 13. Kinder- und Jugendbericht. Bericht über die Lebenssituation junger Menschen und die Leistungen der Kinder- und Jugendhilfe in Deutschland. 2. Auflage Berlin. (vgl. publikationen@bundesregierung.de)

Bopp, Linus (1924): Die Seele der pädagogischen Reformbewegung. In: Schule und Erziehung 4, 1924.

Bopp, Linus (1930): Allgemeine Heilpädagogik in systematischer Grundlegung und mit erziehungspraktischer Einstellung, Herder: Freiburg.

Bowlby, J. (1958/1969): The nature of the child's tie to his mother. In: Int.J.Psychoanal. 39, 1958, p. 350-373; Attachment and loss. International Psychoanalytical Library Nr. 79. Hogarth Press: London.

Bowlby, J. (1973): Mütterliche Zuwendung und geistige Gesundheit. E. Reinhardt: München.

Bowlby, J. (2001): Frühe Bindung und kindliche Entwicklung. 4. A. E. Reinhardt: München.

Braun, A. K. (2012): Früh übt sich, wer ein Meister werden will – Neurobiologie des kindlichen Lernens. Deutsches Jugendinstitut e.V. München.

Bruning, N. (2006): Neurokognitive Defizite bei Autismus und Aufmerksamkeitsdefizit-/Hyperaktivitätssyndrom. Diss. Univ. Bielefeld.

Campe, J.H. (1785): Von der nötigen Sorge für die Erhaltung des Gleichgewichts unter den menschlichen Kräften. In: Blankertz, H. (1965): Bildung und Brauchbarkeit. Braunschweig.

Carus, Carl Gustav (1860/1975: Psyche: Zur Entwicklungsgeschichte der Seele (2.A. 1860). Darmstadt.

Cassirer, E. (1975): Philosophie der symbolischen Formen. 3 Bde. Bd. 3: Phänomenologie der Erkenntnis (1929/1954), Wissenschaftliche Buchgesellschaft: Darmstadt.

Cassirer, E. (1975): Zur Pathologie des Symbolbewusstseins. In: Philosophie der symbolischen Formen (1929). 3 Bde. Bd.1, 238-325. Wissenschaftliche Buchgesellschaft: Darmstadt.

Cassirer, E. (1990): Versuch über den Menschen. Einführung in eine Philosophie der Kultur. Felix Meiner: Hamburg.

Conrad, K. (1951): Das Problem der Vorgestaltung. In: J. A. Schmoll-Eisenwerth: Das Unvollendete als künstlerische Form. Francke: Bern-München.

Cornaglia, C. (2013): Körperliche Symptome bei affektiven Störungen. In: Fuchs, Th,. Berger, M.: Affektive Störungen. Klinik-Therapie-Perspektiven. 85-94. Schattauer: Stuttgart.

Crick, F., Koch, C. (1993): Das Problem des Bewusstseins. In: Spektrum der Wissenschaften-Spezial: Gehirn und Geist, 106-114.

Dahlke, R. (2007): Krankheit als Symbol. Ein Handbuch der Psychosomatik. Symptome, Bedeutung, Einlösung. Bertelsmann: Gütersloh.

Danielczyk, M. (2003): Konduktive Förderung bei Erwachsenen. Konzept nach Andreas Petö. R. Pflaum Verlag: München.

DeGelder, B., Snyder,J., Greve, D., Gerald, G., Hadjikhani, N. (2004): Fear fosters flight: A mechanism for fear contagion when perceiving emotion expressed by whole body. In: PNAS 47, 2004, 16701-16706.

Deinhardt, H.M. u. Georgens, J.D.: Die Heilpädagogik mit besonderer Berücksichtigung der Idiotie und der Idiotenanstalten. 2 Bde. Leipzig 1861/1863; Neuaufl. Institut für Heilpädagogik: Giessen 1979.

Deinhardt, H.M.; Georgens, J.D.; Gayette v. J.M. (Hg.): Medizinisch-Pädagogisches Jahrbuch der Levana für das Jahr 1858. Bd. 1. Wien 1858.

Deneke, Fr.-W. (2013): Psychodynamik und Neurobiologie. Dynamische Persönlichkeitstheorie und psychische Krankheit – Eine Revision psychoanalytischer Basiskonzepte. Schattauer: Stuttgart.

Descombes, V. (1981): Das Selbe und das Andere. Fünfundvierzig Jahre Philosophie in Frankreich 1933-1978. Suhrkamp: Frankfurt a. M.

Diepold, B. (1998): Schwere Traumatisierungen in den ersten Lebensjahren – Folgen für die Persönlichkeitsentwicklung und Möglichkeiten psychoanalytischer Behandlung. In: Endres, M., Biermann, G. (Hrsg): Traumatisierung in Kindheit und Jugend. E. Reinhardt: München.

Ding-Greiner, C., Kruse, A. (2009): Betreuung und Pflege geistig behinderter und kranker Menschen im Alter. Beiträge aus der Praxis. Kohlhammer: Stuttgart.

Dörr, M. (Hg.) (2002): Klinische Sozialarbeit – eine notwendige Kontroverse. Schneider Verlag: Hohngehren.

Dosen, A. (2010): Psychische Störungen, Verhaltensprobleme und intellektuelle Behinderung. Hogrefe: Göttingen.

Driller, Elke; Pfaff Holger (2006): Soziodemographische Struktur von Menschen mit Behinderung in Deutschland. In: Krueger, Fritz; Degen, Johannes (Hrsg.): Das Alter behinderter Menschen. Freiburg i. Brsg.: Lambertus, 26-108.

DSM-IV (Saß, H., Wittchen, H.-U., Zaudig, M., Hrsg.) (1996): Diagnostisches und Statistisches Manual Psychischer Störungen. Huber: Göttingen.

Dux, G. (2000): Historisch-genetische Theorie der Kultur. Velbrück: Weilerswist.

Edelman, G.M. (1993): Unser Gehirn – Ein dynamisches System. Piper: München.

Edelman, G.M. (1995): Göttliche Luft, vernichtendes Feuer. Wie der Geist im Gehirn entsteht. Piper: München.

Edelman, G.M., Tononi, G. (2000): A universe of Consciousness: How matter becomes imagination (vgl. Vortrag auf der Jahrestagung der APA 2001). Basic Books: New York.

Egenlauf, Desiree: "Wege der Kontaktaufnahme – Suchend Reagieren als Prinzip in der Beziehungsgestaltung zu Menschen mit Demenz", Diplomarbeit, KH-Freiburg, Dezember 2006.

Ehrenzweig, A. (1974): Ordnung und Chaos. Das Unbewusste in der Kunst. Kindler: München.

Ev. Studienwerk (Hg.)(1990): Lévinas. In: Parabel. Bd. 12. Focus-Verlag: Gießen.

Eibl-Eibesfeldt, I., Sütterlin, C. (2007): Weltsprache Kunst. Zur Natur- und Kunstgeschichte bildlicher Kommunikation. Brandstätter: Wien.

Erikson, E.H. (1973): Identität und Lebenszyklus. Drei Vorträge. Suhrkamp: Frankfurt a. M.

Fechner, G. Th. (1978): Vorschule der Ästhetik: Beigebunden: Zur experimentellen Ästhetik. Nachdruck der Ausgabe von 1876. Hildesheim; Fechner, G. T. (1876). Vorschule der Ästhetik. Breitkopf & Härtel: Leipzig.

Fischer G. (2007): Kausale Psychotherapie. Manual zur ätiologieorientierten Behandlung psychotraumatischer und neurotischer Störungen. Asanger: Kröning.

Fischer-Lichte, E. (1979): Bedeutung. Probleme einer semiotischen Hermeneutik und Ästhetik. Beck: München.

Flach, S.M. (2008): Berufs- und Leistungsrecht für künstlerische Therapien. E. Reinhardt: München.

Fonagy, P. (2001): Bindungstheorie und Psychoanalyse. Klett-Cotta: Stuttgart.

Fonagy, P., Target, M. (2007): Psychoanalyse und die Psychopathologie der Entwicklung. 2. Auflage. Klett-Cotta: Stuttgart.

Freitag, C.M. (2008) Autismus-Spektrum-Störungen. Ernst Reinhardt: München.

Freud, A. (1927/1979): Einführung in die Technik der Kinderanalyse. Kindler: München.

Freud, A. (1936/1964): Das Ich und seine Abwehrmechanismen. Kindler: München.

Freud, S. (1921): Massenpsychologie und Ich-Analyse. In: GW XIII, 71-161.

Freud, S. (1975): Psychologie des Unbewussten. 10-bd. Studienausgabe, Bd. III. S. Fischer: Frankfurt a. M.

Fröhlich, A. (1983): Probleme der Förderung von Schwerst- und Mehrfachbehinderten. In: Hartmann, M. (Hrsg.): Beiträge zur Pädagogik der Schwerstbehinderten. Schindele: Heidelberg.

Fröhlich, A. (1991): Basale Stimulation: Selbstbestimmtes Leben. Verlag Selbstbestimmendes Leben: Düsseldorf.

Fröhlich, A. (2001): Sprachlos bleibt nur der, dessen Sprache wir nicht beantworten – Grundzüge des somatischen Dialogs. In: Orientierung 2, 20 ff.

Fröhlich, A., Haupt, U., Bienstein, C. (Hrsg.) (1997): Fördern-Pflegen-Begleiten. Verlag Selbstbestimmendes Leben: Düsseldorf.

Fuchs. Th. (2013): Leib und Lebensraum – Das eingebettete Selbst in der Psychotherapie. In: Psychotherapeutenjournal 2, 2013, 124-130.

Fuchs. Th. (2015): Subjektivität und Intersubjektivität. Zur Grundlage psychiatrischer und psychotherapeutischer Diagnostik. In: Kontexte 1,2015, 27-41.

Fuchs, Th., Berger, M. (2013): Affektive Störungen. Klinik – Therapie – Perspektiven. Schattauer: Stuttgart.

Fuchs, Th., Vogeley, K., Heinze, M. (Hg.) (2011): Subjektivität und Gehirn. Pabst: Berlin.

Gaedt, C. (1990): Psychisch kranke geistig Behinderte – Das Problem der "dual diagnosis". Erschienen in: Mauthe, J.J, Krukenberg-Bateman, I. (Hrsg.) (1990): Psychiatrie in Deutschland. Tagungsband zu den 8. Psychiatrie-Tagen Königslutter 1990. 2. Auflage. 1992, Vereinsverlag Königslutter.

Gallese, V. (2003): The manifold nature of interpersonal relations: the quest for a common mechanism. Phil. Trans. R. Soc. Lond. B 358, 517-528.

Gaßner, H., Kersten, W. (1991): Physikalisches Weltbild und abstrakte Bildwelten bei Wassily Kandinsky. Fischer: Frankfurt a. M.

Gebharter, E., Murg, M., Oder, W. (Hrsg.) (2009): Bildnerei in der neurologischen Rehabilitation. Kunsttherapie zur Unterstützung von Diagnostik und Therapie. Springer: Berlin.

Gehde, E., Emrich, H.M. (1998): Kontext und Bedeutung: Psychobiologie der Subjektivität im Hinblick auf psychoanalytische Theoriebildungen. In: Psyche 52, 9-10, 963-1003.

Geigges, W. (2002): Reflektierte Kasuistik als Instrument der Forschung und Lehre einer Integrierten Medizin. In: Uexküll, Th.v., Geigges, W., Plassmann, R.

(Hg.): Integrierte Medizin. Modell und Klinische Praxis. Kap. 2. Schattauer: Stuttgart.

Gerngroß, J. (2015): Notfallpsychologie und Psychologisches Krisenmanagement. Hilfe und Beratung auf individueller und organisationeller Ebene. Schattauer Verlag: Stuttgart.

Gibson, J.J. (1973): Die Sinne und der Prozess der Wahrnehmung. Huber: Bern.

Gibson, J.J. (1982): Wahrnehmung und Umwelt. Der ökologische Ansatz in der visuellen Wahrnehmung. Urban & Schwarzenberg: München.

Gorsen, P. (1980): Kunst und Krankheit, Metamorphosen der ästhetischen Einbildungskraft. EVA: Frankfurt a. M.

Grabe, H.J., Spitzer, C. (2012): Wenn die Kindheit krank macht. In: Gehirn & Geist, 7-8, 50-55.

Gramsci, A. (1987): Gedanken zur Kultur. Reclam: Leipzig.

Greving, H. (Hg.): Kompendium der Heilpädagogik. 2. Bde. Bd. 2, 212-221. Bildungsverlag EINS: Troisdorf.

Greving, H., Mürner, Chr., Rödler, P. (Hg.) (2004): Zeichen und Gesten – Heilpädagogik als Kulturthema. Psychosozial: Giessen.

Gröschke, D. (1997): Praxiskonzepte der Heilpädagogik: Anthropologische, ethische und pragmatische Dimensionen. 2. Auflage. UTB/E. Reinhardt: München.

Grotjahn, M. (1977): Die Sprache des Symbols. Kindler: München.

Grunwald, K., Thiersch, H. (Hg.) (2004): Praxis Lebensweltorientierter Sozialer Arbeit. Handlungszugänge und Methoden in unterschiedlichen Arbeitsfeldern. Juventa: Weinheim.

Habermas, J. (1976): Moralentwicklung und Ich-Identität. Frankfurt a. M.

Hadjikhani N. et al. (2006): Anatomical Differences in the Mirror Neuron System and Social Cognition Network in Autism. Cerebral Cortex;16:1276-1282.

Havemann, M., Stöppler, R. (2004): Altern mit geistiger Behinderung. Stuttgart: Kohlhammer Verlag.

Hayakawa, L.I. (1967): Semantik. Sprache im Denken und Handeln. Verlag Darmstädter Blätter: Darmstadt.

Hellbrügge, Th., Schneeweiß, B. (Hg.) (2011): Frühe Störungen behandeln – Elternkompetenz stärken. Grundlagen der Früh-Rehabilitation. Klett-Cotta: Stuttgart.

Hofer, M. A. (1987): Early social relationships: a psychobiologist's view. Child devellopment 58: 633-647.

Hubel, D. H.; Wiesel T. N. (1959): Receptive fields of single neurons in the cat`s striate Cortex. J. Physiol., Lond. 148, 574-591.

Hülshoff, Th. (1996): Das Gehirn. Huber: Göttingen.

Hülshoff, Th. (2005): Medizinische Grundlagen der Heilpädagogik. UTB/E. Reinhardt: München.

Hufeland, Chr. W (1796/1958): Makrobiotik oder die Kunst das menschliche Leben zu verlängern (Berlin, 1796). Hrsg. von F. Lejeune. Stuttgart.

Jung, C.G. (1979): Analytische Psychologie und Weltanschauung. Walter-Verlag: Olten.

Jung, C.G. (1979): Psychologische Determinanten. Walter-Verlag: Olten.

Thomas Junker (2013): Die Evolution der Phantasie. Wie der Mensch zum Künstler wurde. S. Hirzel Verlag: Stuttgart.

Kaplan-Solms, K., Solms, M. (2005): Neuro-Psychoanalyse. Eine Einführung mit Fallstudien. Klett-Cotta: Stuttgart.

Kernberg, O. (1976/1981): Objektbeziehungen und Praxis der Psychoanalyse. Klett-Cotta: Stuttgart.

Kernberg, O. (1978): Borderline-Störungen und pathologischer Narzissmus. Suhrkamp: Frankfurt a.M.

Kernberg, O. (1988): Schwere Persönlichkeitsstörungen: Theorie, Diagnose, Behandlungsstrategien. Klett-Cotta: Stuttgart.

Kernberg, O. (1989): Projektion und projektive Identifikation. Forum Psychoanal., 267-283.

Kesper. G. (Hg.) ((2002): Sensorische Integration und Lernen. E. Reinhardt: München.

Kläger, M. (1989): Jane Francis Cameron. Wandbehänge, Zeichnungen. PH: Heidelberg.

Kläger, M. (1992): Krampus: Die Bilderwelt des Willibald Lassenberger. Ein behinderter Künstler in der Ev. Stiftung de la Tour. Schneider: Hohengehren.

Klein, Melanie (1935). A contribution to the psychogenesis of manic- depressive states. International Journal of PsychoAnalysis, 16, 145-174. Reprinted in The writings of Melanie Klein, vol. I. (1975). London: Hogarth, 262-289.

Kleint, Boris H. (1980): Bildlehre. Der sehende Mensch. 2.A. 1980, Schwabe: Basel.

Kobbert, M. (1986): Kunstpsychologie. Wiss. Buchges.: Darmstadt.

Kobi, E.E.: Grundfragen der Heilpädagogik. Eine Einführung in heilpädagogisches Denken. 4.A. Kohlhammer: Stuttgart, 1983.

Kooij, C.van der (1997): Erlebnisorientierte Pflege von Altersverwirrten. In: PRO ALTER 3, 29-32.

Krappmann, L. (1971): Soziologische Dimensionen der Identität. Stuttgart.

Kruse, A. (1987): Familiäre Hilfeleistungen im Alter - eine kritische Analyse des Begriffs Pflegebedürftigkeit. In: Zeitschrift für Gerontologie, 20, 234-242.

Kruse, A. (1995): Entwicklungspotentiale im Alter. Eine lebenslauf- und situationsorientierte Sicht psychischer Entwicklung. In: Borscheid, P. (Hrsg.): Alter und Gesellschaft. Hirzel: Stuttgart. 63-86.

Kruse, A. (1996): Alltagspraktische und sozioemotionale Kompetenz. In: Baltes, M., Montada, L. (Hrsg), , 290-322.

Kruse, A. (1998): Psychosoziale Gerontologie. 2 Bde. Hogrefe: Göttingen.

Kruse, A., Ding-Greiner, C. (2003): Ergebnisse einer Interventionsstudie zur Förderung und Erhaltung von Selbstständigkeit bei älteren Menschen mit geistiger Behinderung. Zeitschrift für Gerontologie und Geriatrie, 36, 463-474.

Kruse, A., Lehr, U. (1988): Psychologische Aspekte des Alterns, in: Staatsministerium Baden-Württemberg (Hrsg.): Bericht der Kommission „Altern als Chance und Herausforderung“, 61-66.; erstellt im Auftrag der Landesregierung von Baden-Württemberg. Staatsministerium Baden-Württemberg: Stuttgart.

Kusch, Petermann (2001): Entwicklung autistischer Störungen. Hogrefe: Göttingen.

Lacan, J. (2011): Die Objektbeziehung. 1956-1957. Das Seminar, Buch IV. Turia+Kant: Wien.

Leibbrand, W. (1956): Die spekulative Medizin der Romantik. Claassen Verlag: Hamburg.

Levin, F.M. (1998): Mandelkern, Hippocampus und Psychoanalyse. In: Psyche 52, 9-10, 1004-1013.

Lichtenberg, J.D. (1983/1991): Psychoanalyse und Säuglingsforschung. Springer: Berlin.

Lumma, K.: „Mobiles KGT Studio für den Einsatz in New Orleans - PTSD (post-trauma-stress-disorder) Counseling beim Wiederaufbau nach Hurricane Katrina“, in: Art & Graphic Magazine Nr. 16, Juli 2006, 39-41.

Lurija, A. R. (1932): The Nature of Human Conflicts.An objective study of Disorganisation and Control of Human Behaviour. Liveright: New York.

Lurija, A. R. (1947/1970): Traumatic Aphasia. Its Syndromes, Psychology and Treatment. Mouton: Den Haag.

Lurija, A. R. (1973): The Working Brain: An Introduction to Neuropsychology. Basic Books: New York; dt.: Das Gehirn in Aktion. Einführung in die Neuropsychologie. Rowohlt: Reinbek.

Lurija, A. R. (1979): The Making of Mind. A Personal Account of Soviet Psychology. Havard University Press: Cambridge.

Luz, V. (2012): Wenn Kunst behindert wird. Zur Rezeption von Werken geistig behinderter Künstlerinnen und Künstler in der Bundesrepublik Deutschland. Transcript-Verlag: Bielefeld.

Mall, W. (2001): Was von diesen Menschen kommt, passt zu uns – Basale Kommunikation. In: Orientierung 2, 17 ff.

Markowitsch, H. J. (1997): Neuropsychologie des menschlichen Gedächtnisses. In: Spektrum der Wissenschaft, 9, 52-61.

Markowitsch, H. J. (2000): Gedächtnis und Gedächtnisstörungen – Neurophysiologie des menschlichen Gedächtnisses. Tele-Akademie, Südwest-3. Progr., 11.06. 2000.

Markowitsch, H. J. (2002): Dem Gedächtnis auf der Spur. Wiss. Buchges.: Darmstadt.

Meier-Gantenbein, K., Späth, Th. (2006): Handbuch Bildung, Training und Beratung. Beltz: Weinheim.

Meltzer, D. (1975): Explorations in autism. The Clunie Press for the Rolland Harris Trust Library.

Menzen, K.-H. (1990): Kunsttherapie mit wahrnehmungsgestörten und geistigbehinderten Menschen. In: Petzold, H./Orth, I. (Hg.): Die neuen Kreativitätstherapien. Junfermann: Paderborn.

Menzen, K.-H. (1994): Heilpädagogische Kunsttherapie. Lambertus: Freiburg.

Menzen, K.-H. (2008a): Kunsttherapie mit altersverwirrten Menschen. 2. Auflage. E. Reinhardt, München.

Menzen, K.-H. (2008b): Das Bild in Kunst, Pädagogik und Therapie. LIT: Münster.

Menzen, K.-H. (2008c): Das Produkt der Kunsttherapie. Neuro-ästhetische Reflexionen über einen Nachmittag in der Klinik. In: Kunst & Therapie 2, 2008.

Menzen, K.-H. (2010): Neuro-Ästhetik. Aspekte einer Neurologie der Wahrnehmung und deren ästhetischen Repräsentanz. In: Sinapius, P., Wendlandt-Baumeister, M., Niemann, A., Bolle, R. (Hrsg.): Bildtheorie und Bildpraxis in der Kunsttherapie. Peter Lang: Frankfurt a. M.

Menzen, K.-H. (2013a): Kunsttherapie in der Sozialen Arbeit. Verlag Modernes Lernen: Dortmund.

Menzen, K.-H. (2013b): Kunsttherapie. Ansätze-Arbeitsfelder-Bilder. SFU-PrivatUniversitätsverlag: Wien.

Menzen, K.-H. (2016): Grundlagen der Kunsttherapie. 4. Auflage. UTB/ E. Reinhardt, München.

Menzen, K.-H. (2017): Heil-Kunst. Entwicklungsgeschichte der Kunsttherapie. Alber-Herder: Freiburg.

Menzen, K.-H., Dufern, R., Beier, A. (Hrsg.) (2014): Kunsttherapie im sozialen Brennpunkt. Verlag Modernes Lernen: Dortmund.

Mertens, M. (2012): Kluge Kleister: Lange Zeit galten die Gliazellen im Nervensystem als reiner Hirnkitt. In: Badische Zeitung 15.9. 2012.

Meijer, C., Soriano, V., Watkins, A. (2003): Sonderpädagogische Förderung in Europa. Veröffentlichung in Kooperation mit der Europäischen Agentur für Entwicklungen in der Sonderpädagogischen Förderung und mit Unterstützung des europäischen Programms EURYDICE. Brüssel.

Metzger, W. (1965): Der Beitrag der Gestalttheorie zur Frage der Grundlagen des künstlerischen Erlebens. In: Acta Psychologica, 24, 409-422.

Möckel, A. (1988): Geschichte der Heilpädagogik. Stuttgart.

Möller, W., Nix, C. (Hg.) (2006): Kurzkommentar zum SGB VIII – Kinder- und Jugendhilfe. UTB. E. Reinhardt: München.

Montalda, E. (1967): Grundlagen und systematische Ansätze zu einer Theorie der Heilerziehung (Heilpädagogik). In: Heribert Jussen (Hrsg.): Handbuch der Heilpädagogik in Schule und Jugendhilfe. München, 3-43.

Moor, P.(1974): Heilpädagogische Psychologie. 2 Bde. Bern.

Moor, P.(1967): Was ist Heilpädagogik? – Grundfragen vom Pädagogen aus gesehen. In: Röhrs, H. (Hg.): Erziehungswissenschaft und Erziehungswirklichkeit. 2.A. Frankfurt a. M.

Navratil, L. (1983): Die Künstler aus Gugging. Medusa: Wien.

Neubauer, A. u. Stern, E. (2007): Lernen macht intelligent: Warum Begabung gefördert werden muss. Deutsche Verlags-Anstalt: München.

Neubauer, A.C., Fink, A. (2009): Intelligence and Neural efficiency. Neuroscience and Biobehavioral Reviews, 33, 1004-1023.

Nelson, Ch.A. et al. (2007): Cognitive Recovery in Socially Deprived Young Children: The Bucharest Early Intervention Project. In: Science 318, 1937, DOI: 10.1126/science.1143921.

Neuhaus, C. (2003): Das hyperaktive Baby und Kleinkind. Symptome deuten – Lösungen finden. Uranis: Freiburg.

Neuhaus, C. (2005): Lass mich, doch verlass mich nicht: ADHS und Partnerschaft. dtv-Taschenbuch: München.

Neuhaus, C. (2009a). ADHS bei Kindern, Jugendlichen und Erwachsenen. Ursachen, Diagnose und Behandlung. Kohlhammer: Stuttgart.

Neuhaus, C., Trott, G.-E., Berger-Eckert, A., Townson, S., Schwab, S. (2009b): Neuropsychotherapie der ADHS: das Elterntraining für Kinder und Jugendliche (ETKJ ADHS) unter Berücksichtigung des selbst betroffenen Elternteils. Kohlhammer: Stuttgart.

Neuhäuser, G. (2007): Klinische Bilder. In Theunissen, G.: Handlexikon Geistige Behinderung. Kohlhammer: Stuttgart, 188-193.

Nissen, G. (1973): Die larvierte Depression bei Kindern und Jugendlichen. In: Kielholz, P. (Hrsg.): Die larvierte Depression. Huber: Bern.

Nomos Verlag (Hg.) (2011): Gesetze für die Soziale Arbeit. Textsammlung. Nomos: Baden-Baden.

Ogden, T. (1989): The autistic contiguous position. In: Int. J. Psycho-Anal., 70.

Papousek, M. (1998): Das Münchener Modell einer interaktionszentrierten Säuglings-Eltern-Beratung und Psychotherapie. In: Klitzing, K. (Hg.): Psychotherapie in der frühen Kindheit. Vandenhoeck & Ruprecht: Göttingen.

Papousek, M. (2010): Augenblicke der Begegnung in den frühen Eltern-Kind-Beziehungen. DVD.

Peichl, J. (2013): Die inneren Trauma-Landschaften. Borderline-Ego-State-Täter-Introjekt. Mit einem Geleitwort von Ulrich Sachsse. 2. überarb. Aufl. Schattauer-Verlag: Stuttgart.

Peichl, J. (2015): Jedes Ich ist viele Teile. Die inneren Selbst-Anteile als Ressource nutzen. 6.A. Kösel: München.

Peirce, Ch. S. (1993): Phänomen und Logik der Zeichen. Suhrkamp: Frankfurt a. M.

Perry, Br. D., Szalavitz, M. (2006): Der Junge, der wie ein Hund gehalten wurde. Kösel: München.

Petermann, F., Kusch, M., Niebank, K. (1998): Entwicklungspsychopathologie. Beltz: Weinheim.

Petermann, F., Niebank, K., Scheithauer, H. (2004): Entwicklungswissenschaft. Springer: Berlin.

Petz, S. (2013): Frühförderung beim Kanner-Syndrom. GRIN Verlag: München.

Pfluger-Jakob, M. (2007): Kinder mit Wahrnehmungsstörungen erkennen, verstehen, fördern. Herder: Freiburg.

Pfluger-Jakob, M. (2012): Wahrnehmungsstörungen bei Kindern: Hinweise und Beobachtungshilfen. Herder: Freiburg.

Piaget, J. (1973): Einführung in die genetische Erkenntnistheorie. Suhrkamp: Frankfurt a. M.

Pickenhain, L. (1997). Neurophysiologische Grundlagen der Basalen Stimulation. In: Fröhlich, A. Haupt, U., Bienstein, C. (Hrsg): Fördern – Pflegen – Begleiten. Verlag Selbstbestimmendes Leben: Düsseldorf.

Pöppel, E. (1993): Wo bin ich? Orientierung in Zeit und Raum. In: Funkkolleg "Der Mensch. Anthropologie heute". Studienbrief 7. Studieneinheit 20, 5-41. DIFF, Tübingen.

Prinzhorn, H. (1922): Bildnerei der Geisteskranken. Ein Beitrag zur Psychologie und Psychopathologie der Gestaltung. Julius Springer: Berlin.

Ramachandran, V. (2005): Eine kurze Reise durch Geist und Gehirn. Rowohlt. Reinbek.

Ramachandran, V.S. u. D. Rogers-R. (2008): Kunst ist, wenn das Gehirn Aha!‘ sagt. In: Gehirn & Geist, 3, 24-26.

Ratey, J. (2003): Das menschliche Gehirn. Eine Gebrauchsanweisung. Piper: München.

Rennert, H. (1963): Eigengesetze des bildnerischen Ausdrucks bei Schizophrenie. Psychiat. Neurol. u. med. Psychol. 15, 282-288.

Resch, F. (2001): Der Körper als Instrument zur Bewältigung seelischer Krisen: Selbstverletzendes Verhalten bei Jugendlichen. In: Deutsches Ärzteblatt, 98 (36), 2226-2271.

Resch, F., Parzer, P., Haffner, J., Brunner, R. (2013): Depressivität und selbstverletzendes Verhalten im Jugendalter. In: Fuchs, Th., Berger, M. (2013): Affektive Störungen. Klinik – Therapie – Perspektiven, 129-136. Schattauer: Stuttgart.

Reck, C. (2013): Zur Bedeutung der postpartalen Depression für die kindliche Entwicklung und die Mutter-Kind-Beziehung. In: Fuchs, Th., Berger, M. (2013): Affektive Störungen. Klinik – Therapie – Perspektiven. 121-128. Schattauer: Stuttgart.

Remschmidt, H., Kamp-Becker, I. (2006): Asperger-Syndrom (Manual psychischer Störungen bei Kindern und Jugendlichen). Springer: Berlin.

Renn, O. (2000): Gesellschaft im Wandel. Von der Risikogesellschaft zur Chancengesellschaft. Landessymposium des Caritas Baden-Württemberg: Den Herausforderungen der Zukunft begegnen. (26.10.2000). Stuttgart.

Restak, R.M. (1989): Geheimnisse des menschlichen Gehirns. Ursprung von Denken, Fühlen und Handeln. MVG: München.

Richter, H.-G. (1984): Pädagogische Kunsttherapie. Grundlegung, Didaktik, Anregungen. Schwann: Düsseldorf.

Richter-Reichenbach, K.-S. (2012): Ästhetisch-künstlerische Identitätsarbeit aus der Sicht ‚Pädagogischer Kunsttherapie‘ und Kunstdidaktik. In: Müller, M., Kluwe, S. (Hg.): Identitätsentwürfe in der Kunst-Kommunikation. De Gruyter: Göttingen 2012 (S. 205-218).

Rizzollatti, R. u. Sinigaglia, C. (2008): Empathie und Spiegelneurone. Suhrkamp: Frankfurt a. M.

Roth, G., Strüber, N., (2014): Wie das Gehirn die Seele macht. Klett-Cotta: Stuttgart.

Ross, A. O. (1976): Die psychotherapeutische Führung von Eltern hirngeschädigter Kinder. In: Biermann, G. (Hg.): Handbuch der Kinderpsychotherapie. 5 Bde. Bd. II, 1062-1074. E. Reinhardt: München.

Roth, G. (2001): Fühlen, Denken. Handeln. Wie das Gehirn unser Verhalten steuert. Suhrkamp: Frankfurt a. M.

Rutschky, K. (Hg.) (1977): Schwarze Pädagogik: Quellen zur Naturgeschichte der bürgerlichen Erziehung. Ullstein Taschenbuch Verlag: Frankfurt/M.

Sachsse, U. (1998): Schneiden, Schnippeln, Ritzen. Selbstverletzendes Verhalten – Ein Gespräch. In: http://ulrich-sachsse.de/entw4/archiv05.html.

Sachsse, U. (2002): Selbstverletzendes Verhalten: Psychodynamik – Psychotherapie. Das Trauma, die Dissoziation und ihre Behandlung. Vandenhoek & Ruprecht: Göttingen.

Sacks, O. (1995): Eine Anthropologin auf dem Mars. Rowohlt: Reinbek.

Sartre, J.-P. (1971): Das Imaginäre. Phänomenologische Psychologie der Einbildungskraft. Rowohlt: Reinbek.

Schlechter, K. (2012): Den Tag an den Rand der Nacht rücken und in dieser Grenze gehen. Vernissage und Textperformances mit Klaus Findl. 3.1.2012, Dialograum Kreuzung an Sankt Helena, Bonn.

Schütz, M., Plassmann, R. (2002): Über die Rehabilitation von Psychosepatienten – ein biosemiotisches Behandlungsmodell. In: Uexküll, Th.v., Geigges, W., Plassmann, R. (Hg.) (2002): Integrierte Medizin. Modell und Klinische Praxis. Kap. 13. Schattauer: Stuttgart.

Schulze, R.: Aus der Werkstatt der experimentellen Psychologie und Pädagogik (1909). 3.Aufl. R.Voigtländer Verlag: Leipzig 1913.

Schuppener, S. (2005): Kunst – Ausdruck von Persönlichkeit – Zur Wirkung künstlerisch-kreativen Handelns von Menschen mit Behinderungserfahrungen. In: http://alt.franz-hitze- haus.de/file.php?file=/Schuppener.pdf&type=down.

Schuppener, S. (2006): Kreativität und Identität. In: Theunissen, G., Grosswendt, U.: Kreativität von Menschen mit geistigen und mehrfachen Behinderungen. Klinkhardt: Bad Heilbrunn, 61-72.

Seifert, M. (1993): Zur Wohnsituation von Menschen mit geistiger Behinderung in Berlin. FU Berlin (Förderbericht).

Schuster, N.(2007): Ein guter Tag ist ein Tag mit Wirsing. Weidler Buchverlag: Berlin.

Simon, T. (2010): Klinische Heilpädagogik. Kohlhammer: Stuttgart.

Singer, W., Engel, C. (1997): Neuronale Grundlagen der Gestaltwahrnehmung. In Spektrum der Wiss, (Gehirn und Geist), 66-73.

Sivus-Förderverein (Hg.): SIVUS-Arbeitsmappe. A-4810 Gmunden, 1996.

Sloterdijk, P. (1998): Sphären, Band 1: Blasen: Bd. I Suhrkamp: Frankfurt M.

Smith Roley, S., Blanche, E.I., Schaaf, R.C. (2004): Sensorische Integration. Springer: Berlin.

Solms, M. (1998): Psychoanalytische Beobachtungen an vier Patienten mit ventromesialen Frontalhirnläsionen. In: Psyche 52, 9-10, 919-962.

Solms, M., Kaplan-Solms, K. (2005): Neuro-Psychoanalyse. Klett-Cotta: Stuttgart.

Sonntag, S. (2010: Das Leiden anderer betrachten. 3.A. Fischer: Frankfurt M.

Speck, O. (2007): Geistige Behinderung. In: Theunissen, Kulig, Schirbort (Hrsg.), Handlexikon geistige Behinderung. S. 136 -137.

Spitz, R.A. (1973): Die Entstehung der ersten Objektbeziehungen. Klett-Cotta: Stuttgart.

Spitz, R.A. (1983): Vom Säugling zum Kleinkind. Naturgeschichte der Mutter-Kind-Beziehung im ersten Lebensjahr. Klett-Cotta: Stuttgart.

Spitzer, M. (1996): Geist im Netz. Modelle für Denken, Lernen und Handeln. Spektrum: Heidelberg.

Spitzer, M. (2012): Digitale Demenz: Wie wir uns und unsere Kinder um den Verstand bringen. Droemer: München.

Spreti, F.v., Martius, P., Förstl, H. (Hrsg.) (2012): Kunsttherapie bei psychischen Störungen. 2.A., Urban & Fischer: München.

Stern, D.N. (1998): Die Mutterschaftskonstellation. Klett-Cotta: Stuttgart.

Stern, D.N. (2004): The Present Moment in Psychotherapy and Every Day Life. Norton: New York.

Stern, D.N (2011): Ausdrucksformen der Vitalität. Die Erforschung dynamischen Erlebens in Psychotherapie, Entwicklungspsychologie und den Künsten. Brandes & Apsel: Frankfurt a. M.

Stern, D., Hofer, L., Haft, W., Dore, J. (1985): Affect attunement: The sharing of feeling states between mother and infants by means of intermodal fluency. In: Field, T., Fox, N. (Ed.): Social perception in infants. Ablex: New York.

Störmer, N. (2007): Geschichte der Heilpädagogik. In: Greving, H. (Hg.): Kompendium der Heilpädagogik. 2. Bde. Bd. 1, 287-296. Bildungsverlag EINS: Troisdorf.

Stork, J. (1976): Versuch einer Einführung in das Werk von D. W. Winnicott. In: Winnicott, D.W.: Von der Kinderheilkunde zur Psychoanalyse. Kindler: München.

Strauss, L.V. (2009): Zur Metapsychologie des Autismus. Minus Projektive Identifizierung als autistische Kommunikationsform . Aus einer psychoanalytischen Behandlung. Diss. Kassel.

Streeck-Fischer, A., Sachsse, U., Özkan, I. (Hg.) (2001): Körper, Seele, Trauma. Vandenhoeck & Ruprecht: Göttingen.

Strobel, B.U.M. (2005): Heilpädagogik für ErzieherInnen. E. Reinhardt: München.

Solms, M., Turnbull, O. (2004): Das Gehirn und die innere Welt. Neurowissenschaft und Psychoanalyse. Walter-Verlag: Düsseldorf und Zürich.

Theunissen, G.: Wege aus der Hospitalisierung: Ästhetische Erziehung mit schwerstbehinderten Erwachsenen. Psychiatrie-Verlag: Bonn 1989/1991.

Theunissen, G. (Hrsg.) (1980): Ästhetische Erziehung bei Behinderten. Ravensburger: Ravensburg.

Theunissen, G. (1986) (Hrsg.): Abgeschoben – isoliert – vergessen. Fischer: Frankfurt a. M.

Theunissen, G. (1991): Heilpädagogik im Umbruch. Lambertus: Freiburg.

Theunissen, G. (1992): Förderung Schwerstgeistig- und Mehrfachbehinderter in Werkstätten für Behinderte. In: Behindertenpädagogik 2, 150 ff.

Theunissen, G. (1999): Geistig behindert und dement. In: Geistige Behinderung, 2/1999.

Theunissen, G. (2004): Kunst und geistige Behinderung. Klinkhardt: Bad Heilbrunn.

Theunissen, G., Kulig, W., Schirbort, K. (Hrsg.) (2007): Handlexikon Geistige Behinderung. Kohlhammer: Stuttgart.

Theunissen, G., Schubert, M. (2010): Starke Kunst von Autisten und Savants. Über aussergewöhnliche Bildwerke, Kunsttherapie und Kunstunterricht. Lambertus: Freiburg.

Theunissen, G. (2014): Menschen im Autismus-Spektrum. Verstehen, annehmen, unterstützen. Ein Lehrbuch für die Praxis. Kohlhammer: Stuttgart.

Treismann, A. (1990): Merkmale und Gegenstände in der visuellen Verarbeitung. Spektr d Wiss: Gehirn u Kognition, 144.

Tustin, F. (1972/1995): Autism and childhood psychosis. Karnac: London.

Tustin, F. (1981/1989): Autistische Zustände bei Kindern. Klett: Stuttgart.

Tustin, F. (1990): The protective shell in children and adults. Karnac: London.

Tustin, F. (1991): Revised Understandings of psychogenic autism. In: Intern. J. Psycho-Anal. 72, 585-591.

Uexküll, Th.v. (1979): Psychosomatische Medizin – Modelle ärztlichen Denkens und Handelns. Herausgegeben von R. H. Adler, J. M. Herrmann, K. Köhle, W. Langewitz, O.W. Schonecke, Th. v. Uexküll, W. Wesiak. 1. Aufl. München – Urban & Fischer: Jena.

Uexküll, Th.v. (2002): Integrierte Medizin – ein lernendes Modell einer nicht-dualistischen Heilkunde. In: Uexküll, Th.v., Geigges, W., Plassmann, R. (Hg.) (2002): Integrierte Medizin. Modell und Klinische Praxis. Kap. 1. Schattauer: Stuttgart.

Uexküll, Th.v., Geigges, W., Plassmann, R. (Hg.) (2002): Integrierte Medizin. Modell und Klinische Praxis. Schattauer: Stuttgart.

Vedder, H. (2013): Neuroprotektion und affektive Störungen. In: Fuchs, Th., Berger, M.: Affektive Störungen. Klinik – Therapie - Perspektiven. 95-104. Schattauer: Stuttgart.

Wacker, Elisabeth; Wansing, Gudrun; Hölscher, Petra (2003): Maß nehmen und Maß halten – in einer Gesellschaft für alle (1). Von der Versorgung zur Selbstbestimmten Lebensführung. Geistige Behinderung. 2/,42. Jg., 108-118.

Wacker, Elisabeth; Wansing, Gudrun; Hölscher, Petra (2003) Maß nehmen und maß halten – in einer Gesellschaft für alle (2). Das „persönliche Budget“ als Chance zum Wandel der Rehabilitation. Geistige Behinderung. 3/42 Jg., 198-209.

Wacker, Elisabeth; Wansing, Gudrun; Hölscher, Petra (2003): Maß nehmen und maß halten – in einer Gesellschaft für alle (3). Personenbezogene Leistungen (PerLe) für alle- Budgetfähigkeit und Klientenklassifikation in der Diskussion. Geistige Behinderung. 3/42 Jg., 210-221.

Weixlbaumer, C.E. (2007): Intelligenz, Begabung und Kreativität: grundlegende Konzepte und Theorien. Neueste Erkenntnisse der Neurowissenschaften. Vortrag im österreichischen Zentrum für Begabtenförderung und Begabtenforschung (özbf).

Weizsäcker, V. v. (1943): Der Gestaltkreis (1939). 2.A. Thieme: Heidelberg.

Wernber, F.B. (2007): Schule/Schulpädagogik. In: Greving, H. (Hg.): Kompendium der Heilpädagogik. 2. Bde. Bd. 2, 212-221. Bildungsverlag EINS: Troisdorf.

Werner, A.(1983): Zur Geschichte der Kinderpsychotherapie im 19. Jahrhundert. Königshausen & Neumann: Würzburg.

WHO (2014): Internationale Klassifikation der Funktionsfähigkeit, Behinderung und Gesundheit (veränd. ICF Version 2005). In: DIMDI/Deutsches Institut für Medizinische Dokumentation und Information (vgl. http://www.dimdi.de/dynamic/de/klassi/icf/kodesuche/onlinefassungen/icfhtml2005/index.htm).

Wieczorek, M. (2002): Individualiät und schwerste Behinderung. Klinkhardt: Bad Heilbrunn.

Winnicott, D.W. (1976): Von der Kinderheilkunde zur Psychoanalyse. Kindler: München.

Winnicott, D.W. (1978): Familie und individuelle Entwicklung. Kindler: München.

Wüllenweber, E., Theunissen, G., Mühl, H. (Hrsg.) (2006): Pädagogik bei geistigen Behinderungen. Ein Handbuch für Studium und Praxis. Kohlhammer: Stuttgart.

Wygotski, L. (1987): Ausgewählte Schriften. 2 Bde. Bd. 2: Arbeiten zur psychischen Entwicklung der Persönlichkeit. Pahl-Rugenstein: Köln.

Rachel Yehuda, R., Schmeidler, J., Elkin, A., Houshmand, E., Siever, L., Binder-Brynes, K., Wainberg, M., Aferiot, D., Lehman, A., Song Guo, L., Kwei Yang, R. (1998): Phenomenology & Psychobiology of the Intergenerational Response to Trauma. In: Danieli Y.: Intergenerational Handbook of Multigenerational Legacies of Trauma. Plenum: New York.

Yehuda, R. (2001): Die Neuroendokrinologie bei Posttraumatischer Belastungsstörung im Lichte neuer neuroanatomischer Befunde. In: Streeck et al. 2001.

Zeki, M. (1993): Das geistige Abbild der Welt. In: Spektrum der Wissenschaften – Spezial: Gehirn und Geist, 26 f.

Zeki, M. (1999): Inner Vision: An Exploration of Art and the Brain. Oxford University Press: Oxford.

Zeki, M. (2010): Glanz und Elend des Gehirns. Neurobiologie im Spiegel von Kunst, Musik und Literatur. E. Reinhardt: München.

Zollinger, B. (2007): Die Entdeckung der Sprache. Haupt: Bern.

Ausgewählte zitierte Web-Seiten

Billig, S., Geist, P. (2013)
Billig, S., Geist, P. (2013): Des Wesens Kern. Über den Mythos der Persönlichkeit. Sendung: ‚Wissenschaft im Brennpunkt'. In: www.dradio.de/dlf/sendungen/wib/2211326/ (abgerufen am: 11.8.2013).

Dapretto, M. (2006)
Dapretto, M.: Understanding emotions in others: mirror neuron dysfunction in children with autism spectrum disorders. In: Nature Neuroscience 9, 2006, 28-30 (abgerufen am 13.3.2015).

Duketis, E. (2011)
Das Autismus-Spektrum. Erscheinungsbilder und Ursachenforschung Interdisziplinäre Fachtagung Winsen; www.kgude/zpsy/kinderpsychiatrie (abgerufen am 3.1.2014).

Duketis, E.2011; http://www.kgu.de/kliniken-institute-zentren/einrichtungen-des-klinikums/kliniken/zentrum-der-kinder-und-jugendmedizin/forschung/autistische-stoerungen.html (abgerufen am 3.4.2015).

Dziobek, I., Bölte, S. (2010)
Isabel Dziobek und Sven Bölte (2010): Neuropsychologische Modelle von Autismus-Spektrum-Störungen. Behaviorale Evidenz und neuro-funktionale Korrelate. In: Zeitschrift für Kinder- und Jugendpsychiatrie und Psychotherapie 39 (2) 2011, 79-90. DOI: http://dx.doi.org/10.1024/1422-4917/a000094 (abgerufen am 1.8.2015).

Eibl-Eibesfedt (2007)
Spiegel-Interview 8.10.2007; vgl. http://www.spiegel.de/spiegel/print/d-53203490.html (abgerufen am 3.4.2015).

Fegert, Jörg M. (2015)
Jörg M. Fegert, Ulm (DGKJP); in: http://www.neurologen-und-psychiater-im-netz.org/kinder-jugend-psychiatrie/uebersicht/ (abgerufen am 5.4.2015).

Gorsen, P. (2000)
Kunsthistorische Voraussetzungen der Kunsttherapie. Gekürzt aus: Peter Gorsen, Therapie zwischen Kunst und Leben. Wien, Juli 2000 In: http://www.grg23-alterlaa.ac.at/kunsttherapie/texte/gorsen.html (abgerufen am 1.8. 2015).

Hasan, M.T. (2013)
Mazahir T. Hasan, 2013 (vgl. https://larkum.hu-berlin.de/people/hasan (abgerufen am 12.12.2014).

Hauschild, J. (2013)
Hauschild, J.: Autismus-Therapie: Der Weg ins fast normale Leben. In: Spiegel-Online 28.1.2013; http://www.spiegel.de/gesundheit/psychologie/autismus-therapie-der-weg-ins-fast-normale-leben-a-876742.html (abgerufen am: 18.7.15).

Hernandez, M.-C. (2013)
Maria-Clemencia Hernandez et al.(2013): Reducing GABAA α5 Receptor-Mediated Inhibition Rescues Functional and Neuromorphological Deficits in a Mouse Model of Down Syndrome (übers.: Eine Reduzierung der GABA A α5 Rezeptor-ermittelten Hemmungen hilft angesichts funktioneller und neuromorphologischer Defizite in einem Mausmodell betr. Down-Syndrom). In: The Journal of Neuroscience, 27 February 2013, 33(9): 3953-3966; doi: 10.1523/JNEUROSCI.1203-12.2013 (http://www.jneurosci.org/content/33/9/3953.full; abgerufen am 29.7. 2015).

Herrmann, M. (2006)
Manfred Herrmann (2006): Empathie; Vgl. www.pressetext.de/19.09.2006 (abgerufen am 3.3.2013).

Jaekel, B. (2007)
http://www.birgit-jackel.de/kongresse/fellbach2007/text01.html; (abgerufen: 2.2.2013).

Jacobsen, Th. (2014)
Thomas Jacobsen in Zusammenarbeit mit dem Max-Planck-Institut für Kognitions- und Neurowissenschaften in Leipzig; vgl. Informationsdienst der Wissenschaften vom 13.7.2014; https://idw-online.de/de/news133506 (abgerufen am 3.4. 2015).

Karlsruher Appell (2014)
Karlsruher Appell für eine Gesellschaft ohne Prostitution, 7.4. 2014, in: http://karlsruherappell.com/2014/04/07/prostitution-als-reinszenierung-erlebter-traumata/ (abgerufen am 29.7. 2015).

Kern, Schadwinkel, Zielke (2015)
Sendung WDR-SWR-Alpha: Sabine Kern/Alina Schadwinkel/Jochen Zielke: Gedächtniskünstler – Jeder kann es lernen! Planet-Wissen (02.04.2015) http://www.planet-wissen.de/alltag_gesundheit/begabung_und_intelligenz/intelligenz-messung/hochbegabte.jsp (abgerufen am 5.4.2015).

Klein, Ami et al. (2010)
Autismus: Betroffene schauen Gegenüber auf den Mund. In: Fachmagazin «Nature» (Online-Vorabveröffentlichung, doi: 10.1038/nature07868; abgerufen am 3.3.2014).

Kutzbac, Cajo (2007)
Kutzbac, Cajo (2007): Das Phänomen der Empathie. Warum Mitfühlen lebensnotwendig ist. Vgl. http://www.deutschlandfunk.de/das-phaenomen-der-empathie.1148.de.html?dram:article_id=179978 (abgerufen am 2.2.2015).

Lemler, Kathrin (1985)
Veröffentlichungen und Aktivitäten. In: www.kathrinlemler.de (abgerufen am 15.3.2016).

Lesch, K.P. (2012)
Link: http://idw-online.de/de/news497163 (abgerufen am 3.2.2013).

Karl C. Mayer (2014)
www.neuro24.de/show_glossar (abgerufen am 20.12.2014).

Meijer et al. (2003)
Meijer et al. 2003, 8 (http://sonderpaedagogik.bildung-rp.de/fileadmin/user_upload/sonderpaedagogik.bildung-rp.de/rechter_Rand/sne_europe_ge.pdf (abgerufen am 12.12. 2015).

Mikecz, A. v. (2014)
Anna von Mikecz (2014: Pathology and function of nuclear amyloid: protein homeostasis matters). In: Vorveröffentlichung des Leibniz-Instituts Düsseldorf; vgl. http://www.iuf-duesseldorf.de/news-details/items/neurodegeneration-als-folge-gestoerten-biochemischen-gleichgewichts.html (abgerufen am 4.4.2015).

Mück, H. (2005)
Vgl. Meldung ‚Bedeutung der Spiegelneuronen für Autismus (2005) http://www.dr-mueck.de/Wissenschaftsinfos/Spiegelneurone-Autismus.htm (abgerufen am 2.4.2015).

Neurexin-Neurologin (2014)
Vgl. Bild der Wissenschaft 11, 2007, 38; neuerdings: http://campus.uni-muenster.de/anatomie1-forschung20.html: „Der transsynaptische Neurexin/Neuroligin Komplex: Rolle in der Regulation von Neurotransmission“ (abgerufen am 3.4.2015).

Rappold, G., (2015)
Pressemitteilung der Universität Heidelberg vom 9.1.2015; vgl. https://www.klinikum.uni-heidelberg.de/pressemitteilungen.136514.0.html?ifab_modus=detail&ifab_id=5116; als idw-Nachricht am 11.1.2015 veröffentlicht (abgerufen am 11.1.2015).

Stefanie Sachse und Boenisch, J. (2014)
Sachse, S., Boenisch, J. (2014): Auswirkungen von Kommunikationshilfen auf die körpereigenen Kommunikationsfähigkeiten kaum- und nichtsprechender

Menschen. In: http://www.sonderpaed-forum.de/thementext/korpereigene.htm (abgerufen am 13.12. 2014).

Sachsse, U. (1998)
"Schneiden, Schnippeln, Ritzen ...". Selbstverletzendes Verhalten – Ein Gespräch zwischen Wilfried Schneider und Ulrich Sachsse. Interview am 10.12.1998 in Göttingen; vgl. http://ulrich-sachsse.de/ entw4/archiv05.html; vgl. http://www.psyke.org/articles/ de/selbstverletzung/ (abgerufen am 2.4.2015).

Sacks, O. (1995)
Sacks 1995; vgl. ‚The Guardian', 25.10.2005; in: http://www.theguardian.com/ education/2005/oct/25/highereducationprofile.academicexperts (abgerufen am 3.3.2014).

Schuppener, S. (2005)
Schuppener, S. (2005): Kunst = Ausdruck von Persönlichkeit – Zur Wirkung künstlerisch-kreativen Handelns von Menschen mit Behinderungserfahrungen; vgl. http://alt.franz-hitze-haus.de/file.php?file=/Schuppener.pdf&type=down (abgerufen am: 6.4.2015).

Schuster, N. (2009)
http://www.youtube.com/watch?v=AtmfFVwyUak, Folge 1-6, 2009 (abgerufen am 31.3.2015).

Stieltjes, Bram (2006)
Stieltjes, Bram: Bericht der Arbeitsgruppe Autismus ZI Mannheim. In: http://www.zi-mannheim.de/60.html; http://pub.uni-bielefeld.de/publication/ 2303701; Bruning 2006, 67 f. (Herv.v.m.; abgerufen am 3.2.2013).

Tesky V., Schall, A.(2014)
Valentina Tesky und Arthur Schall M.A.(2014): Steigert Kunst das Wohlbefinden von Menschen mit Demenz? In: idw 30.7. 2014, (vgl.: http://www.muk.uni-frankfurt.de/51569811/238; abgerufen am: 3.4.2015).

Till, U. (2008)
Ulrike Till (2008): Gefangen im Ich. Die komplizierte Welt der Autisten. vgl.www.swr.de/swr2/programm/sendungen/wissen/ swr2-wissen-gefangen-im-ich/-id=660374/did=3311016/nid=660374/1chlpfl/index.html (abgerufen am 2.4.2015).

Wahlund, K., Kristiansson, M. (2006)
Wahlund, K., Kristiansson, M. (2006): Offender characteristics in lethal violence with special reference to antisocial and autistic personality traits. In: J Interpers Violance, Aug; 21 (8): 1081-91 (abgerufen am 31.7.2015).

Web4Health (2015)
http://web4health.info/de/answers/border-selfharm-prev.htm (abgerufen am 5.4.2015).

Zeki , S./ Ishizu, T. (2011)
Vgl. Ishizu, T. & Zeki, S. (2011) Toward A Brain-Based Theory of Beauty. PLoS ONE, 6: e21852. doi:10.1371/journal.pone.0021852 (abgerufen am: 3.4.2015).

Zucker, N.L.et al. (2007)
Zucker, N.L., Losh, M., Bulik C. M., Piven J., Pelphrey K.A. (2007): Anorexia Nervosa and autism spectrum disorders: guided investigation of social cognitive endophenotypes. In: Psych Bull. Nov: 133 (6); 976-1006 (abgerufen am 31.7.2015).